U0829807

劳动教育

主　编　刘　力

副主编　吴慧佳　黄贤渴　邵黎乖

天津大学出版社

TIANJIN UNIVERSITY PRESS

图书在版编目(CIP)数据

劳动教育 / 刘力主编 ; 吴慧佳, 黄贤渴, 邵黎乖副主编. -- 天津 : 天津大学出版社, 2023.8
ISBN 978-7-5618-7588-9

Ⅰ. ①劳… Ⅱ. ①刘… ②吴… ③黄… ④邵… Ⅲ. ①劳动教育 Ⅳ. ①G40-015

中国国家版本馆CIP数据核字(2023)第169318号

出版发行 天津大学出版社
地　　址 天津市卫津路92号天津大学内（邮编:300072）
电　　话 发行部：022-27403647
网　　址 www.tjupress.com.cn
印　　刷 北京盛通印刷股份有限公司
经　　销 全国各地新华书店
开　　本 787mm×1092mm 1/16
印　　张 12
字　　数 308千
版　　次 2023年8月第1版
印　　次 2023年8月第1次
定　　价 68.00元

福建省“双高”建设项目厦门市同安职业技术学校
数控高水平专业群教材编写组

本书编委会

主　编　刘　力

副主编　吴慧佳　黄贤渴　邵黎乖

编　委　张紫云　叶豪爽　郭秀凤　李军斌
何　琦　陈秋鸿　张绿萌　陈佳惠
陈　达　陈永卫　邵合川　庄庆祝
周苹光

前　言

为贯彻落实《中共中央国务院关于全面加强新时代大中小学劳动教育的意见》提出的"要设置劳动教育课程，将劳动教育纳入人才培养全过程，根据各学段特点，在大中小学设立劳动教育必修课程，系统加强劳动教育"精神，实现中职学生综合素质提升和身心健康成长，厦门市同安职业技术学校编写了本教材。本教材是福建省"双高"项目数控高水平专业群建设成果，将课程思政融入专业教学过程，落实立德树人教育思想，旨在积极推进职业教育课程改革。

劳动教育是职业教育的根本任务之一，《国家职业教育改革实施方案》指出，新时代我国职业教育的人才培养目标是为经济社会发展培养高素质劳动者和技术技能人才。劳动教育是职业教育人才培养的应有之义，也是职业教育实现人才培养目标的根本途径。

本教材的绪论部分对劳动、劳动教育、劳动精神、工匠精神等概念进行了系统性概述，教材从机械工具的使用、电工电子技能、生活小能手、能工巧匠四个部分着手，以项目为载体，任务驱动，讲述了12个项目的劳动实践，涵盖工具和量具使用、机械制造和安装、电子电工实践技能等专业内容，将理论知识和劳动技能合理地安排到各项目中，实现了"做中学、学中做"，使学生懂劳动之义、明劳动之理，在劳动过程中认识、实践、感受、反思、提升，从而实现学生"自我劳动、自我教育、自我管理、自我提升"的教学目的。本教材图文并茂，采用真实场景照片、实物图片及视频进行示范和讲解，力求形象具体，满足读者的学习需求。本教材的每个项目均设置了劳动指引，劳动目标，工作、生活中的场景，劳动情景，想一想、看一看、说一说，劳动材料准备，教师讲解和示范，生活小知识，劳动体验，劳动评价，文明操作小贴士，课后实践，拓展创新和技术信息模块，知识讲解循序渐进，趣味性强。让学生能够在学习劳动技能的过程中，感受职业体验、生活体验、劳动体验，进一步伴随着劳动的习惯走进生活，融入社会。

本教材由厦门市同安职业技术学校刘力担任主编，吴慧佳、黄贤渴、邵黎乖担任副主编，参加本书编写工作的还有厦门市同安职业技术学校数控高水平专业群教材编写组的各位老师。本教材的绪论部分由吴慧佳、张紫云、刘力编写，项目一由刘力、张绿萌、吴慧佳、周华光编写，项目二由黄贤渴、陈达编写，项目三由陈秋鸿、何琦编写，项目四由邵黎乖、叶豪爽编写，项目五由邵黎乖、郭秀凤编写，项目六由叶豪爽、郭秀凤编写，项目七由张绿萌、陈佳惠编写，项目八由何琦、张紫云编写，项目九由陈佳惠、陈秋鸿、黄贤渴编写，项目十由李军斌、陈达、庄庆祝编写，项目十一由刘力、邵合川、何琦编写，项目十二由郭秀凤、叶豪爽、陈永卫编写，刘力主编对全书内容进行审核。本教材的编写得到了江苏省科研系统先进个人杨从亚教授的指导，并参考了诸多教材、学术专著、音频和视频资料，在此表示衷心感谢！

本教材可供中等职业院校机械、数控、机电、电子、电工、自动化等专业教学使用，也可以作为其他专业师生了解劳动教育相关知识的参考资料。

由于时间仓促且编者水平有限，书中难免有不妥和疏漏之处，恳请读者批评指正。

编者

目　　录

绪论 劳动教育正当时

第一节 劳动与劳动教育概述

2018 年 9 月 10 日，习近平总书记在全国教育大会上指出："要在学生中弘扬劳动精神，教育引导学生崇尚劳动、尊重劳动，懂得劳动最光荣、劳动最崇高、劳动最伟大、劳动最美丽的道理，长大后能够辛勤劳动、诚实劳动、创造性劳动。"

中职劳动教育对中职学生的成长具有重要的意义，系统性的劳动教育对建立职业中学生评价体系具有重大影响，让他们懂得劳动最光荣、劳动最伟大、劳动最崇高、劳动最美丽的道理，对他们的成长起到积极的推动作用。

一、劳动教育的意义

劳动教育是中国特色社会主义教育体系的重要组成部分，直接决定社会主义建设者和接班人的劳动精神面貌、劳动价值取向和劳动技能水平。

"幸福是奋斗出来的""实干才能梦想成真""社会主义是干出来的，新时代是奋斗者的时代"，这些话语都是对劳动意义、奋斗价值的精辟论述。将劳动教育纳入教育体系，不仅是人才培养质量的问题，还是树立人的世界观、人生观、价值观的问题，对职业教育发展具有特殊意义。

首先，劳动教育是职业教育的根本。《国家职业教育改革实施方案》指出，新时代我国职业教育的人才培养目标是为经济社会发展培养高素质劳动者和技术技能人才。可见，劳动教育是职业教育人才培养的应有之义，也是职业教育实现人才培养目标的根本。其次，产教融合、工学结合是职业教育办学的基本模式，其基本教学组织形式是实践教学，让学生在一线实际劳动中增长才智、提升技能，实现劳动教育与人才培养相结合。最后，劳动是职教学子的立身之本，是实现人生价值的光荣路径。当广大职教学子通过辛勤劳动、苦练技能实现人生价值时，他们就能够充满自信地面对人生，同时提升全社会对职业教育的认同感。

对于中职学生而言，劳动教育具有积极的意义，其不仅能够提升中职学生的劳动素质，而且对学生的综合素质的提升、"世界观、人生观、价值观"的树立也具有积极意义。创新是社会发展的动力，而创新离不开劳动。中职劳动教育是新时代的需求，是新时代中国特色社会主义建设事业所需人才提升劳动素质的手段。加强劳动教育是培养学生艰苦奋斗和吃苦耐劳精神的重要途径。马克思曾说过"劳动永远是人类生活的基础，是创造人类文化幸福的基础"，人世间的一切幸福都要靠辛勤的劳动来创造，劳动精神对于中职学生而言具有特殊的意义，劳动教育是帮助中职学生树立劳动精神的关键。

二、劳动教育的性质和基本理念

（一）劳动教育的性质

劳动是创造物质财富和精神财富的途径，是人类特有的基本社会实践活动。劳动教育旨在发挥劳动的育人功能，培养学生对劳动的热爱和对劳动人民的尊重。当前，劳动教育的重点是在学习文化知识的同时，有目的、有计划地组织学生参与生活劳动、生产劳动和服务性劳动，让学生亲身实践、付出努力、流下汗水，培养学生正确的劳动价值观和良好的劳动品质。

劳动教育是新时代党对教育的新要求，是中国特色社会主义教育制度的重要组成部分，也是全面发展教育体系中不可或缺的一部分。劳动教育具有鲜明的思想性，必须始终贯彻马克思主义劳动观，强调劳动是一切财富和价值的源泉，劳动者是国家的主人，所有劳动和劳动者都应受到鼓励和尊重；劳动教育倡导通过诚实劳动创造美好生活、实现人生梦想，反对不劳而获、崇尚暴富和追求享乐的错误思想。劳动教育还具有突出的社会性，必须加强学校教育与社会生活、生产实践的直接联系，发挥劳动在个人和社会之间的纽带作用，引导学生认识社会，增强社会责任感；同时，注重培养学生分工合作的能力，体会社会主义平等和谐的劳动关系。劳动教育还具有显著的实践性，必须面向真实的生活和现实世界，引导学生以实际动手为主要方式，通过对世界的认识，获得有积极意义的价值体验，学会建设世界，塑造自我，实现树德、增智、强体、育美的目的。

（二）劳动教育的基本理念

（1）强化劳动观念，弘扬劳动精神。在人才培养的全过程中贯穿劳动观念和劳动精神教育，涵盖家庭、学校和社会等各个方面。使学生在学习和掌握基本劳动知识和技能的过程中，理解劳动的意义和价值，形成勤俭、奋斗、创新和奉献的劳动精神。

（2）强调身心参与，注重动手与思考相结合。抓住劳动教育的根本特征，使学生面对真实的个人生活、生产和社会性服务任务情境，参与实际的劳动过程，学会观察和思考，能够运用所学知识解决实际问题，提高劳动的质量和效率。

（3）继承优良传统，彰显时代特征。在充分发挥传统劳动和传统工艺项目的育人功能的同时，紧跟科技发展和产业变革，准确把握新时代劳动工具、劳动技术和劳动形态的新变化，创新劳动教育的内容、途径和方式，增强劳动教育的时代性。

（4）发挥主体作用，激发创新创造。关注学生在劳动过程中的体验和感悟，引导学生体会劳动的辛苦和快乐，增强他们的获得感、成就感和荣誉感。鼓励学生在学习和借鉴他人经验和技艺的基础上，尝试新方法、探索新技术，打破僵化的思维方式，推陈出新。

（三）劳动教育的目标和内容

1. 劳动教育的目标

劳动教育的目标是准确把握社会主义建设者和接班人的劳动精神面貌、劳动价值取向和劳动技能水平的培养要求，全面提升学生的劳动素养。具体目标包括以下 4 个方面。

（1）树立正确的劳动观念。学生应正确理解劳动是人类发展和社会进步的根本力量，认识劳动、劳动创造价值、创造财富、创造美好生活的道理。学生需要尊重劳动，尊重普通劳动者，牢固树立劳动最光荣、劳动最崇高、劳动最伟大、劳动最美丽的思想观念。

（2）具备必备的劳动能力。学生应掌握基本的劳动知识和技能，正确使用常见劳动工具，增强体力、智力和创造力。学生需要具备完成必要劳动任务所需的设计能力、实践能力和团队合作能力。

（3）培育积极的劳动精神。学生应理解“幸福是奋斗出来的”内涵与意义，继承中华民族勤俭节约、敬业奉献的优良传统，弘扬开拓创新、砥砺奋进的时代精神。

（4）养成良好的劳动习惯和品质。学生应自觉自愿、认真负责、安全规范、坚持不懈地参与劳动，形成诚实守信、吃苦耐劳的品质。学生需要珍惜劳动成果，养成良好的消费习惯，杜绝浪费。

2. 劳动教育的主要内容

劳动教育的主要内容涵盖日常生活劳动、生产劳动和服务性劳动中的知识、技能的训练和价值观的树立。具体内容包括以下 3 个方面。

（1）日常生活劳动。劳动教育应围绕个人生活事务的处理展开，结合新时代校园爱国卫生运动，注重培养学生生活能力和良好的卫生习惯，树立自立自强意识。

（2）生产劳动。劳动教育应让学生直接参与工农业生产过程，体验物质财富的创造过程，体会劳动从简单到复杂的发展过程。学生需要学会使用工具，掌握相关技术，感受劳动创造的价值，增强产品质量意识，体会平凡劳动中的伟大。

（3）服务性劳动。劳动教育应让学生利用知识和技能为他人和社会服务。学生可以在服务性岗位上实习，树立服务意识，实践服务技能。通过参与公益劳动和志愿服务，学生能够增强社会责任感。

3. 职业教育阶段劳动教育的内容

职业教育应结合专业特点，增强学生的职业荣誉感和责任感，提高职业劳动技能水平，培养积极向上的劳动精神和认真负责的劳动态度。在职业院校中，劳动教育的内容应包括以下 3 个方面。

（1）持续开展日常生活劳动，培养学生管理生活的能力，提高自立自强意识。

（2）定期开展校内外公益性劳动，包括维护校园环境秩序和运用专业技能为社会和他人提供相关公益服务，培养社会公德，培育爱国爱民情怀。

（3）依托实习实训，使学生参与真实的生产劳动和服务性劳动，提升学生的职业认同感和劳动自豪感，培养学生将创意转化为实际物品和产品的能力，培养学生的工匠精神和爱岗敬业的劳动态度，使学生坚信“三百六十行，行行出状元”，体会劳动的光荣，认识到任何职业都很光荣，都能出彩。

第二节　传承和践行劳动精神

2020 年 11 月 24 日，习近平总书记在全国劳动模范和先进工作者表彰大会上提出：“在长期实践中，我们培育形成了爱岗敬业、争创一流、艰苦奋斗、勇于创新、淡泊名利、甘于奉献的劳模精神，崇尚劳动、热爱劳动、辛勤劳动、诚实劳动的劳动精神，执着专注、精益求精、一丝不苟、追求卓越的工匠精神。”

一、积淀劳动精神

劳动是人的本质，是人类社会生存和发展的基础。劳动精神指的是广大劳动人民在劳动过程中秉持的劳动观念、价值理念以及展现出来的劳动态度和精神风貌。劳动精神是民族精神和时代精神的生动体现，是国家繁荣、民族强盛、人民幸福的强大精神动力，具有深厚的历史积淀和丰富的思想内涵。

劳动精神传承弘扬了中华优秀传统文化。我们伟大的国家虽然历经沧桑、饱受磨难，但是仍然屹立于世界东方。一个重要原因是中华民族勤劳努力、善于创造。劳动创造了中华民族的辉煌历史，也创造出了以辛勤劳动为荣、以好逸恶劳为耻的民族文化。几千年来，中华民族有着“赖其力者生，不赖其力者不生”的古训。劳动精神深深扎根于中国这片广袤的土地，根植于中华优秀传统文化的沃土，具有极其鲜明的中国特色、民族特色和时代特色。伟大的中国人民，在千百年的劳动创造中，收获了光辉灿烂的文明成果，成为劳动精神产生和发展的动力之源。

劳动精神是全面建设社会主义现代化国家的时代要求。劳动是推动社会发展的引擎，是通往美好未来的阶梯。习近平总书记指出：“实现我们的奋斗目标，开创我们的美好未来，必须紧紧依靠人民、始终为了人民，必须依靠辛勤劳动、诚实劳动、创造性劳动。”当前，“第一个百年目标”已经实现，全面建设社会主义现代化国家新征程已经开启。建设社会主义现代化强国，呼唤敢为人先、开拓进取的创新性劳动精神，推动我国实现科技自立自强，解决“卡脖子”的技术难题；呼唤刻苦钻研、精益求精的劳动精神，以知识和技能作为核心驱动力，推动实现高质量发展；呼唤敬业担当、苦干实干的劳动精神，脚踏实地，把实体经济做实做强做优；建设现代化强国，需要一支知识型、技能型、创新型劳动者大军，在劳动精神的号召下，发挥工人阶级主力军作用，撸起袖子加油干。

劳动精神是劳动者必备的精神品质。劳动精神的内涵包括“崇尚劳动、热爱劳动、辛勤劳动、诚实劳动”。其中，“崇尚劳动”是树立正确的劳动价值观，充分认识到“劳动最光荣、劳动最伟大、劳动最崇高、劳动最美丽”；“热爱劳动”是培养正确的劳动态度，促进劳动者自觉劳动、积极劳动、主动劳动；“辛勤劳动”是对劳动过程及其强度的充分肯定，表明要充分遵循劳动的客观规律以及要达到的劳动强度，体力劳动要付出辛劳和汗水，脑力劳动也要付出智慧和心血；“诚实劳动”是对劳动者品德的客观要求，表明劳动要踏踏实实、求真务实、真抓实干、实事求是。

要培养劳动精神，首先要提高对劳动的认知，以党和国家的重要政策和文件精神为指导，深刻领会劳动精神的科学内涵，了解劳动精神对于个人价值实现的重要作用，增强对辛勤劳动、诚实劳动和创造性劳动的意识。其次，在学习和生活中注重劳动实践，积极参与家务劳动、校园劳动和志愿服务劳动，在实践中锤炼劳动意志，培养劳动能力和良好的行为习惯。最后，在实习和实训中弘扬锐意进取、建功立业、甘于奉献的奋斗精神，追求上进，不计较个人得失，牢记祖国的需要。

【榜样力量】

对党忠诚 执着为民

太行山深处的山西省平顺县西沟村，秋日午后蝉鸣依旧。国道旁的那块梯田地里，玉米又到了收获的季节。这一次，前来收获的不再是主人“申大姐”，她的外孙和村民接过了接力棒。

推动“男女同工同酬”，争取妇女权益

申纪兰1929年出生于山西省平顺县山南底村。嫁到西沟村后，她积极参加劳动。20世纪50年代，村里男女参加农社活动，申纪兰担任农社副社长。当时女劳力挣的工分是“老五分”，而男劳力能挣十分。她不服输，提出进行劳动比赛，男女同工同酬，男劳力“踩犁”“匀粪”，她也行，而且干得比男劳力还好。她的故事被报道出来，推动“男女同工同酬”写入宪法，申纪兰也成为争取妇女权益的“先锋”“劳模”，并连续十三届当选全国人大代表。

“不服输”“倔强”是申纪兰鲜明的性格标签。见过她的人，都对她的那双大手印象深刻。在她89岁高龄的时候，记者去采访申纪兰，她一把握住记者的手，提出要和记者掰手腕。那年秋天，她还能自己下地干活，村干部考虑她年事已高，提出帮她代收玉米，被她严词拒绝。

党和国家的利益、集体的利益永远排在前面

在申纪兰的心中，党和国家的利益、集体的利益永远排在自己前面。20世纪90年代，申纪兰带着村民搞集体经济，她带着村委班子成员一大早坐上班车，跑到临汾去考察。几个人看了一天，舍不得在外面吃一碗面。她说：“出来都是花大队的钱，这是集体的利益，我们舍不得花。”直到晚上，饥肠辘辘的他们回村之后才吃上饭。

艰苦朴素伴随着申纪兰终身。西沟村的妇女主任曾经和申纪兰一起出去开会，会议主办方为她安排了单间。但申纪兰坚持要住双人间，“你们办会也不容易，我一个人睡不了那么大的床。”她身边的工作人员张娟一直陪着她，也向记者分享过这样一个故事：“申主任每次出去开会，第二天都早早地起来，把被子叠得整整齐齐，说不要给酒店增加负担。”

代表人民说话，代表人民办事

在全国人大代表任上，申纪兰一直兢兢业业。“我是农民出身，当人大代表，就要代表人民，代表人民说话，代表人民办事。”引黄入晋、太旧高速、山西老工业基地改造、长治到北京的列车、飞机场的建设、太焦高铁等都是在她联合其他人大代表提议下实现的。这些年，申纪兰提交的议案建议有上百个。

当年，“石头山石头沟，谁干都发愁”，她没有退缩，领着大伙硬是把石山变绿；后来，她领着大伙搞集体经济，先后引入并发展铝厂、核桃露企业等。最近几年，铝合金厂环保压力大，她带领村民转型发展，“跟着党的政策走。该关停的，坚决关停！”在她带动下，西沟村完成了“赛道转移”，红色旅游产业和大棚产业等加快发展。

在群众心中，申纪兰永远是那个好大姐。“村里谁家有个大病小痛的，申大姐知道了总会去帮忙联系医院。”老支书王根考记得，他之前要做手术，是申纪兰去医院探望的他。后

来申纪兰最后一次住院，王根考和村支书郭雪岗去看望她，申纪兰在病床上详细问询村里的情况，对他们反复说："要记住勤俭节约。能省一分是一分，攒多了就好办事！"2020年6月28日凌晨，申纪兰在山西长治逝世，享年91岁。如今，西沟村三楼那把磨破的皮椅子，向一拨拨来客无声诉说着"申大姐"的故事。申纪兰对党忠诚、执着为民、甘于奉献、改革创新的精神，将永远回荡在太行山间。

（资料来源：乔栋. 对党忠诚 执着为民[N]. 人民日报，2021-09-23（005）.）

二、铭记劳模精神

劳动模范（简称劳模）是我们党在不同历史阶段，为调动和激发工人阶级和广大劳动群众的积极性、主动性和创造性，通过发现并开展选树先进典型活动而造就的优秀人物。劳模的基本特征主要体现在先进性、示范性和引领性方面。

劳动的内涵在不断更新，劳模的标准在不断提升，而"爱岗敬业、争创一流，艰苦奋斗、勇于创新，淡泊名利、甘于奉献"的劳模精神始终如一。

（一）爱岗敬业、争创一流

"爱岗敬业、争创一流"是指劳模对待岗位和职业的一种态度，体现了他们对国家、社会和职业的高度责任感、使命感和舍我其谁的主人翁精神。

爱岗敬业是爱岗与敬业的总称。爱岗与敬业相辅相成，互为前提，共同支撑。"爱岗"是"敬业"的基石，"敬业"则是"爱岗"的升华。爱岗敬业是中华民族的传统美德，是职业道德的基石，是社会主义职业道德所倡导的首要规范，也是社会主义核心价值观的重要内容。爱岗敬业意味着勤勤恳恳、兢兢业业、忠于职守、尽职尽责地工作。它是社会主义职业道德的首要规范，是对劳动者提出的最基本、最起码和最普通的道德要求，同时也是实现职业目标和事业成功的必要因素。

争创一流是当代劳模具备竞争力和爆发力的源泉，是一种积极奋发的精神风貌，是一种凝聚力量的目标追求，可以成为每个人工作动力的源泉。劳模在各行各业各单位都是争创一流的榜样。我们要向劳模学习，积极参与技术革新、技术协作、发明创造、合理化建议等活动，充分发挥创新潜能和创造活力，创造出一流的工艺、一流的质量、一流的管理和一流的服务，推动我国社会生产力水平整体跃升。

（二）艰苦奋斗、勇于创新

"艰苦奋斗、勇于创新"体现了劳模吃苦耐劳、坚韧不拔的作风和强烈的开拓意识。他们主动学习知识，努力提升技能，积极应对各种困难和挑战。

艰苦奋斗是新时代中国劳模精神的本质特征。新时代的劳模以艰苦奋斗的价值追求为基础，积极进取，奋发有为，攻克了一个又一个阻碍中国特色社会主义现代化建设的难题，取得了世界瞩目的成就。劳模秉承艰苦奋斗的优良作风，忘我工作、开拓创新、为集体贡献力量，展现了崇高的道德品质和良好的精神风貌。新时代中国劳模精神之所以能够持续发挥其号召力、感召力和影响力，正是因为劳模精神中蕴含着艰苦奋斗的精神因素，其成为当代中国劳模精神永恒的品质。

勇于创新是新时代中国劳模精神的核心。新时代中国劳模充分发挥先锋模范作用，勇于进取、勇于创新，不断增强创造力，为中国特色社会主义现代化建设做出突出贡献。勇于创新、善于创造已成为当代中国劳模精神的关键内容和核心内涵。提倡勇于创新、善于创造的劳模精神符合实现中华民族伟大复兴的现实需要。

（三）淡泊名利、甘于奉献

“淡泊名利，甘于奉献”体现了广大劳模任劳任怨、不计得失的奉献精神，反映了工人阶级的价值取向和大公无私、不怕牺牲的高尚情操。

淡泊名利是中华民族的传统美德，是做人的崇高境界。淡泊名利不是无能为力的无奈，也不是心满意足的自满，更不是碌碌无为的颓废，而是以超脱世俗、豁达客观的态度看待一切。劳模的业绩与淡泊名利的伟大精神密不可分，许多劳模多年、十几年，甚至几十年如一日，像螺丝钉一样将自己扎根于平凡的工作岗位，默默耕耘、孜孜不倦，他们能够做到心无旁骛、淡泊名利，脚踏实地地实现自己的理想和价值，成为人们尊敬的先进人物。

甘于奉献则指心甘情愿地为他人服务，做出贡献，不计回报。奉献的内涵非常丰富，包括不畏艰难、勇挑重担的精神，见义勇为、乐于助人的精神，不计报酬、不图私利的精神，以及勤勤恳恳、忘我工作的精神。无私奉献精神是一个国家、一个民族的精神精华，是推动经济社会发展进步的原动力。

【榜样力量】

稻香泽被华夏 英雄本是老农

5月22日，湖南长沙，细雨凄迷，哀伤的情绪弥漫在城市上空。

13时07分，“杂交水稻之父”“共和国勋章”获得者，中国工程院院士袁隆平因病医治无效，在长沙与世长辞，享年91岁。

16时许，灵车缓缓驶出医院，路边聚集了闻讯前来送行的市民。司机停下车辆鸣笛，人们把鲜花捧在胸前，悲恸高呼：“袁爷爷，一路走好，一路走好！”

袁隆平是杂交水稻研究领域的开创者和带头人，是世界上第一个将水稻的杂交优势成功地应用于生产的科学家，为我国粮食安全、农业科学发展和世界粮食供给作出了巨大贡献。

袁隆平毕生的梦想，就是消除饥饿。他用一粒种子改变了世界，其实他就是一粒种子，给大地留下了丰收的希望。

率先攻克杂交水稻科研难关

出生于1930年的袁隆平，从小跟着家人过着颠沛流离的逃难生活。新中国成立前，袁隆平见到倒在路边的饿殍，十分痛心。选择农业报国，源自袁隆平想让大家“吃饱饭”的强烈愿望。

1953年，从西南农学院遗传育种专业毕业后，袁隆平被分配到湖南安江农校工作。作为新中国培养出来的第一代学农大学生，袁隆平立誓要解决粮食短缺问题，不让老百姓挨饿。

1956年，袁隆平带着学生开始了农学实验。他发现，水稻中一些杂交组合有优势，认定这是提高水稻产量的重要途径。培育杂交水稻的念头，第一次浮现在他的脑海。

杂交水稻，是由两个具不同遗传特性的水稻品种或类型，一个作为母本，一个作为父本，经有性杂交之后而产生的一种新的杂合体。

早在 20 世纪 20 年代，就有外国学者发现了水稻的雄性不育现象。但几乎所有国家的研究都只停留在理论层面，实验屡屡失败。学界普遍认为，水稻是自花授粉作物，没有杂种优势。

1966 年，袁隆平发表论文《水稻的雄性不孕性》，拉开了中国杂交水稻研究的序幕。此后，他与学生李必湖、尹华奇成立“三人科研小组”，开始了水稻雄性不孕选育计划。1970 年，在海南发现的一株花粉败育野生稻，打开了杂交水稻研究突破口，袁隆平给它取名为“野败”。

各地科研人员聚集到海南，他慷慨地将“野败”分送给大家，又在农场支起了小黑板，给全国各地科研工作者讲课。

1972 年，农业部把杂交稻列为全国重点科研项目，组成了全国范围的攻关协作网，一场轰轰烈烈的全国攻关大会战打响。1973 年，广大科技人员在突破“不育系”和“保持系”的基础上，选用 1 000 多个品种进行测交筛选，找到了 1 000 多个具有恢复能力的品种。袁隆平等率先找到了一批优势强、花粉量大、恢复度在 90%以上的“恢复系”。1973 年，在第二次全国杂交水稻科研协作会上，袁隆平正式宣布籼型杂交水稻三系配套成功，水稻杂交优势利用研究取得了重大突破。

1981 年 6 月 6 日，新中国第一个特等发明奖授予了袁隆平领衔的全国籼型杂交水稻科研协作组。

三系法获得成功后，我国很快启动了两系法杂交育种技术研究。1995 年，两系法杂交水稻研究取得突破性进展，大面积推广，平均亩产又增 5%~10%。

让中国人把饭碗牢牢端在自己手里

2020 年 11 月 2 日，位于湖南省衡南县的第三代杂交水稻新组合试验示范基地迎来晚稻测产，测得晚稻平均亩产为 911.7 公斤。此前的 7 月，衡南基地早稻高产攻关田进行测产验收，测得早稻平均亩产为 619.06 公斤。早稻加晚稻实现了亩产 1 500 公斤的目标。

这是袁隆平团队在屡破超级稻单产 700 公斤、800 公斤、1 000 公斤、1 149 公斤等世界纪录后，再次刷新世界纪录。1996 年至今，我国实施的第三代杂交水稻——超级稻育种计划，在基础理论和品种选育方面都取得了重大进展。

具有完全自主知识产权的杂交水稻技术，还成为中国农业走出去的先锋。20 世纪 80 年代，杂交水稻作为我国第一个农业技术转让给美国。此后，中美间的杂交水稻技术合作持续至今。有学者研究中国海关数据库后指出，种用稻谷是中国具有竞争优势的农作物种子，已成为大田作物种子中出口最多的产品。

袁隆平写于 1985 年的《杂交水稻简明教程》，经联合国粮农组织出版后，目前已发行到 40 多个国家，成为全世界杂交水稻研究和生产的指导用书。截至 2020 年年底，已有 40 多个国家种植了超过 700 万公顷的杂交水稻。20 世纪 90 年代，美国经济学家莱斯特·布朗曾对中国的粮食安全提出疑问：21 世纪谁将养活中国？当时的西方学者普遍认为，新中国成立前的历代政府都没有解决中国人的吃饭问题，未来，以全球的粮食生产也难以满足中国巨大的需求。

然而，事实证明中国不仅解决了自己的温饱问题，还为世界粮食安全作出了突出贡献。

袁隆平科研团队开创杂交水稻研究以来，中国已经实现从三系到两系再到超级杂交稻的三次重大技术创新。同时，我国全面建立起粮食科技创新体系，深入推进水稻国家良种重大科研联合攻关。以袁隆平为代表的水稻种业科技工作者们，在杂交水稻前沿研究中不断创新。

1976 年以来，杂交水稻在全国累计推广面积约 85 亿亩，增产稻谷 8.5 亿吨。每年因种植杂交水稻而增产的粮食，可以多养活约 8 000 万人口，为中国人牢牢掌握自己的饭碗作出了突出贡献。

知识、汗水、灵感、机遇

不断的质疑、无数的失败和挫折，在袁隆平的杂交水稻研究生涯中是常态。

袁隆平却说："哪有搞科学研究不失败的呢？失败了就失败了，不是说身败名裂，人家不会笑你的。我这是在探索，跌跤就跌跤，我爬起来再干，就是了。"

20 世纪 80 年代，三系法获得成功后，我国很快启动了两系法杂交育种技术研究，依旧由袁隆平领衔。没想到的是，项目启动不到两年，就遭遇沉重打击。一场异常低温导致全国两系育种大面积失败。

两系法到底行不行？袁隆平和全国籼型杂交水稻科研协作组重要成员顶着巨大压力，重新研究两系不育系的光温敏特性，最终找到解决方法，让两系法起死回生，再次成为世界作物育种史上的重大突破。

2019 年 9 月 16 日，袁隆平走进湖南农业大学 2019 级本科新生开学典礼会场，分享自己的学术人生。

典礼上，袁隆平将"知识、汗水、灵感、机遇" 8 个字的人生体会送给全体新生。他说，"知识"就是力量，是创新的基础，同学们要打好基础，开阔视野，掌握最新发展动态；"汗水"就是要能吃苦，任何一个科研成果都来自深入细致的实干和苦干；"灵感"就是思想火花，是知识、经验、思索和追求综合在一起升华的产物；"机遇"就是要做一名"有心人"，要学会用哲学思维看问题，透过偶然性的表面现象，找出隐藏在其背后的必然性。坚持做到这几点，才能突破障碍，实现梦想。

袁隆平院士是湖南农业大学名誉校长、双聘院士、作物学博士生导师。噩耗传来后，湖南农业大学广大师生都陷入了深深的悲痛中。"袁隆平院士是师生们永远尊敬的'袁校长''袁老师'。"湖南农业大学党委书记陈弘说。

曾经在袁隆平身边工作了 33 年的中国工程院院士、湖南农业大学校长邹学校说，我们将化悲痛为力量，以立德树人为根本，以强农兴农为己任，努力把湖南农业大学建成国内一流农业大学。

袁隆平院士博士后、湖南农业大学农学院教授邓化冰回忆说，袁老很会顾及年轻人的感受，看到试验中存在的问题，会很耐心地给予指导，"能在田间接受袁老师的实地指导是我们最期盼的事情。"

湖南农业大学农学院院长唐文帮表示，袁老虽离开了这片他深爱的热土，但他的"禾下乘凉梦"和"杂交水稻覆盖全球梦"会一直激励后辈前行，我们定会秉承他的精神，在广袤的大地上接续奋斗。

（资料来源：禹爱华，龙军，赵嘉伟. 稻香泽被华夏 英雄本是老农[N]. 光明日报，2021-5-23(004).）

三、养成工匠精神

2016年的政府工作报告指出，“要鼓励企业开展个性化定制、柔性化生产，培育精益求精的工匠精神”。这是“工匠精神”首次出现在政府工作报告中，显示“培育工匠精神”的诉求已上升为国家意志和全民意识。2022年4月27日，习近平总书记在致首届大国工匠创新交流大会的贺信中写道：“技术工人队伍是支撑中国制造、中国创造的重要力量。”我国工人阶级和广大劳动群众要大力弘扬劳模精神、劳动精神、工匠精神，适应当今世界科技革命和产业变革的需要，勤学苦练、深入钻研，勇于创新、敢为人先，不断提高技术技能水平，为推动高质量发展、实施制造强国战略、全面建设社会主义现代化国家贡献智慧和力量。

“工匠精神”是一种职业精神，它是职业道德、职业能力、职业品质的体现。“工匠精神”的基本内涵包括敬业、精益、专注、创新等方面的内容。

（一）敬业

敬业是从业者基于对职业的敬畏和热爱而产生的一种全身心投入的认认真真、尽职尽责的职业精神状态。中华民族历来有“敬业乐群”“忠于职守”的传统，敬业是中国人的传统美德，也是当今社会主义核心价值观的基本要求之一。早在春秋时期，孔子就主张人在一生中始终要“执事敬”“事思敬”“修己以敬”。“执事敬”，是指行事要严肃认真不怠慢；“事思敬”，是指临事要专心致志不懈怠；“修己以敬”，是指加强自身修养保持恭敬谦逊的态度。

（二）精益

精益就是精益求精，是从业者对每件产品、每道工序都凝神聚力、精益求精、追求极致的职业品质。所谓精益求精，是指已经做得很好了，还要求做得更好，“即使做一颗螺丝钉也要做到最好”。正如老子所说，“天下大事，必作于细”。能基业长青的企业，无不是精益求精才获得成功的。

（三）专注

专注就是内心笃定而着眼于细节的耐心、执着、坚持的精神，这是一切“大国工匠”所必须具备的精神特质。从中外实践经验来看，工匠精神都意味着一种执着，即一种几十年如一日的坚持与韧性。“术业有专攻”，一旦选定行业，就一门心思扎根下去，心无旁骛，在一个细分产品上不断积累优势，在各自领域成为“领头羊”。在中国早就有“艺痴者技必良”的说法，如《庄子》中记载的解牛游刃有余的“庖丁”、《核舟记》中记载的奇巧人王叔远等。

（四）创新

“工匠精神”还包括追求突破、追求革新的创新内蕴。古往今来，热衷于创新和发明的工匠们一直是世界科技进步的重要推动力量。新中国成立初期，我国涌现出一大批优秀的工匠，如倪志福、郝建秀等，他们为社会主义建设事业做出了突出贡献。改革开放以来，“汉字激光照排系统之父”王选，“中国第一、全球第二的充电电池制造商”王传福，从事高铁研制生产的铁路工人和从事特高压，智能电网运行研究的电力工人等都是“工匠精神”的优秀传承者，他们让中国创新重新影响了世界。

【榜样力量】

工匠精神:谱写敬业报国的时代乐章

2021 年 1 月 25 日,正在召开的上海市两会传出消息,今年将推动国产大飞机 C919 取得适航证并交付首架。听到这个消息,中国商飞上飞公司高级技师、数控车间钳工一组原组长胡双钱感慨万千。多年来,他带领钳工班组秉承工匠精神,从事着 C919 上最为精细的重要零部件的加工工作,做到了让人叹为观止的“零差错”。工匠精神是中华优秀传统文化的重要内容和宝贵财富。《考工记解》中,“周人尚文采,古虽有车,至周而愈精,故一器而工聚焉。如陶器亦自古有之。舜防时,已陶渔矣,必至虞时,瓦器愈精好也。”反映的正是我国古代的能工巧匠们不断追求技艺精进的精神品格。功崇惟志,业广惟勤。2020 年 11 月 24 日,习近平总书记在全国劳动模范和先进工作者表彰大会上指出,在长期实践中,我们培育形成了“执着专注、精益求精、一丝不苟、追求卓越的工匠精神”。工匠精神是时代精神的生动体现,折射着各行各业一线劳动者的精神风貌。“汉字激光照排系统之父”王选、“火箭发动机焊接的中国第一人”高凤林、先后八次打破集装箱装卸世界纪录的许振超等人,都是工匠精神的优秀传承者,他们让“中国制造”影响了世界。习近平总书记在同全国劳动模范代表座谈时曾表示,我们说“空谈误国,实干兴邦”,实干首先就要脚踏实地劳动。实现“两个一百年”奋斗目标、实现中华民族伟大复兴,需要我们每个人主动践行、弘扬工匠精神,将自己对人生、对事业、对国家的热爱化作工作的激情,谱写敬业报国的时代乐章。

“努力将 99%提高到 99.99%”

杭州博物馆里,一件战国时期的小小透雕双龙玉饰,双面纹饰,可折可合。物件虽小,但其精密设计与细腻雕工却让观者不禁遐想:2 000 多年前,匠人们一边吟唱着“如切如磋,如琢如磨”的歌谣,一边聚精会神于一刀一刀的雕与琢之中。

在杭州这个有着千年记忆的城市, 9 月 26 日有着特殊的意义。2019 年,杭州市人大常委会将每年 9 月 26 日设为“工匠日”,这是我国第一个为工匠设立的专属节日。

9 月 26 日有何特殊之处? 咏叹了千万年的钱塘江潮知道。1937 年 9 月 26 日,中国人自主设计、建造的第一座跨江大桥如虹般飞架钱塘江两岸,天堑变通途。

当年当地,“钱塘江上造桥”不过是一句谚语,用来形容说大话、吹牛皮。钱塘江涌潮凶猛,江底石层流沙淤泥覆盖,时人叹曰“钱塘江无底”,造桥更无从谈起。然而,就是在当时简陋的技术条件下,桥梁专家茅以升硬是带领团队,克服 80 多个重大难题,架起了这座长 1 453 米、高 71 米的铁路公路两用双层大桥,书写了工匠精神的名篇。

回溯中国历史,追求专注与极致的工匠精神源远流长。解牛的庖丁、削木为鐻的梓庆、操舟若神的津人……庄子笔下“与物同化”的匠人们,就已展现出专注守心、物我两忘、执着技艺的精神境界与风骨。尔后,这种境界与风骨又分别演化为景德镇千年不熄的窑火、不用一钉“天衣无缝”的榫卯、华服冠绝的刺绣……悄然融进千年不衰的民族精神中。

“工匠精神是一种努力将 99%提高到 99.99%的极致精神。”中国人民大学劳动人事学院人力资源管理系教授林新奇说,“哪怕再小的细节,也要全神贯注、全力以赴,只为打造极致的产品和体验。”

凡人匠心，曰一丝不苟。荣宝斋的技师王玉良一生追求完美，他所做的《夜宴图》木板复刻，至今无人能做第二份。只因做得太精妙、难度太大——共用 1 667 块木板，反复修改琢磨，耗时一年半才做成。

凡人匠心，曰执着专注。塞外黄沙漫天，88 岁的敦煌研究院保护研究所前副所长李云鹤依然守护在他爱了一辈子的敦煌身边。从 23 岁起，他修复了 4 000 平方米壁画、500 多身塑像，也创造出了一个新职业——文物修复师。

凡人匠心，曰精益求精。特级技师高凤林焊接的产品是火箭发动机喷管，被喻为火箭的心脏，他的这双手被称为“金手”。“金手”的练就有多不易，只有高凤林自己清楚：吃饭时拿筷子比画着送焊丝的动作，喝水时端着盛满水的杯子练稳定性，哪怕休息时都举着铁块练耐力。

匠心从来不拘一格，每一位在自己工作岗位上做到极致的劳动者，都有自己的匠心之道：择一事，终一生，以不息为体，以日新为道。“我们喜欢不断雕琢自己的产品，不断改善自己的工艺，享受着产品在双手中升华的过程。”高凤林说，“在我们的心中，制作出来的产品没有最好，只有更好。”

2021 年是我国实施“十四五”规划的开局之年，我国经济已转向高质量发展阶段。迈向新征程，扬帆再出发，亟待一大批具有工匠精神的劳动者挥洒汗水、奉献智慧。而在各行各业深耕的大国工匠们，既是中国梦的筑梦师，也是中国梦的圆梦者，正因为有在各行各业默默前行的他们，我们的圆梦之路才能走得自信从容。

“不是匠气，是匠魂”

2020 年 12 月，嫦娥五号探测器完成我国首次地外天体采样返回之旅。在备受关注的航天人才队伍中，高级技师徐立平是普通一员，但说起他的职业——火箭固体发动机药面整形师，却并不普通。

在航天科技集团第四研究院 7416 厂，大家称徐立平为“火药雕刻师”。火药雕刻，是到目前为止仍然无法用机器代替的世界性难题，必须由手工来完成。这恐怕是世界上最危险的职业之一，在操作过程中，哪怕是衣服擦出静电，都有可能引发爆炸。

“危险的工作总要有人干。坚持是工匠精神的重要内涵。”在徐立平的心里，工匠精神是一种忠于职守、克己奉公、服务人民、服务社会的敬业精神。

“对徐立平这样的劳动者来说，工作不单是为了谋生，还是为了从中获得成就感、荣誉感。”上海社会科学院人力资源研究中心副主任汪怿说，“也正因如此，他们才能耐得住寂寞，数十年如一日地追求着职业技能的极致化，凭着专注和坚守，缔造一个又一个职业奇迹。”

没有工匠精神，就不可能打造金字招牌的“中国制造”。40 多年埋首于航标灯研制，几乎是凭借着一己之力，将中国的航标灯技术一步步地提高到世界先进水平，原长江洪湖航道管理处航标器材维修中心党总支书记、总工程师郑启湘，凭借着爱岗敬业的赤子之心，打破了西方发达国家的技术封锁。

经过三年苦战，天津海鸥表业集团技术中心技师赵国望让 300 多个微型零件在直径 30 多毫米的空间，进行上百次精密咬合，终将流转的光阴化为金玉之声，叩开中国“三问表时代”。

鲜花因汗水而绽放，事业因实干而兴旺。党的十八大以来，全国各条战线上不断涌现出大批具有工匠精神的劳动者。他们既是平凡的，又是伟大的，他们身上所闪耀出的工匠精神，折射着这个时代的主流价值取向，影响带动着越来越多的人，忘我地投身于党和国家事业中来。

中国电子科技集团公司高级技师、高级技能带头人夏立就是典型代表。“从小到拳头大的机载天线到亚洲第一的65米‘天马’射电望远镜，再到世界第一的500米‘天眼’，我装配的产品没有出现过任何问题。”作为小型精密通信天线装配负责人，夏立说这句话的时候自信又骄傲。

“工匠精神不是匠气，是匠魂，是人对待工作的敬业态度和职业素养的体现。”胡双钱说，“工匠精神为我国制造业的发展与兴盛提供了强大的精神动力。平凡的岗位干出不平凡的业绩，就是工匠精神的体现。”

春风护航，飞舟破浪。习近平总书记指出，要“建设知识型、技能型、创新型劳动者大军，弘扬劳模精神和工匠精神，营造劳动光荣的社会风尚和精益求精的敬业风气。”在中国特色社会主义新时代，各行各业的劳动者都应秉承工匠精神，立足本职岗位诚实劳动，无论从事什么劳动，都要干一行、爱一行、钻一行。

“深想一层，多想一步”

遥控放线飞车、更换复合绝缘子专用梯、可调式通用撑梁……走进平顶山供电公司输电运检创新工作室，各式各样的创新工器具让人眼花缭乱，它们的发明者是一位电力工人——朱玉伟。

被誉为“电力爱迪生”的朱玉伟，是国网平顶山供电公司输电带电作业班班长。他扎根基层，用创新屡屡突破技术瓶颈，3项成果填补了国内带电作业工具空白，在核心期刊发表论文10篇，获得授权专利26项，还带领班组成员开创了全国500千伏输电线路带电作业先河。

朱玉伟不仅自己热爱创新发明，还带动了更多的员工沉下心来钻研技术。“跟朱师傅一起工作，是一个学习的过程、受感染的过程。以前，遇到困难就不想干了，现在不论面对什么问题，我们总是会深想一层，多想一步。”朱玉伟的徒弟周乐超说。

工匠精神的核心要素是创新精神。工匠精神追求极致，必然要求以开放的视野吸收最前沿的创新技术，进而创造最顶尖的新成果。事实上，古往今来，热衷于创新和发明的工匠，一直是世界科技进步的重要推动力量。

拥抱创新，才能推动技艺发展，不断开辟新的道路。2016年以来，全国职工提出技术革新项目214.5万项、发明创造项目80.8万项，大大提升了生产效率，产生了巨大的经济社会效益。

改革开放以来，中国经济融入世界的一个重要标志，就是“中国制造”走上世界舞台。从“嫦娥”探月到“蛟龙”探海，从神舟飞天到高铁奔驰，从中国“天眼”到港珠澳大桥……一个个国之重器的背后，是一个个新时代能工巧匠的精工细作、突破创新。

中国航发的产业工人洪家光花费5年时间，和团队终于研发出一套成熟的航空发动机叶片滚轮精密磨削技术，荣获国家科学技术进步二等奖。从技校毕业、从学徒做起的他，成为当之无愧的顶尖高技术人才，彰显了以改革创新为核心的时代精神。

拥有一双“金手”的高凤林，是一位给火箭焊接“心脏”的专家，先后参与了北斗导航、嫦娥探月、载人航天等国家重点工程以及长征五号运载火箭的研制，多次攻克发动机喷管焊接技术世界级难关。高凤林在他所参与攻关的多项重大项目中，不断改进工艺措施，不断创造新工艺，不断攻克一个个难关，达到世界第一的水准。

“实际上，对于一名好工匠而言，高超的技艺只是其表象，更为决定性的因素是具有坚忍不拔的品质、追求卓越的恒心、钻研创新的执着。”高凤林如是说。

“中国经济已经到了从追求数量到提高质量的转折点，必须提高‘中国制造’的质量。也正因如此，对产品品质极致追求的工匠精神在当代中国引起广泛共鸣。”中国人事科学研究院研究员苗月霞说，“提高产品质量和品质最终要靠创新，而创新则离不开追求极致的工匠精神。”习近平总书记指出，创新是一个民族进步的灵魂，是一个国家兴旺发达的不竭动力，也是中华民族最深沉的民族禀赋。而创新，要不得浮夸，坚守工匠精神，用实干与可靠的技术、发明来扎扎实实地解决产业技术突破的瓶颈，是创新驱动发展的基本保障。

“源于工匠，高于工匠”

刺眼的蓝光一闪，焊枪下两根直径仅 3.2 毫米的不锈钢丝，瞬间被分毫不差地对焊在一起。作为中车长春轨道客车股份有限公司的高级技师、公司首席操作师，李万君手中的焊枪已“出神入化”。

在焊接车间数十年如一日的钻研，让李万君从一名普通焊工成长为一名高铁焊接专家。在公司申请出口纽约地铁生产许可证时，李万君毅然主动承担起地铁转向架焊接任务，带领团队焊接出了美国检验专家见过的最高精度部件。

“用智慧加技能，把手中的产品不断升华，最后达到极致，成为工业上的艺术品，让产品走向世界，为国争光。”这就是李万君对工匠精神的最好诠释。在他心中，工匠精神是一种以振兴中华为己任、自觉报效祖国的爱国情感，是一种将目光投射于国家和人民利益而升起的精神境界。

国家“十三五”规划的重点项目川藏铁路，是世界上平均海拔最高的铁路，铺设难度创造了多个世界之最。中铁二局二公司隧道爆破高级技师彭祥华和工友们承担了开凿拉林段地质最复杂的东嘎山隧道。决定精准爆破效果的关键因素之一是装药量，凭借多年分装炸药的经验，彭祥华能够把装填药量的误差控制到远远小于规定的最小误差。

巨大的爆破声冲破隧道，浓烟冒出洞口，随后最危险的工作就是走入爆破现场，检查效果和排除可能存在的哑炮。一次又一次，彭祥华阻止了其他工友近前，独自一人走进了隧道……

从青春岁月到年逾半百，一个人偶然间能够镇定地面临一次致命危险并不难，20 逾年里屡屡面对致命危险，而能够守恒如常，这就是大国工匠的担当，更是大国崛起的动力与脊梁。

习近平总书记指出，劳模精神、劳动精神、工匠精神是以爱国主义为核心的民族精神和以改革创新为核心的时代精神的生动体现，是鼓舞全党全国各族人民风雨无阻、勇敢前进的强大精神动力。

“工匠精神源于工匠，高于工匠。”中国（南京）人才发展研究中心常务副主任赵永乐认为，“作为一个大国所推崇的时代精神，工匠精神的时代内涵早已超越了工匠这个群体，可以推及到任何一个行业或职业群体，体现为全体劳动者敬业报国的崇高境界。”

当前，世界百年未有之大变局加速演变，新冠肺炎疫情大流行影响深远，国际格局深刻调整，国际环境更趋复杂。中美贸易摩擦、中兴事件、华为事件，无一不在警醒着全体国民，在激烈的国际竞争中，我们只有崇尚工匠精神、掌控核心技术、做强中国制造，才能在市场博弈中占据优势。

社会主义是干出来的，新时代是奋斗出来的。站在“两个一百年”奋斗目标的历史交汇点上，我们必须全面贯彻新发展理念，大力弘扬工匠精神，坚持以实干成就梦想，谱写高质量发展的时代凯歌。

（资料来源：罗旭，刘华东，李睿宸. 工匠精神：谱写敬业报国的时代乐章[N]. 光明日报，2021-02-10（007）.）

四、提升劳动素养

接受教育、参加培训和岗位实践是劳动者提高劳动技能的主要途径。对于中职学生来说，劳动教育具有积极的意义。中职生作为社会主义建设者和接班人，只要肯吃苦耐劳、认真钻研，就能在岗位上取得成就。劳动使他们能够发现广阔的天地，在其中体现自己的价值、展现自己的风采，并感受快乐。

（一）加深对劳动的认识

劳动是具有一定生产经验和劳动技能的劳动者使用劳动工具进行的有目的的生产活动，是生产的最基本内容。劳动是人维持自我生存和自我发展的唯一手段，也是创造价值的唯一源泉。劳动在信息的形成、传播、处理和运行过程中起着决定性作用。因此，可以说劳动创造了所有的价值，劳动创造了人类本身——使我们从类人猿进化成现在的人类。因此，我们要热爱劳动，把劳动视为生活的乐趣，始终记住“劳动是人类发展的源泉”。

劳动是生存和生活的需要，也是人类发展、成长和存在的需要。我们通过劳动改变自己，改善生活，改造世界。因此，不同的劳动带来不同的收益，不同的人群有不同的需求，不同的追求对应不同的劳动，不同的职业有不同的贡献。无论是有价劳动还是无价劳动，都是可贵的和值得珍惜的。劳动虽然可能艰苦和辛劳，但它不仅关系到人的健康和智慧，也与人的快乐和美好息息相关。劳动使我们的生活丰富多彩，锻炼和培养了我们人类。人的伟大在于会劳动、能劳动和爱劳动。没有劳动的人生是毫无意义的，能够体现劳动的生活是充满幸福的。劳动证明我们不懒惰，劳动说明我们不贫穷，劳动表明我们不落后。只要我们想进步、想拥有、想改变，劳动一定能实现这些愿望。

因此，作为中职学生，我们要以积极的态度参与劳动实习，热爱劳动，把劳动视为人生的乐趣，始终记住“劳动最光荣”。

（二）正确认识劳动的品质

我国《宪法》规定遵守劳动纪律是公民的基本义务，其意义重大。劳动纪律是劳动者在共同劳动中必须遵守的规则和秩序，要求每个劳动者按照规定的时间、质量、程序和方法完成自己应承担的工作。劳动者应当履行规定的义务，不断增强责任感，勤勤恳恳地劳动，保质保量地完成规定的劳动生产任务，自觉遵守劳动纪律，遵守工作制度和生产秩序。职业道德是从业人员在职业活动中应遵循的道德准则。职业道德在职业生活中形成和发展，调节职业活动中的特殊道德关系和利益冲突，是一般社会道德在职业活动中的体现。其基本要求是忠于职守，并对社会负责。遵守劳动纪律和职业道德，对于保证生产正常进行和提高劳动生产率至关重要。现代社会化的大生产客观上要求每个劳动者严格遵守劳动纪律，以保证集体劳动的协调一致，从而提高劳动生产率，保证产品质量。劳动者在维护企业和个人利益的同时，还要对自己提供的产品和服务对社会负责，这是现代社会法律要求劳动者必须履行的义务。

提高职业技能、执行劳动安全卫生规程，遵守劳动纪律和职业道德，既是劳动者的义务，也是劳动者完成劳动任务的保证。劳动者努力提高职业技能，提高技术业务知识和实际操作技能，使自己成为适应社会主义建设的熟练劳动者，有助于提高劳动生产率，加快社会主义建设的进程。

因此，作为中职生，我们要自觉接受劳动教育，树立正确的劳动观念，养成良好的劳动习惯，培养热爱劳动和热爱劳动人民的思想感情，具备遵守劳动纪律、爱护劳动工具和劳动成果的优秀品德。

（三）正确对待实习实训

职业教育的根本任务是培养合格的实用人才，为生产一线提供人力资源。只有通过顶岗实习，学生才能在真实的劳动生产环境中全面体验职业活动，熟悉工作流程，达到工作岗位的要求。实习是职业教育中的重要组成部分，它培养学生综合运用基础理论、专业知识和基本技能的能力，树立学生的职业道德，提高学生的职业综合能力。当前，企业特别需要能够直接上岗的毕业生，这就要求学校改进专业实习教学，探索新的实习教学模式。因此，中职学生进行顶岗实习是非常必要的，顶岗实习的重要性体现在以下 2 个方面。

（1）顶岗实习可以加强学生的职业道德观念，培养合格的技能型人才。首先，在企业顶岗实习期间，学生不仅要进行脑力劳动，还需要付出一定的体力。部分企业的工作环境相对艰苦，这大大锻炼了学生吃苦耐劳的品质。实习学生需要服从实习指导教师和企业制度的管理，从而增强组织纪律观念。在企业的生产流程中，实习学生还需要学会与他人分工协作，进一步加强团队意识。与各种不同类型的人员接触，可以促使学生学会待人接物的技巧，提高适应社会的能力。其次，学生在企业顶岗实习期间，可以提升专业技术能力。顶岗实习将理论知识应用于实际操作中，帮助学生发现并弥补所学专业知识和技能的不足之处。中职学生通过顶岗实习，可以强化专业知识并提升专业技能。他们能够根据企业实际工作需求，调整自己的求职和职业发展方向，将个人的职业理想与社会需求有机结合，努力成为符合企业需求的技能型人才，自觉投身于企业的一线生产岗位，为社会发展做出贡献。

（2）顶岗实习有利于学生在学校与社会之间柔性过渡，提高他们的适应能力和职业意识。直接进入企业一线工作岗位从事技能劳动对于刚刚步入青年期的中职学生来说是一项巨大的挑战。如何应对这一挑战，完全融入社会，在企业中创造劳动价值，实现个人价值，是每一名即将毕业的中职学生需要思考的问题。当前情况下，由于各种条件的限制，中职学校尚未真正实现与企业需求的零距离对接，学生毕业后还未达到直接上岗工作而无须培训的水平。在中职毕业生中，存在因思想认识不清晰或职业心理准备不足而导致失业的例子。这些问题可以通过顶岗实习来克服或改善。

第三节　礼赞劳动之美

一、古诗文里的劳动之美

西晋皇甫谧的《帝王世纪》记载，伏羲“重农桑，务耕田”，每年新春二月初二，都要率领各部落首领“御驾亲耕”，以示对农耕和劳动的重视。司马迁在《史记》中记述了周武王在二月初二不仅举行规模盛大的开耕仪式，还亲自带领满朝文武下田劳作。

翻开我国古代诗歌作品，历代文人墨客也写下了许多关于古人辛勤劳动的诗篇，歌颂劳动之美、劳动之乐的美好情怀。《诗经》是我国最早的一部诗歌总集，里面有大量描绘劳动生产的农事诗。《伐檀》一开头就讲“坎坎伐檀兮，置之河之干兮”，是一首描写伐木工人劳作的诗歌。《芣苢》诗曰：“采采芣苢，薄言采之。采采芣苢，薄言有之。采采芣苢，薄言掇之。”这是农妇们采摘车前子草时所唱的歌谣，既生动又欢快，歌颂了劳动人民热爱劳动的高贵品质。

陶渊明不为五斗米折腰，甘愿归田务农，他把农活写进诗里，充满诗情画意。譬如他在《归田园居》中写道：“种豆南山下，草盛豆苗稀。晨兴理荒秽，戴月荷锄归。道狭草木长，夕露沾我衣。衣沾不足惜，但使愿无违。”全诗平淡自然、清新质朴，言简意长，真挚感人，表达了作者对田园生活的热爱以及享受田园劳作之乐的惬意和闲适的心情。他又在《庚戌岁九月中于西田获早稻》一诗中写道：“人生归有道，衣食固其端，孰是却不营，而以求自安”，告诫了人们要自食其力，勤奋劳动，如果什么事都不做，又怎么能解决自己的温饱问题呢？

白居易在《观刈麦》里把劳动的艰辛描绘得细致入微，生动感人。“田家少闲月，五月人倍忙。夜来南风起，小麦覆陇黄。妇姑荷箪食，童稚携壶浆。相随饷田去，丁壮在南冈。足蒸暑土气，背灼炎天光。力尽不知热，但惜夏日长。”五月是麦收时节，妇女领着孩子，给正在麦田里劳作的丈夫送饭。男子在麦田埋头割麦，脚下暑气熏蒸，背上烈日烘烤，累得筋疲力尽也不觉得天气炎热，只是珍惜夏日天长能够多干点活。读着这样的诗句，我们不能不为诗人对农家的同情与怜惜所感动。他的另一首名作《卖炭翁》，也充满了对劳动人民的真挚感情，引人深思，扣人心弦。

“富贵本无根，尽从勤里得。”人世间的一切幸福都需要靠辛勤的劳动来创造，劳动最光荣，劳动最伟大，劳动最美丽。劳动成就光荣与梦想。崇尚劳动、热爱劳动、尊重劳动永远是中华民族的传统美德。

二、舞蹈中的劳动之美

“劳动说”是 19 世纪末以来，在欧洲大陆许多民族学家与艺术史学家中广为流传的艺术起源于“劳动”的理论。俄国普列汉诺夫通过对原始音乐、原始歌曲、原始舞蹈、原始绘画的分析，以大量的种学、民族学、人类学和民俗学文献，系统地论述了艺术的起源及其发展问题，并引出了艺术发生于劳动的观点。原始艺术是适应劳动需求并在劳动实践过程中产生的，具有明显的功利目的。虽然至今劳动是否是艺术起源的问题历史学家们仍存在许多不同的声音，但不可否认的是劳动对于艺术的贡献不可估量。劳动对于舞蹈创作的发展也有着积极的引导和推动作用。

劳动者点燃篝火，成为迷途中前行者的光。劳动既是物质力量的再生，也是精神力量的起源。劳动对于舞蹈创作的启发和贡献也是不胜枚举的。例如，“打阿嘎”是一种藏族传统的屋顶和地面修筑方法，利用当地特有的“阿嘎土”（一种泥土和碎石的混合物）加水后铺在地面或屋顶上，通过人工反复夯打使之坚实平滑，不渗漏水。在这项劳作中，藏族妇女们唱着劳动歌，歌声齐唱一致，节奏明快，为劳作增添了乐趣。这项劳动方式也激发了中央民族大学青年教师格日南加创作藏族原生态舞蹈《阿嘎人》的灵感。这支舞蹈通过朴实无华的动作语言和地域音乐，真实地呈现了藏族民间打阿嘎的场景，塑造了藏族人民热爱劳动、善良勇敢的形象。同时，它也展现了藏族人民追求真善美、弘扬和传播新时代发展正能量的精神。舞蹈表达了藏族人民在劳作中的辛勤努力，展示了劳作中的欢乐游戏，以及人们在劳动中获得的爱情和友情。劳动已成为藏族人民不可分割的一部分，不仅仅是生活所需，更多的是一种行为习惯，勤劳的思想深深植根于藏族人民之中。为了生活的富裕而劳动，为了人民的幸福而奋斗，这是多么伟大且壮丽的事业！

劳动对舞蹈思想和动作创作有着无限的启发，而劳动者在劳作时的形态又对舞蹈动作语汇的编创具有模仿、借鉴和创新的作用。舞蹈《青稞》中表现了劳作人民在青稞收割前夕辛勤工作的情景，用舞蹈语汇讲述藏族人民种植青稞、播种、拔杂草、收割、晾晒等辛苦过程。通过运用藏族原生态弦子舞，展现了藏族人民在辛勤工作中收割青稞时的美好生活场景。这是劳动者赋予编创者的艺术灵感。此外，舞蹈作品《秋日》的灵感也源自劳动人民秋收的景象，舞蹈表现了秋日和秋风的美丽场景，同时展示了劳动人民内心的喜悦与欢乐。劳动是光荣、崇高、伟大和美丽的。当我们走进乡间，看到田野中密密麻麻插满的小秧苗，琳琅满目数不胜数，让人感受到无限的幸福和满足。这不仅是大自然的馈赠，更是劳动人民付出的心血和努力。这是大自然与劳动人民共同创造的温暖。这些舞蹈编创者在生活中捕捉到劳动人民的美，展现了他们勤劳、朴实、善良和坚韧的品质。在这些劳作场景背后，我们能感受到人民通过脚踏实地、一步一个脚印地奋斗，为我们的祖国带来繁荣和昌盛。舞蹈编创者们以劳动焕发创作热情，展现了匠心精神，以劳动者们的故事为创作起点，通过奋斗开辟了耀眼的劳动光辉。他们不仅以劳动为创作题材，同时以劳动精神为创作动力，在编创中展现了吃苦耐劳和艰苦奋斗的品质。劳动精神是成长的必经之路，也是成功的必备方式。无论是哪个普通劳动者，无论职业、年龄，无论以何种方式劳动，都应该具备工匠精神，精益求精，只有这样才能展现自己劳动且光荣的一生！

三、美术作品中的劳动之美

艺术家们笔下的劳动人民既是困苦岁月中坚毅的奋斗者，又是幸福年代里生活的践行者。耕织是古代劳动者们的主要劳动场景，古画中关于劳动人民耕织场景的刻画不胜枚举。而南宋绍兴年间，画家楼璹的《耕织图》便是极具代表性的画作之一。该作品细致入微地刻画了劳动者耕作和蚕织的场景，一经问世就受到了广泛关注。它的出现不仅在普及农业生产知识和推广耕作技术发展方面发挥了巨大作用，同时作品本身也是极为珍贵的艺术瑰宝。

罗中立先生的《父亲》，饱含深情地刻画出中国农民的典型形象。浓厚的油彩和精致细腻的笔触下，塑造了一幅真挚、纯朴的人物画像。背景以金黄的土地原色加强了画面的空间感，体现了《父亲》外在的质朴美和内在的高尚美。颂歌般的画面色彩十分庄重、生动感人，是对生活中劳动者的崇敬和赞美。

在国外美术史上，也有很多以劳动者为主题的著名绘画，比如，《夕阳下的播种者》《拾穗者》《伏尔加河上的纤夫》等。

《伏尔加河上的纤夫》是俄国批判现实主义画家伊里亚·叶菲莫维奇·列宾于 1870—1873 年间创作的一幅油画，现藏于圣彼得堡俄罗斯国立美术馆。该画描绘了一组纤夫在伏尔加河畔沉闷压抑的气氛中奋力拉纤的群像。画中的十一个劳动者神态各异，他们经历了风雨洗礼，却依然坚韧不拔。背景色调暗淡，空间感开阔而独特，给人一种忧郁、孤苦和无助的感觉。画作中的人物形象栩栩如生，深刻地反映了俄国纤夫苦难的生活，表达了画家对下层人民群众悲惨生活的同情，并艺术地体现了作者民主主义革命思想。

劳动开创未来，奋斗实现梦想，而艺术的耕耘本身就是一种劳动，正如巴尔扎克所说，持续不断的劳动，是人生的铁律，也是艺术的铁律，那些艺术作品中的劳动者，无一不向我们诉说着，劳动最光荣。

四、音乐中的劳动之美

劳动不仅创造了文学和诗歌，甚至连音乐也可能起源于劳动。

关于音乐的起源，一直以来都是个谜题。有人认为音乐是模仿自然而来，有人认为它源于语言的抑扬顿挫。然而，有一种说法一直流传至今，音乐起源于劳动，与伟大的劳动人民的活动密不可分。关于人类音乐的起源可以追溯到非常古老的时代，在人类还没有产生语言之前，就已经利用声音的高低强弱来表达自己的意思和情感了。

奥地利音乐学者瓦拉谢（1860—1917）和西德经济学者布赫（1847—1930）是主张音乐起源于劳动的代表人物。瓦勒谢克在他的著作《原始音乐》中认为，音乐的起源是由非洲原始民族在战争和狩猎时的舞蹈和强烈的节奏伴奏中发展而来的。布赫在他的著作《劳动与节奏》中将音乐的起源归结为人类的集体劳动，他系统地收集了从古代到现代的歌谣和南洋原始民族的各种劳动歌曲共 287 首，来研究劳动和节奏的关系，将音乐起源归结于在原始社会的集体劳动中，劳动人民为了求得统一及效率所产生的节奏。

漫长而原始的音乐活动创造了人类早期的音乐文化与人类文明。《吕氏春秋》记载，传说在一个叫葛天氏的氏族中，流传着一种集体的歌舞，其中包括《载民》《玄鸟》《遂草本》《奋五谷》《敬天常》《达帝功》《依地德》《总禽兽之极》等八首歌。这些歌曲表达了先民对五谷丰登的祝愿，祈求牧草茂盛、牲畜繁殖兴旺，赞颂天地之功德，重视气候与土壤，崇拜祖先与图腾的愿望和心情。音乐在人类长期的生产劳动实践中发挥了重要的作用，因此后人有了这样的说法，“音乐起源于劳动。”

【榜样力量】

大医精诚写大爱

“人的生命是第一宝贵的”“为了人民的身体健康和安全,我们可以不惜一切代价”……9月1日晚,由中宣部、教育部、国家卫生健康委、中央广播电视总台联合主办的专题电视节目《开学第一课》现场,“共和国勋章”获得者钟南山为全国中小学生上了一堂生动的爱国主义教育课。

84岁高龄的钟南山现为广州医科大学附属第一医院国家呼吸系统疾病临床医学研究中心主任。从医从教一甲子,钟南山以其专业精神、勇敢担当和仁心大爱,诠释了医者的初心和使命,诚如他在全国抗击新冠肺炎疫情表彰大会上发言时所讲,“‘健康所系,性命相托’,就是我们医务人员的初心;保障人民群众的身体健康和生命安全,是我们医者的使命。”

专业:“科学只能实事求是”

2003年初,非典袭来之际,情况十分危急。

面对这样一种前所未有的疾病,钟南山以其专业学养和丰富经验,否定了“典型衣原体是非典型肺炎病因”的观点,从而为及时制定救治方案提供了决策依据。

敢于下这个判断,是因为钟南山“查看过每一个病人的口腔”。有朋友悄悄问他:“你就不怕判断失误吗?有一点点不妥,都会影响你中国工程院院士的声誉。”钟南山则平静地说:“科学只能实事求是,不能明哲保身,否则受害的将是患者。”

1936年10月,一名男婴出生在南京一所位于钟山之南的医院,父母为其取名“钟南山”。受从事医学工作的父母的熏陶和影响,长大后,钟南山也走上了学医之路。

20世纪70年代末,钟南山赴英国留学。他刻苦学习,在较短时间内取得多项重要科研成果,赢得了国外同行的尊重。学业结束时,面对学校和导师的盛情挽留,钟南山一一谢绝:“是祖国送我来的,祖国需要我,我的事业在中国。”

抗击非典期间,钟南山和他的研究团队日夜攻关,终于在短时间内摸索出一套行之有效的救治办法,为降低病亡率、提高治愈率作出了突出贡献。

面对很多荣誉,钟南山总说自己不过就是一个看病的大夫。然而,就是这个不平凡的大夫,无论是面对非典还是新冠肺炎,始终坚持实事求是,每一次面对公众发声,总能以医者的专业和担当传递信心和安全感。

担当:“我们不冲上去谁冲上去”

从17年前那一句“把最危重的病人转到我这来”,到17年后“抗击疫情,医生就是战士,我们不冲上去谁冲上去?”钟南山肩上始终扛着医者的担当。

今年1月18日傍晚,一张钟南山坐高铁赴武汉的照片感动无数网友:临时上车的他被安顿在餐车里,一脸倦容,眉头紧锁,闭目养神,身前是一摞刚刚翻看过的文件……钟南山及时提醒公众“没有特殊的情况,不要去武汉”,自己却紧急奔赴第一线。

两天之后,1月20日,作为国家卫健委高级别专家组组长,钟南山告知公众新冠肺炎存在“人传人”现象。此后,他带领团队只争朝夕,一边进行临床救治,一边开展科研攻关。疫情防控期间,他和团队先后获得部级科研立项 5 项、省级科研 16 项、市级 5 项,牵头开展新冠肺炎应急临床试验项目 41 项,并在《新英格兰医学杂志》等国际知名学术期刊上发表 SCI 文章 50 余篇,牵头完成新冠肺炎相关疾病指南 3 项、相关论著 2 部。

钟南山不仅为国内的疫情防控立下汗马功劳,也为全球共同抗击疫情积极贡献力量。他先后参与了 32 场国际远程连线,与来自美国、法国、德国、意大利、印度、西班牙、新加坡、日本、韩国等 13 个国家的医学专家及 158 个驻华使团代表深入交流探讨,分享中国经验,开展国际合作。

钟南山是一名医生,又不只是医生。每一次面临相关突发公共卫生事件之际,他既有院士的担当,又有战士的勇猛,总是毫无畏惧地冲锋在一线。

仁心:“始终站在治病救人的一线”

如今,钟南山仍坚持每周三上午“院士大查房”、每周四下午半天门诊。周围的工作人员介绍,钟南山在冬天会用手先把听诊器焐热,再给病人听诊,给病人看病时会扶着患者慢慢躺下,等检查完之后,再慢慢扶起来。无论病人多大年纪、何种病情,钟南山都一视同仁。他常说:“从医几十年,我最大的幸福,是始终站在治病救人的一线。”

医者仁心,往往就从这样一些细节中流露。

面对新冠肺炎疫情,钟南山知道公众需要专业的指引。他不仅发挥自己在病理学、流行病学等领域的渊博学识,就连如何洗手、戴口罩等细节也要亲自示范、普及;当他看到疫情防控难度增加时,苦口婆心地劝诫人们一定要尊重医学、尊重知识、加强自我隔离。

从“以疾病治疗为中心”到“以促进人的健康为中心”,钟南山近年来一直致力于推动早诊早治,构筑疾病的“防火墙”。他提出既要“顶天”也要“立地”——“顶天”就是要抓住国际前沿理念、攻关国家急需的项目,“立地”就是要能解决老百姓的需求,研发出有效、安全、价廉、方便的器械和药物。“这么大年纪了,不累吗?”“治病救人,就不会觉得很累!”钟南山总是笑答,“父亲曾说过,人的一生在这个世界上能够留下点什么就不算白活。”这句话,他一直记得,也一直在践行。日前,钟南山入选世卫组织新冠肺炎疫情应对评估专家组,将以专业精神和经验为专家组的工作提供帮助并作出积极贡献。在治病救人的第一线,钟南山始终奔跑并幸福着。

(资料来源:姜晓丹,贺林平. 大医精诚写大爱[N]. 人民日报,2020-09-09(006).)

第一部分　机械工具的使用

项目一　测量工具的使用

劳动指引

古人云:磨刀不误砍柴工,这说明了“工欲善其事 必先利其器”的道理,工具在工作中的重要作用不言而喻。趁手的好工具,可以帮助我们又快又好地完成各种工作任务,随着科学技术的发展,机械工具的功能和使用方法变得越来越先进,工具向电动化、自动化、光电化等方向发展。然而日常维修工作中,手工工具仍然以其简单便捷、易于上手的特点,发挥着不可替代的作用。本项目通过选择一些典型的工作和生活场景,使学生学习使用常见的手工工具(包括量具),从事力所能及的基础实践劳动。

从古至今,人们发明了各种实用工具,其中包括量具。使用量具可以准确地测量各种物体的尺寸,学会选择适合的量具是进行测量的前提条件,正确使用量具进行测量和读数是获取准确尺寸的基础。通过积累自身的测量经验,借助各种已知数据和辅助工具如“手尺”“脚尺”,我们可以进行简单的测量和基本的估算。我们生活的世界丰富多彩,生活中测量无处不在,测量是数学发展的推动力量,更与各项科学技术的进步相得益彰。

任务一　使用钢卷尺和钢板尺测量物体尺寸

劳动目标

知识目标

(1)掌握钢卷尺和钢板尺的原理和其在工作、生活中的使用方法。

(2)掌握使用钢卷尺和钢板尺测量长度并进行正确读数的方法。

能力目标

(1)具备测量生活中常见物体尺寸的能力。

(2)通过实践锻炼获得准确估算各种形状物体尺寸的能力。

思政目标

(1)工作、生活中通过测量获取准确的数据,并以此为依据做出正确的判断和决策,有理有据地思考,培养实事求是的科学态度。

(2)道德水平并不能使用量具来测量,但是道德也有尺度,道德尺度是衡量行为善恶的社会标准,凡事把握尺度,做人做事有分寸、讲道理,是一个人必须具备的道德修养。

工作、生活中的测量

日常工作和生活中要使用多种测量方法，测量使工作生活更加标准化，几乎每天的每个任务都需要以测量为基础进行规划。为了获取各种数据信息，我们需要使用不同种类的量具和测量方法。例如，直尺、卷尺、皮尺用于测量长度尺寸；秒表、手表、挂钟用于测量时间；电子体温枪、水银温度计、煤油温度计用于测量物体和人体的温度；台秤、杆秤、磅秤用于测量物体的重量等。在测量长度时，钢卷尺和钢板尺是最常用的两种工具，刻度最小可达毫米或半毫米，测量精度可以精确到毫米。如图 1-1、图 1-2 所示。

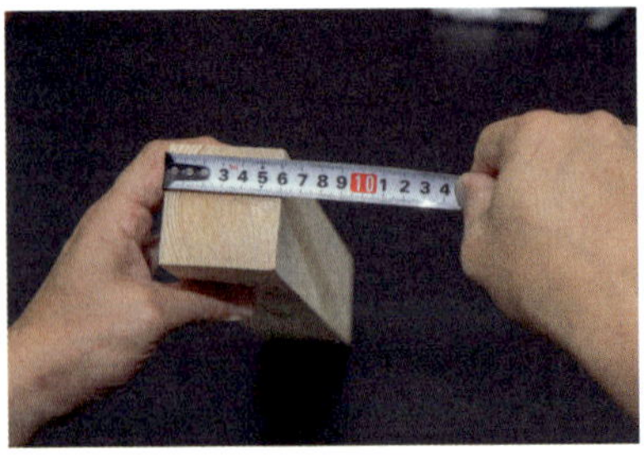

图 1-1　使用钢卷尺测量木板厚度

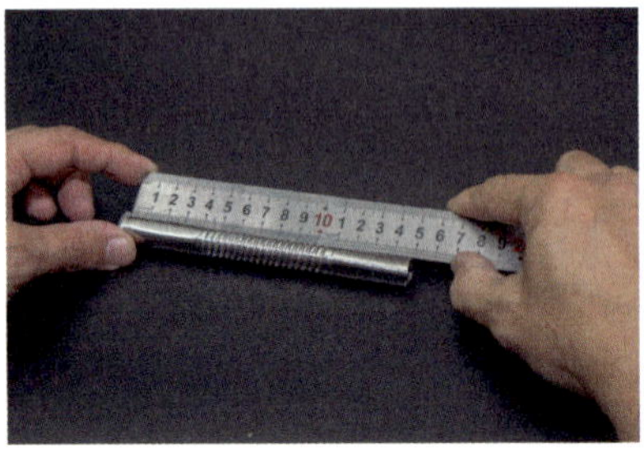

图 1-2　使用钢板尺测量物体长度

劳动情景

在工作和生活中，我们经常会遇到以下劳动情景。

（1）木工师傅制作家具时，根据房间空间尺寸设计家具的大小和形状。安装门窗玻璃的工人师傅要确保每一片玻璃大小合适，安装严密。他们通常会使用钢卷尺来测量物体的长度、宽度和高度。

（2）我们在购买家用电器时，首先会测量房间的空间尺寸和墙面尺寸，以判断空间的大小和家用电器的形状是否匹配，然后再确定所购家用电器的规格尺寸。

测量是一项人们在工作和生活中经常使用的技术。我们可以通过测量了解一些数据，例如我们一年长高了多少厘米？每天陪伴我们学习的课桌长度是多少米？如果我们在操场上跑了十圈，大约跑了多少千米？我们要学会使用量具进行测量，并将获得的数据合理地应用到生活中。

想一想，看一看，说一说

1. 想一想

（1）什么是测量？

用量具或仪器来测定物体的尺寸、角度、几何形状，用仪表测定各种物理量，称为测量。

（2）测量工作和哪些要素有关系？

测量工作主要与 5 个要素有关系，它们分别是测量对象、计量单位、测量工具、测量方法和测量准确度。

2. 看一看

看一看教室里的物体以及物体周围的场景，分辨物体尺寸的大小。看到黑板的长度与宽度的比例，我们可以判断出黑板是长方形的。看到教学楼室内地面的瓷砖长宽相等，我们可判断瓷砖是正方形的。如图 1-3，图 1-4 所示。常见物体的形状多种多样，我们在生活中已经积累了很多感知物体形状和尺寸大小的经验。

图 1-3　教室空间形状尺寸的感知

图 1-4　地面瓷砖形状尺寸的感知

3. 说一说

我们学过许多关于测量的故事。例如，两千多年前，秦国的李冰设计并组织建造了都江堰，这项工程能够合理调节河流的分水量，至今仍然发挥着重要的作用。另外，五千多年前的古埃及人建造了规模巨大的金字塔。这些伟大的工程奇迹都离不开精确的测量。那么古人的测量方法与现代人使用的测量技术有何相同之处与不同之处呢？古人是否探索过地球和月球之间的距离呢？

劳动材料准备

（1）测量工具。5 m 钢卷尺，300 mm 钢板尺，2 m 标准高度标尺杆。

（2）测量对象。个人身高、臂长、步幅等尺寸，课桌尺寸，教室空间尺寸等。

教师讲解和示范

1. 钢卷尺和钢板尺的规格特点

（1）钢卷尺。

大家经常使用的量具——钢卷尺，在建筑行业中被广泛应用，同时也是家庭必备的测量工具之一。卷尺种类繁多，包括纤维卷尺（皮尺）、腰围尺（裁缝用软尺）等，鲁班尺、风水尺、文公尺也属于卷尺的范畴。钢卷尺之所以能够卷起来，是因为内部装有弹簧。在使用钢卷尺进行测量时，需要将隐藏在卷尺盒中的尺身拉出卷尺盒。测量完成后，放开尺身，弹簧会自动收缩，尺身在弹簧的作用下重新收回卷尺盒中。钢卷尺的尺身长度决定了其测量范围，有 1~100 m 等多种长度的钢卷尺可供选择。尺身上的每个小刻度代表 1 mm，每 1 cm、每 10 cm 和每 1 m 的位置都标注有数值，便于测量读数。如图 1-5 所示。

（2）钢板尺。

钢板尺是一种量具，外形呈扁平长条状，两面都有清晰的尺寸刻度，具有耐磨和抗摔的特点。制造钢板尺一般采用合金工具钢或马氏体不锈钢材料，经过热处理的淬火工艺提高其硬度，然后进行低温回火工艺提升其弹性。采用冲压或机加工成型，经过表面磨削加工使其平整光滑，然后使用划线机进行尺寸刻度的标记。钢板尺的长度规格多种多样，包括0.1~2 m 等多种规格，测量者可根据测量尺寸的大小选取合适的规格。钢板尺身的每个小刻度代表 1 mm，每 1 cm 位置标注有数值，每 10 cm 位置使用红色标志做重点提示。如图 1-6 所示。

图 1-5　钢卷尺

图 1-6　钢板尺

2. 直接读数法

使用钢卷尺进行测量时，需要将零刻度对准测量起始点，或者用钩头勾住起点的边缘，并施加适当的拉力拉出尺身。同时，目光应直视测量终止点所对应的尺上刻度，首先读取毫米的整数部分，如果还有剩余不满 1 mm 的位置，则需要进行估算读取，以 mm 为单位，估算到小数点后一位。如图 1-7 所示。

当遇到无法直接使用钢卷尺起点测量的位置时，也可以从钢卷尺上的任意位置作为起点进行测量。为了方便读数，通常从整数位置开始，例如从 10 mm 的位置对准测量起点，确保标尺与测量方向一致。此时，所测得的尺寸读数值需要减去起点的 10 mm，才能得到物体的实际尺寸。

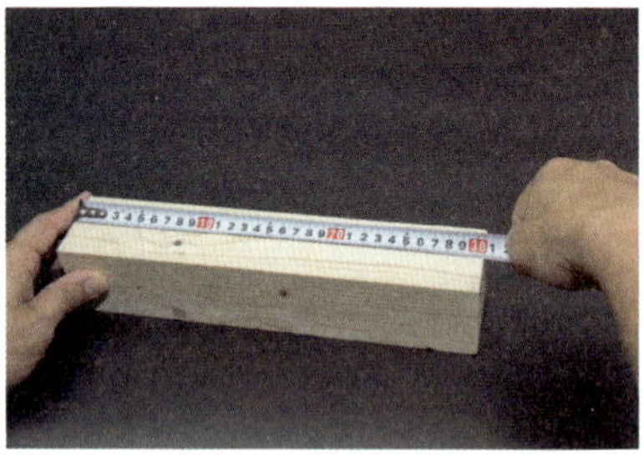

图 1-7　直接读数法

视频 1-1　直接读数法测量操作示范

3. 间接读数法和其他测量读数方法

间接读数法是一种通过使用辅助工具将不易测量的对象转化为容易测量的对象进行测量读数的方法。例如，如图 1-8 所示在使用钢卷尺或钢板尺时，无法直接测量瓷器中部圆圈的直径。此时测量者可以借助两把直角尺，将瓷器中部直径引导到钢卷尺或钢板尺上，从而能够读取瓷器中部圆圈直径的数值。

在实际工作中，还可以根据需要创造其他的读数方法，灵活运用各种测量辅助工具和量具进行读数。

图 1-8　间接读数法

视频 1-2　间接读数法测量操作示范

生活小知识

使用钢卷尺可以方便地测量行走的步幅和距离。首先，测量一个人自然走一步的距离，从后脚尖到前脚尖。然后，连续走五步并测量总距离，求平均值，这样可以相对准确地得到一个人走路的步幅长度。同样地，用钢板尺测量一个人手掌一拃（从大拇指尖到小指尖）的长度，也可测量 5 拃的长度计算平均值。这样就可以得到这个人大致准确的手掌长度。

记住与自己身体相关的尺寸对于工作和生活非常方便。通常，自然走一步的距离大约是 700 mm，我们将其称为“脚尺”，用于日常对地面距离的简易测量；手掌一次伸展的长度因人而异，通常约为 230 mm，我们将其称为“手尺”，用于日常对物体尺寸的简易测量。

在生活中，并不总是需要拿尺子来测量各种物体，这是因为我们记住了一些常用的尺寸，这些尺寸能够帮我们估算物体的尺寸。例如裤子的长度、衣服和鞋子的尺码以及自己的身高等，还有一些家具的尺寸也是我们熟知的，例如餐桌高度约为 80 cm，椅子高度约为 45 cm，这些都是相对固定的尺寸。在许多日常生活场合中，我们通过粗略测量和估算来测算物体的尺寸，这并不意味着缺乏科学态度，而是生活经验的一种积累和体现。

劳动体验

劳动一　测量自己和同学的身高

【步骤 1】每 4 名同学组成一个学习小组，为每组分配一把钢卷尺和一把钢板尺作为测量工具。

【步骤 2】小组成员相互测量身高，使用直接读数法进行测量。首先，确保钢卷尺的零刻度与地面水平一致，如图 1-9 所示。然后将钢卷尺拉伸至头顶位置，将钢板尺置于头顶处保持水平，读取钢卷尺与钢板尺接触点的数值，如图 1-10 所示。在表 1-1 中记录测量结果。

【步骤 3】重复步骤 2 的操作，连续进行三次测量，并计算这三次测量结果的平均值。将平均值填写到表 1-1 中，并使用 2 m 标准高度的标尺杆对身高进行对照检验。

【步骤 4】按照上述测量身高的方法，测量各自手掌的“一拃”长度，将其命名为“手尺”。同时测量走一步的距离，命名为“脚尺”。进行三次测量，将数值记录在表 1-1 中，然后计算平均值。

【步骤 5】根据个人需要，自行定义并测量其他身体部位的长度。例如测量手臂的长度，或者测量两臂展开时左右手中指指尖之间的长度。将测量结果记录在表 1-1 中。

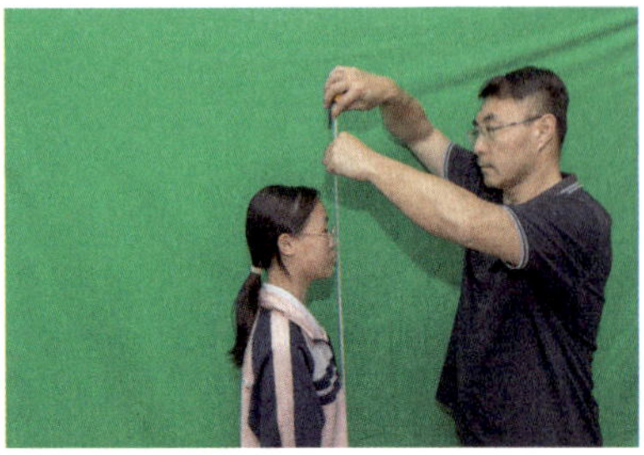

图 1-9　用钢卷尺测量身高

图 1-10　在钢板尺与卷尺接触点读数

表 1-1　学生自测身体尺寸记录表

测量次数	学生姓名	身高	手尺长度	脚尺长度	自定义尺寸
1					
2					
3					
平均值					

劳动二　测量课桌的尺寸

【步骤 1】每 4 名同学组成一个学习小组，使用直接读数法进行测量。使用钢卷尺勾住课桌桌面的短边，拉出标尺，测量课桌的长度。对钢卷尺进行读数，将结果记录在表 1-2 中，如图 1-11 所示。

【步骤 2】继续使用直接读数法进行测量。用钢卷尺勾住课桌桌面的长边，拉出卷尺，测量课桌的宽度。对钢卷尺进行读数，将结果记录在表 1-2 中。

【步骤 3】继续使用直接读数法进行测量。用钢卷尺勾住课桌的桌脚底面，拉出卷尺，对应课桌的桌面高度尺寸。对卷尺进行读数，将结果记录在表 1-2 中。

【步骤 4】进行第二轮测量，采用“手尺”作为测量工具，测量课桌的长度、宽度和高度，如图 1-12 所示。将测量结果记录在表 1-2 中。

【步骤 5】将“手尺”测量得到的尺寸与钢卷尺测量得到的尺寸进行比较。注意，“手尺”测量是一种估算，而钢卷尺测量是准确的。通过对比找出个人习惯性的测量估算误差，并进行修正。

图 1-11　用钢卷尺测量课桌的尺寸

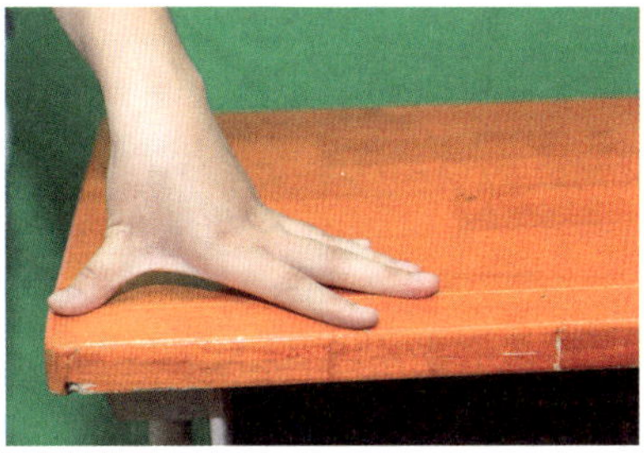

图 1-12 用“手尺”测量课桌的尺寸

表 1-2　测量课桌尺寸记录表

测量次数	课桌	长度	宽度	高度	桌面对角线（选测）
1	钢卷尺测量				
2	手尺测量				
比较结果					

劳动三　测量教室的空间尺寸

【步骤 1】学习小组的 4 名同学相互配合，根据生活经验对教室空间的长度、宽度和高度进行估算，将结果记录在表 1-3 中。

【步骤 2】使用直接读数法进行测量。用钢卷尺测量教室的长度，拉出标尺，对应教室长度尺寸。对钢卷尺进行读数，将结果记录在表 1-3 中，如图 1-13 所示。

【步骤 3】继续使用直接读数法进行测量。用钢卷尺测量教室的宽度，拉出卷尺，对应教室宽度尺寸。对卷尺进行读数，将结果记录在表 1-3 的中，如图 1-14 所示。

【步骤 4】借助 2 m 标准高度标尺杆，使用钢卷尺测量教室的高度。拉出钢卷尺，对应教室高度尺寸。对钢卷尺进行读数，将结果记录在表 1-3 中，如图 1-15 所示。

【步骤 5】进行第二轮测量，使用“脚尺”作为测量工具。测量教室的长度和宽度，对教室的高度进行目测估算，将测量结果记录在表 1-3 中，如图 1-16 所示。

【步骤 6】将“脚尺”测量得到的教室长度和宽度与钢卷尺测量得到的准确尺寸进行比较。同时，将目测的教室长度、宽度和高度与钢卷尺测量的数值进行比较，找出个人习惯性的测量估算误差，并进行修正。

图 1-13 用钢卷尺测量教室长度尺寸

图 1-14 用钢卷尺测量教室宽度尺寸

图 1-15 用钢卷尺测量教室高度尺寸

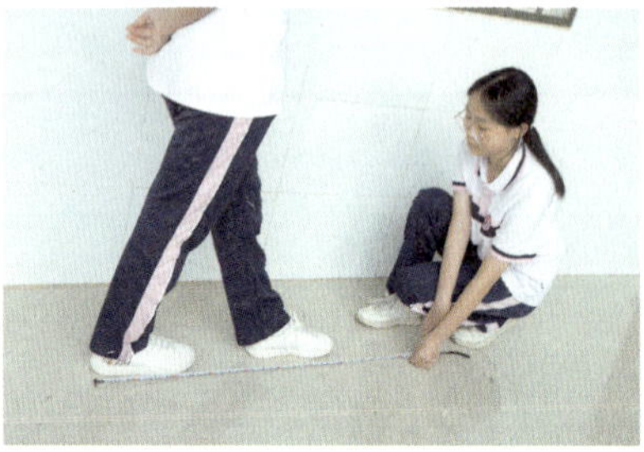

图 1-16 用"脚尺"测量教室地板尺寸

表 1-3 测量教室空间尺寸记录表

测量次数	教室	长度	宽度	高度	地面对角线（选测）
1	个人估算				
2	钢卷尺测量				
3	"脚尺"测量				
比较结果					

劳动评价

1. 看一看，比一比

相邻的学习小组交换测量的尺寸表，比较谁测得更准确，谁使用的测量方法又快又好。

2. 评一评，议一议

根据自评和互评的结果，在空格内填写"优秀""良好"或"还需要努力"。

劳动测量的完整程度 □□□□□

劳动测量的精确程度 □□□□□

劳动测量的认真程度 □□□□□

劳动测量的创新程度 □□□□□

议一议，哪些同学在测量任务中迅速而出色地完成了任务，还提出了创新的测量方法，既快速又准确地测量了数值。测量工具的使用方法和功能不止一种，借助其他辅助工具，能够找到更好的测量方法。测量尺寸本身是一项有趣的活动，通过训练可以提高估算尺寸的能力，值得大家不断探索实践。在生活中，有许多擅长"一抓准""一刀切""一口清"的能工巧匠，他们都是通过无数次的实践和修正从而获得了相对精确的测量和估算能力。

文明操作小贴士

（1）钢卷尺的边缘十分锋利，使用时要注意避免割伤皮肤。

（2）钢卷尺可以柔性弯曲，但是过度弯曲成锐角会导致尺身损坏。

（3）钢卷尺的伸缩长度有限制，超过极限后再拉伸会造成损坏。

（4）钢板尺的边缘可以接触，但边角相对锋利，使用时须小心以防伤人。

（5）钢板尺在弹性范围内允许适当弯曲，但过度弯曲会造成尺身损伤。

课后实践

（1）测量家里房间的尺寸，然后测量家里的家具和电器尺寸，设计并改进家具和电器的摆放位置。在与家长商量后，合理安排家庭空间的使用，使其更加合理。

（2）在家庭生活环境中，为父母、兄弟姐妹、亲戚和邻居测量身高。在与他们聊天的同时，询问他们过去读书时的身高以及是否还记得跳远、跳高等运动项目的成绩。

（3）在运动场上，找一个较高的位置，标出自己跳高时的极限位置，并测量极限位置的高度。经过一段时间后，再来试试摸高，见证自己的成长。

拓展创新

在生活中，有时候我们想要测量一些大型标志物的尺寸，在乡村测量田地的面积，盖房子打地基要测量并标识尺寸位置；在城市街道上测量大楼的高度，测量街道的长度等，倘若我们没有直接适用的测量工具，如何使用手中现有的量具进行简易测量呢？比如图1-17中的河流，我们如何使用手中的普通小型量具进行河流宽度的简易测量？图1-17中展示了一个简单的测量和计算的方法，有助于大家理解创新测量方法的意义。

图1-17　测量河流宽度

技术信息

激光测距仪是利用激光对目标间距离进行准确测定的仪器。激光测距仪在工作时向目标射出一束很细的激光，由光电元件接收目标反射回来的激光束，计时器测定激光束从发射到接收的时间，准确计算出从观测者到目标的距离。激光测距仪重量轻、体积小、操作简单，测量速度快而准确，其误差仅为其它光学测距仪的五分之一到数百分之一，因而被广泛用于战场地形测量，坦克、飞机、舰艇和火炮对攻击目标的测距，测量云层、飞机、导弹以及人造卫星的高度等。它是提高坦克、飞机、舰艇和火炮精度的重要技术装备。使用激光测距仪，测量出地球到月球的平均距离是 384 404 km，地球到太阳的平均距离是 149 597 870 km。如今民用版激光测距仪也已经普及，形状跟一个望远镜差不多，对准远处的物体，可以很容易地测出距离，误差在 0.01 m 之内，相比起使用钢卷尺测量中远距离，测量精准度和测量速度方面都具有极大的技术优势，测量技术和测量仪器的发展成果让人赞叹不已。如图 1-18，图 1-19 所示。

图 1-18　用手持式激光测距仪测量距离

图 1-19　对遥远星系进行激光测距

任务二　使用游标卡尺和千分尺测量物体尺寸

劳动目标

知识目标

（1）掌握游标卡尺量具的机械结构、刻度方法和读数原理。

（2）掌握千分尺量具的机械结构、刻度方法和读数原理。

能力目标

（1）掌握使用游标卡尺正确测量各种形状尺寸的方法，具备准确读数的能力。

（2）掌握使用千分尺正确测量各种形状尺寸的方法，具备准确读数的能力。

思政目标

（1）为了精确测量物体的尺寸，必须掌握各种先进量具的正确使用方法，提升测量精度和效率。擅长借助先进而专业的工具，事半功倍地完成工作。

（2）工匠精神不仅是吃苦耐劳的思想作风，更是对每项工作任务精益求精的科学态度。通过反复实践精确测量尺寸，我们可以磨炼出一丝不苟的匠心。

工作、生活中的测量

测量使我们的生活更加标准化。各种量具扩展了工作和生活中的测量范围。使用游标卡尺可以精确测量不锈钢管孔的直径，测量跳棋中五彩缤纷的玻璃珠的直径，测量电动玩具上一颗米粒大小螺丝的直径，以及测量圆珠笔芯的直径和手机膜的厚度等。而使用千分尺则可以测量更微小的尺寸，比如一张纸币的厚度、一根头发的直径，以及一根铜丝的直径等。工作和生活中不仅仅是简单粗略的测量，还有许多事物值得我们去精确测量，去研究其中的内在规律。这是一个广阔的领域。掌握更高精度量具的使用方法能够不断拓展我们的视野，深入探索大千世界中各种未知奥秘。如图 1-20、图 1-21 所示。

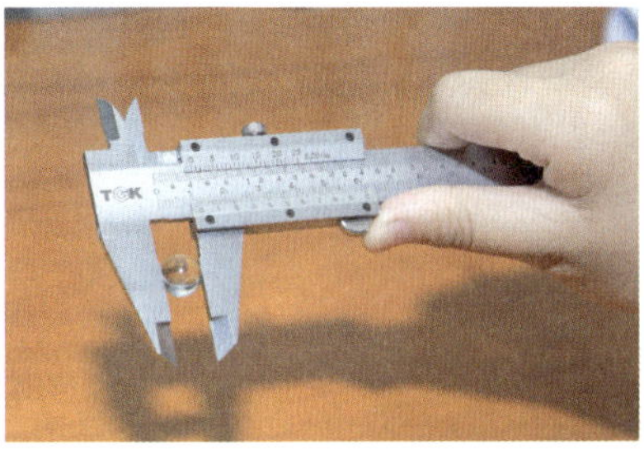

图 1-20　用游标卡尺测量玻璃珠直径

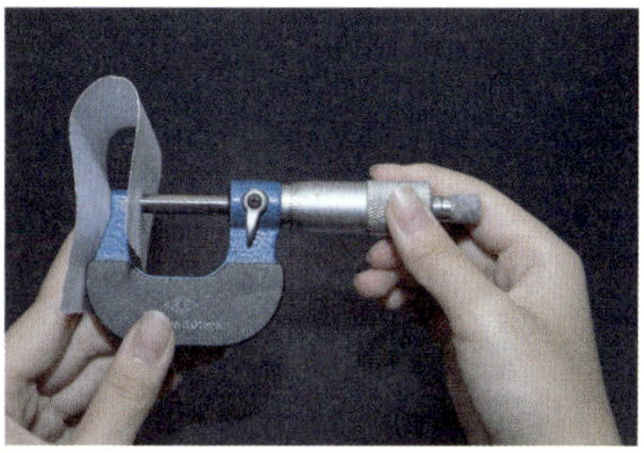

图 1-21　用千分尺测量一张纸的厚度

劳动情景

在工作和生活中，我们常常会遇到以下劳动情景。

（1）在家中安装电视机时，工人师傅会在墙上钻孔。他们使用游标卡尺测量膨胀螺丝的长度，测量打孔的深度，尽可能地钻得更深一些，使电视机稳固地挂在墙上，位置准确，如图 1-22 所示。

（2）在数控车工实训课上，实训老师使用数控车床对工件进行加工。先进行粗车，然后使用千分尺测量工件的直径。根据测量结果调整机床参数，继续进行精加工，最终加工出符合图纸尺寸要求的合格零件，如图 1-23 所示。

图 1-22　冲击钻墙上打孔控制深度

图 1-23　用千分尺测量工件尺寸

精确测量是工作和生活中的常见需求。作为即将从事技术工作的准技术工人，与其他专业员工相比，我们需要在许多场合应用专业知识，选用适当的量具完成工作任务，只有了解量具的结构原理，熟练使用量具并能够正确读数，才能够赢得社会对技术工人的尊重。

想一想，看一看，说一说

1. 想一想

（1）什么是测量精度？

测量精度指测量结果与真值的一致程度，测量过程不可避免出现测量误差，测量结果是要素真值的近似值。

（2）得到准确的测量数据跟哪些要素有关系？

得到准确的测量数据主要和三个要素有关系，它们分别是：测量工具、测量方法和测量读数。

2. 看一看

看一看本节课用于测量的 A、B、C 三套模型的形状，将它们与立体图形的图纸进行对比。通过这样的比较，初步了解配合件和配合尺寸的概念。这些模型由长方体、正方体、圆柱、圆球、圆孔等基本形状组成。认真观察模型的形状特征，努力将其形状特征牢记于心。

3. 说一说

我们有了钢卷尺和钢板尺，为什么还要使用其他种类的量具呢，除了量具的测量功能有区别之外，测量出来的尺寸精度为什么会有差别？不同种类量具各自局限性是什么？测量方法跟测量结果有什么联系和区别？

劳动材料准备

（1）测量工具。150 mm 游标卡尺，0~25 mm 千分尺，25~50 mm 千分尺，50~75 mm 千分尺，150 mm 钢板尺，300 mm 钢板尺。每个学习小组使用一套量具。

（2）测量对象。A 模型组合——方形凹、凸零件配合体，B 模型组合——圆柱、圆孔零件配合体，C 模型组合——圆球、圆环配合体，以及零件盒。每个学习小组使用 A、B、C 三套模型。

教师讲解和示范

1. 游标卡尺和千分尺的刻度原理和形状规格

（1）游标卡尺。

游标卡尺是工作和生活中常用的中等精度量具，主要用于测量物体的外形、内腔和深度等尺寸，尤其适用于测量圆形工件的外径和内径。游标卡尺由主尺和游标尺两个主要部分组成。主尺的刻度为每格 1 mm，而游标尺刻度分为 50 个格，每格 0.98 mm，测量精度为 0.02 mm，被称为 1/50 精度游标卡尺。游标卡尺还配有测深杆、外测量爪、内测量爪和紧固螺钉等机械结构，规格包括测量范围为 0~150 mm 和 0~250 mm 的不同型号。此外，根据测量读数结构的不同，还有机械式卡尺、带表卡尺和数显卡尺等分类。如图 1-24 和图 1-25 所示。

（2）千分尺。

千分尺是一种精密量具，包括内径千分尺和外径千分尺等不同类型。其机械结构由尺架、固定测头、移动测头、固定套管、转动套管、测微旋钮、固定旋钮以及内部结构等部件组成。千分尺的工作原理是，当转动套筒旋转一圈时，移动测头会移动 0.5 mm。将转动套管的一圈分为 50 个格，每转动 1 格，移动测头移动 0.01 mm。通过估读格数和小数点后一位的位数，精度可以达到 0.001 mm。由于千分尺的读数结果可以精确到以 mm 为单位的小数点后千分位，因此称为千分尺。千分尺的量程是选择该量具时的重要指标，超过量程范围的形状尺寸无法直接进行测量。如图 1-26，图 1-27 所示。

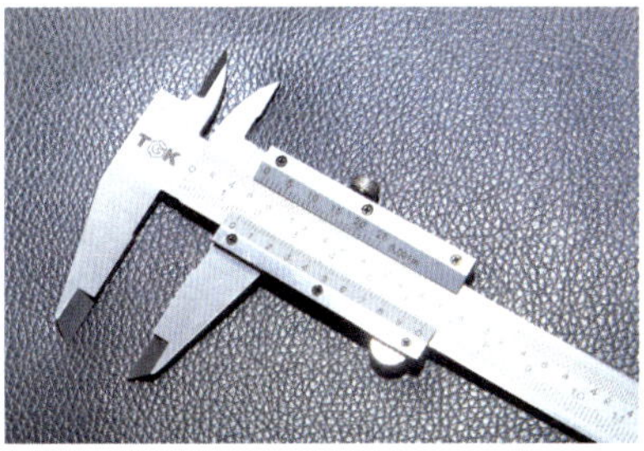

图 1-24　游标卡尺的形状

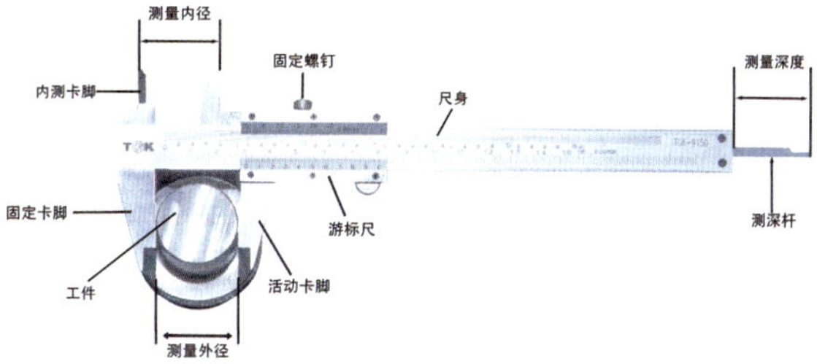

图 1-25　游标卡尺的结构

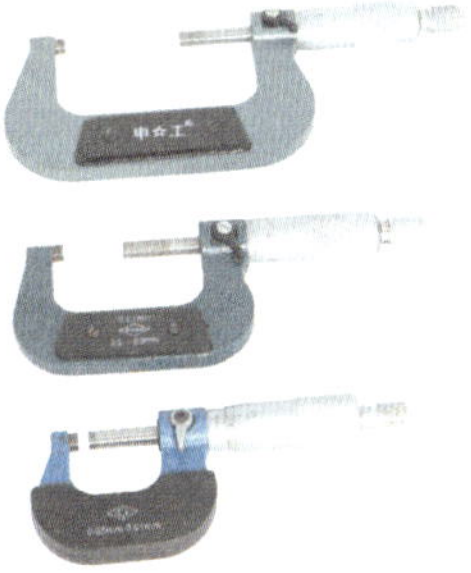

图 1-26　千分尺的形状

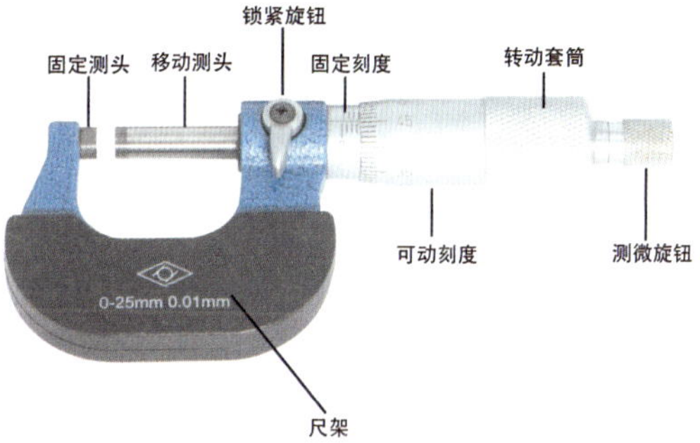

图 1-27　千分尺的结构

2. 游标卡尺的测量和读数方法

使用游标卡尺进行测量时，操作者应该用左手拿取被测物体，右手握住尺身。当使用外测卡爪测量物体外形时，将被测物体置于两个卡爪之间，用大拇指推动游标尺进行移动，确保与被测物体垂直接触。然后旋紧紧固螺钉，即可开始读数。此外，游标卡尺还可以使用内测卡爪来测量物体的内腔尺寸，以及使用测深杆来测量物体的沟槽、内腔深度等。对于 1/50 精度的游标卡尺，读数的方法为：首先，找到游标尺上与主尺刻度线对齐的“0”刻线，该刻线对应着被测尺寸的整数值。然后，找到游标尺与主尺刻线对齐的格数，将尺寸的整数值加上游标尺对齐的格数乘以 0.02，即可得到被测物品的尺寸。如图 1-28 所示。

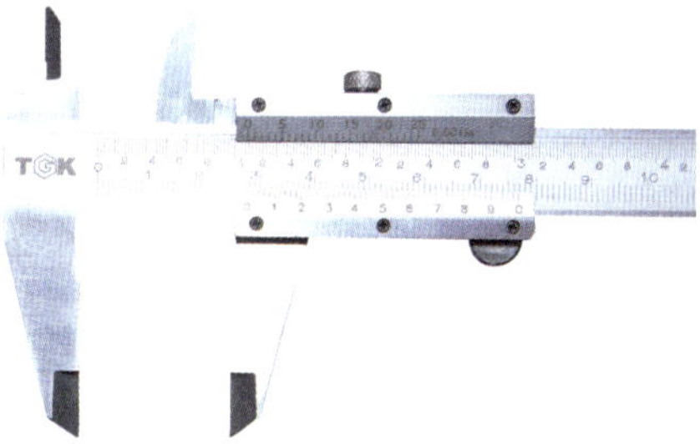

图 1-28　游标卡尺的读数方法

视频 1-3　游标卡尺读数操作示范

3. 千分尺的测量和读数方法

选用适合量程的千分尺，操作者应用左手握住尺架，右手旋转转动套筒，使移动测头与固定测座之间的距离稍微大于被测物体。然后将被测物体放入后，继续旋转转动套筒，直到触头几乎接触被测物体。接下来，改为转动测微旋钮，使测头与物体接触，继续旋转，直到棘轮发出声音，拨动固定旋钮将测杆固定，一般可以将千分尺从物体上取下后进行读数。读数的方法为：根据转动套筒左端的位置，在主尺上读取对应的毫米数值。如果露出了半毫米刻线，则需要加上 0.5 毫米，套筒上与主尺刻度对齐的刻线格数乘以 0.01。如果没有完全对准，需要估算格数到小数点后一位。最终的读数结果=固定刻度 + 半刻度 + 刻线格数 ×0.01。如图 1-29 所示。

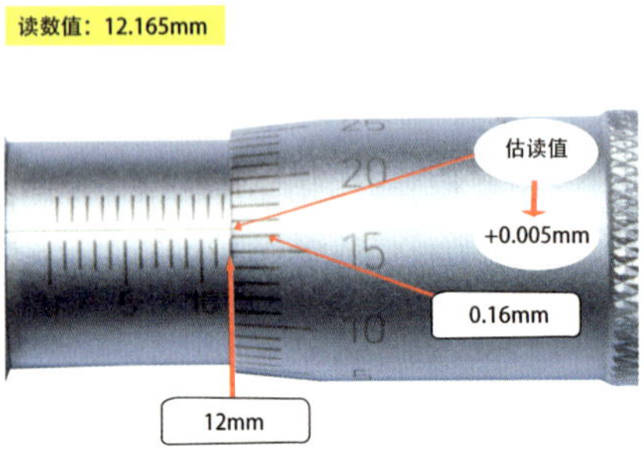

图 1-29　千分尺的读数方法

视频 1-4　千分尺读数操作示范

生活小知识

在生活中使用精密量具可以精确测量普通量具无法测量的形状和部位尺寸。例如，使用量程为 0~25 mm 的千分尺可以测量头发的直径，每个人的头发直径都略有不同，一般测量的直径约为 0.07 mm。使用 0~25 mm 量程的千分尺可以测量一张 A4 复印纸的厚度，测得结果大约为 0.12 mm。如果将纸张折叠 7 次，相当于 128 张纸的厚度，使用游标卡尺测量该厚度，可以计算出平均每张纸的厚度。通过与千分尺测量的结果进行比较和分析，可以判断哪种测量方法得到的数值更准确。使用各种量具来测量各种形状和尺寸，能让我们在生活中发现许多测量的乐趣，展现出一个绚丽多彩、精准无误的世界。

劳动体验

劳动一　测量模型组件 A 的尺寸

【步骤 1】每 4 名同学组成一个学习小组，每组分配一套量具，包括游标卡尺、三种规格的千分尺各一把。对 A 套配合件模型进行测量，一名同学进行测量，其他同学进行观察和记录，然后互换。

【步骤 2】使用游标卡尺根据立体图上标注的尺寸线测量模型组件 A-1，如图 1-30 所示，将测量结果记录在表 1-4 中。

【步骤 3】使用游标卡尺根据立体图上标注的尺寸线测量模型组件 A-2，将测量结果记录在表 1-4 中。

【步骤 4】选择合适量程的千分尺，测量模型组件 A-1 和 A-2 中各部位尺寸，如图 1-31 所示，将测量结果记录在表 1-4 中。

【步骤 5】观察和装配 A 模型组件 A-1 和 A-2，比较各配合位置的凹凸零件的相关形状尺寸大小，对比填写在表 1-4 中的相关尺寸。如果发现测量错误，需要重新测量并修改记录，将修改后的结果填写在表 1-4 中，表中各部位尺寸如图 1-32 和图 1-33 所示。

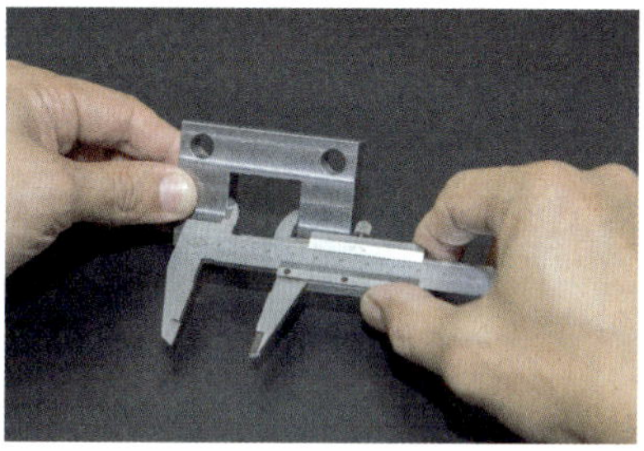

图 1-30 用游标卡尺测量模型组件 A 尺寸

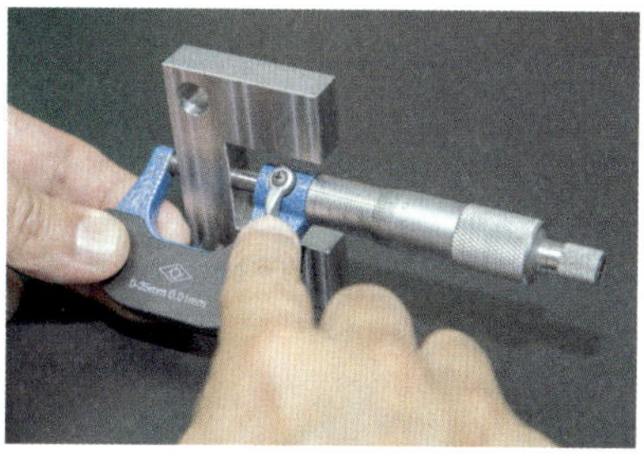

图 1-31 用千分尺测量模型组件 A 尺寸

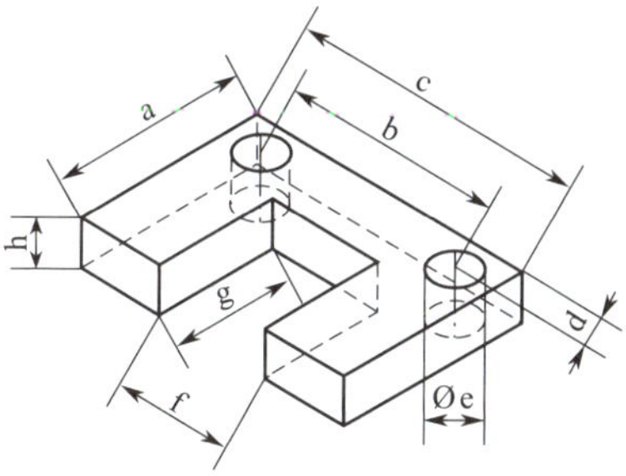

图 1-32 模型组件 A-1 立体图

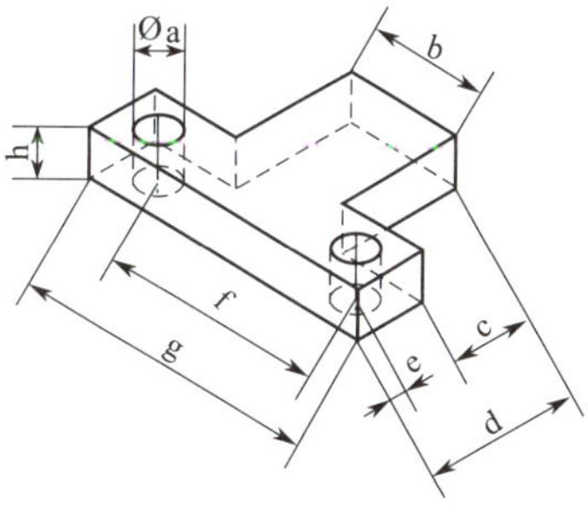

图 1-33 模型组件 A-2 立体图

表 1-4 模型组件 A 尺寸记录表

测量模型	量具	a	b	c	d	e	f	g	h
A-1	游标卡尺								
A-2									
A-1	千分尺								
A-2									
比较不同量具的测量数据									

劳动二　测量模型组件 B 的尺寸

【步骤 1】每 4 名同学组成一个学习小组，每组分配一套量具，包括游标卡尺一把和三种规格的千分尺各一把。对 B 套配合件模型进行测量，一个同学测量，其他同学观察和记录，然后互换。

【步骤 2】使用游标卡尺根据立体图上标注的尺寸线测量模型组件 B-1，如图 1-34 所示，将测量结果记录在表 1-5 中。

【步骤 3】使用游标卡尺根据立体图上标注的尺寸线测量模型组件 B-2，将测量结果记录在表 1-5 中。

【步骤 4】选择合适量程的千分尺，测量模型组件 B-1 和 B-2 中各部位尺寸，如图 1-35 所示，将测量结果记录在表 1-5 中。

【步骤 5】观察和装配 B 模型组件 B-1 和 B-2，比较各配合位置的凹凸零件的相关形状尺寸大小，对比填写在表 1-5 中的相关尺寸。如果发现测量错误，需要重新测量并修改记录，将修改后的结果填写在表 1-5 中。表中各部位尺寸如图 1-36 和图 1-37 所示。

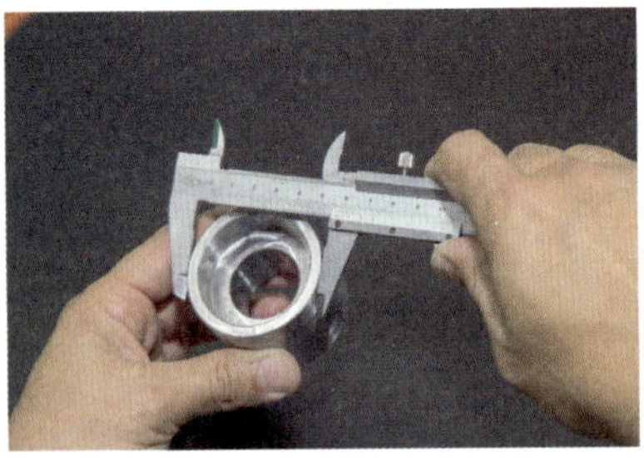

图 1-34　用游标卡尺测量模型组件 B 尺寸

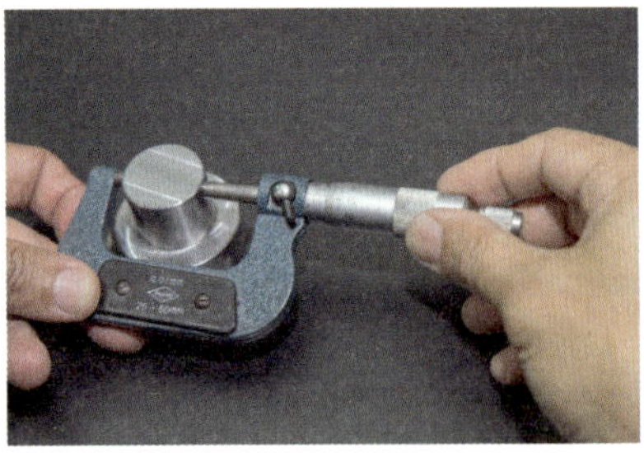

图 1-35　用千分尺测量模型组件 B 尺寸

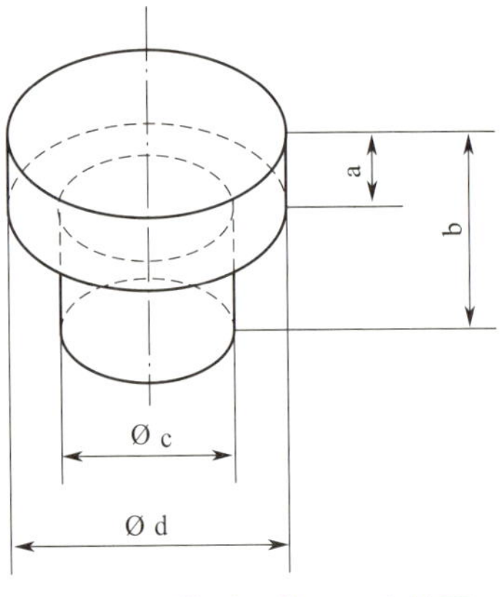

图 1-36　模型组件 B-1 立体图

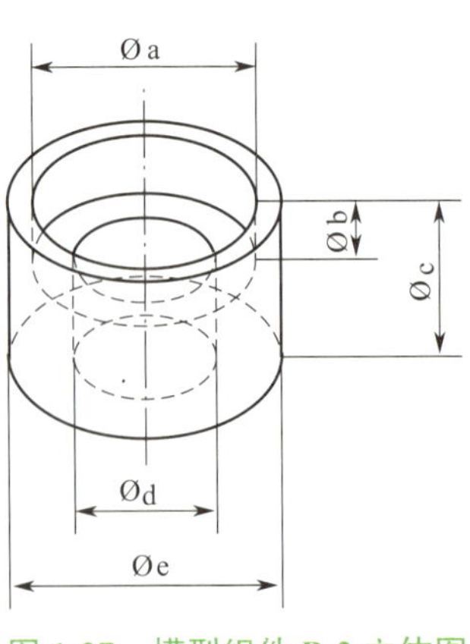

图 1-37　模型组件 B-2 立体图

表 1-5 模型组件 B 尺寸记录表

测量模型	量具	a	b	c	d	e
B-1	游标卡尺					
B-2						
B-1	千分尺					
B-2						
比较不同量具的测量数据						

劳动三 测量模型组件 C 的尺寸

【步骤 1】每 4 名同学组成一个学习小组,每组分配一套量具,包括游标卡尺一把和三种规格的千分尺各一把。对 C 套配合件模型进行测量,一个同学测量,其他同学观察和记录,然后互换。

【步骤 2】使用游标卡尺根据立体图上标注的尺寸线测量模型组件 C-1,如图 1-38 所示,并将测量结果记录在表 1-6 中。

【步骤 3】使用游标卡尺根据立体图上标注的尺寸线测量模型组件 C-2,将测量结果记录在表 1-6 中。

【步骤 4】选择合适量程的千分尺,测量模型组件 C-1 和 C-2 中各部位尺寸,如图 1-39 所示,并将测量结果记录在表 1-6 中。

【步骤 5】观察和装配 C 模型组件 C-1 和 C-2,比较各配合位置的凹凸零件的相关形状尺寸大小,对比填写在表 1-6 中的相关尺寸。如果发现测量错误,需要重新测量并修改记录,将修改后的结果填写在表 1-6 中。表中各部位尺寸如图 1-40 和图 1-41 所示。

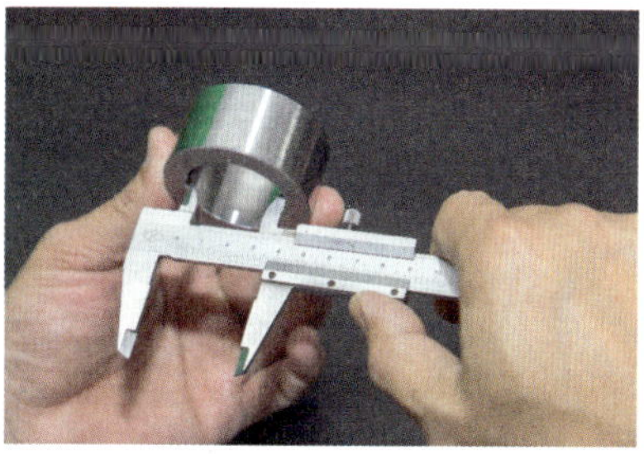

图 1-38 用游标卡尺测量模型组件 C 尺寸

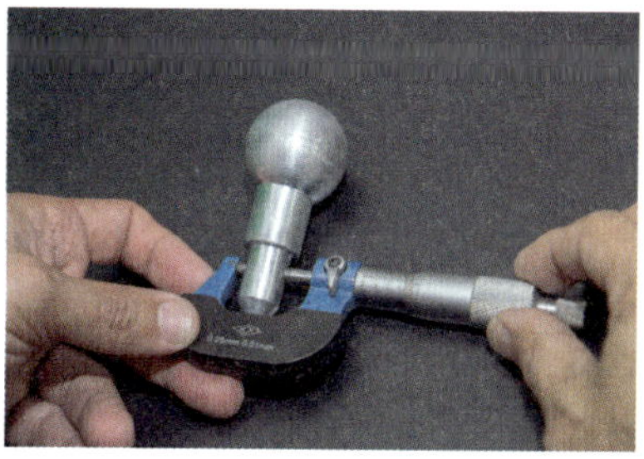

图 1-39 用千分尺测量模型组件 C 尺寸

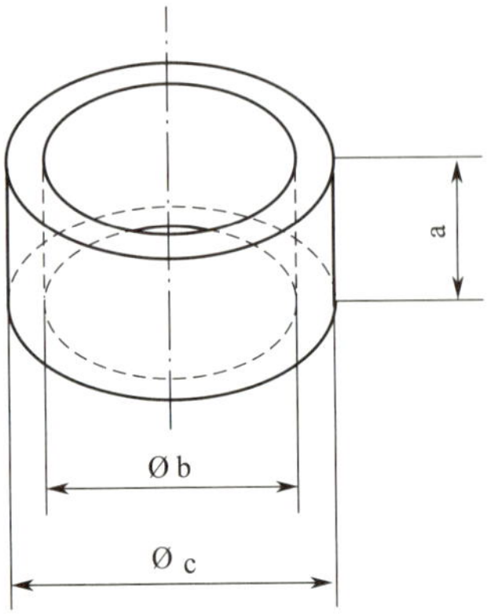

图 1-40　模型组件 C-1 立体图

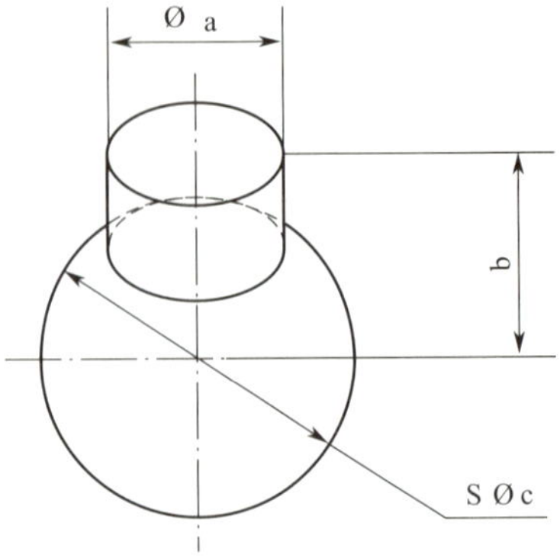

图 1-41　模型组件 C-2 立体图

表 1-6　模型组件 C 尺寸记录表

测量模型	量具	a	b	c	d
C-1	游标卡尺				
C-2					
C-1	千分尺				
C-2					
比较不同量具的测量数据					

劳动评价

1. 看一看，比一比

相邻的学习小组交换他们测量的尺寸表，进行对比和参考，比较测量数据是否存在差异，尝试分析差异的原因。是因为各组模型自身的制造误差，还是由于不同的测量方法导致的数据差异。在分析后，再次进行重复测量以进行核对。

2. 评一评，议一议

根据自评和互评的结果，在空格内填写“优秀”“良好”或“还需要努力”。

劳动测量的完整程度　□□□□□

劳动测量的精确程度　□□□□□

劳动测量的认真程度　□□□□□

劳动测量的创新程度　□□□□□

议一议，哪些同学在测量任务中完成得又快又好，尤其是在游标卡尺的读数方面。哪些同学能创新读数方法，从而提高测量效率。千分尺的量程是限制测量范围的主要问题，是否能够制作一把量程足够大的“通用”千分尺？如果量具出现故障导致误差，应该如何处理？

文明操作小贴士

（1）游标卡尺是中等精度的量具，使用时要轻拿轻放，避免高处掉落或与硬物碰撞，以免损坏。

（2）游标卡尺的卡脚等部位比较锋利，请注意在使用时避免对自己和他人造成伤害。

（3）千分尺是精密量具，使用时要轻拿轻放，避免高处掉落、碰撞、敲击或磨损，这些情况都可能导致损坏或降低测量精度。

（4）千分尺有测量范围，根据被测物体的尺寸选择合适规格的千分尺进行测量。

（5）使用千分尺进行测量时，当测量触头接触到被测物体时，应靠测微旋钮来控制触头与物体的接触力度。一旦触头接触到物体，应停止继续用力转动旋转套筒，以免影响千分尺的精度。

课后实践

（1）检查家中那些损坏的家具或电器，尤其是由于螺钉出现问题导致的损坏，使用游标卡尺测量所需螺钉的尺寸，如螺钉的直径和长度等。然后去五金店或在网上购买相同规格的螺钉，试着修理好家具或电器，让物品得到有效的利用。

（2）与同学一起使用千分尺测量一张复印纸的厚度，大约为 0.12 mm。如果对折 1 次，纸张厚度为原来的 2 倍，可以计算出第 14 次折叠后的纸张厚度将超过人的身高，同时还可以计算出第 20 次折叠的纸张厚度，看是否比一栋大楼还要高。

（3）与家长讨论家人的头发直径，使用千分尺进行测量，比较每位家庭成员头发直径的差异。随着年龄增长，父母的头发会逐渐稀疏，且会变细和变白。每个人都应该感谢父母的养育之恩，感激他们的辛勤付出。

拓展创新

国际上常用的长度单位，既有公制单位又有英制单位等，英制单位在英美系国家普遍使用。据传说，古时候英国国王亨利一世用自己的鼻尖到手臂伸直时大拇指的跨度作为长度单位，叫做“码”，用自己脚掌的长度作为另一个长度单位，叫做“英尺”，由此衍生出英制尺寸的一系列单位换算。在机械行业中，英制螺纹就使用英制单位进行标注，用一英寸内平均多少个牙型来表示螺距，英制管螺纹中常说到的四分管，就是指内孔 1/2 英寸的水管，英制尺寸单位的换算方法是：1 英里（mile）=1 760 码（yard），1 码（yard）=3 英尺（foot），1 英尺（foot）=12 英寸（inch），1 英寸（inch）=8 英分，英分并不是英制标准单位，是人们日常习惯中创造的补充计量单位。公制尺寸的换算方法是：1 公里=1 000 米，1 米=10 分米=100 厘米=1 000 毫米；英制和公制单位之间的换算关系是 1 英寸（inch）=25.4 毫米，有了这个换算公式，公英制单位之间可以相互换算。

技术信息

在人类测量技术发展历程中，不断拓展目力所及的遥远未知领域。这一发展既延伸到宏观空间方向，也涉足微观领域的探索。宏观尺度的测量范围巨大，可以测量浩瀚宇宙的尺度，从地球与月亮的距离（几十万千米），到太阳系各行星之间的距离（数亿千米），如图 1-42 所示。光从太阳传到地球需要约 8 min 20 s 的时间，而光每秒传输的距离约为 300 000 km。恒星与恒星之间的距离以光年为单位计算，1 光年指的是光在一年中所走过的距离，约等于 9 460 000 000 000 km。微观领域则更加神奇，涵盖了肉眼看不见的细胞、微尘、细菌和病毒，如图 1-43 所示。新冠病毒的直径约为 100 nm，即 0.000 000 1 m。纳米级别的尺寸已经超出了常规手段的测量范围，需要借助高倍电子显微镜才能观察到。还有更小的微观粒子，如原子和电子，它们的尺寸更小，需要依靠专业高科技的测量工具、仪器和方法才能测量。微观领域使用的测量方法包括计算机视觉检测技术等，是计算机与现代测量科技融合的产物。人类探索未知世界的科技水平不断取得突破。测量技术的不断发展将在未来改变我们的生活，这是我们值得期待的。

图 1-42　宇宙中太阳系的宏观形状

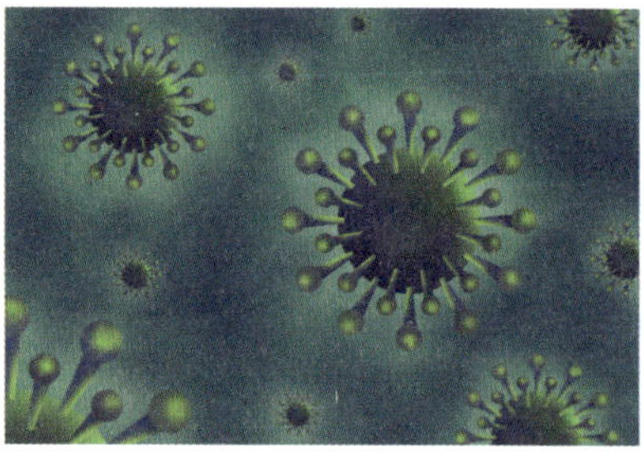

图 1-43　电子显微镜下的新型冠状病毒

项目二　螺钉连接技术及工具的使用

劳动指引

“螺丝钉虽小，其作用是不可估量的。我愿永远做一颗螺丝钉。螺丝钉要经常保养和清洗，才不会生锈。人的思想也是这样，要经常检查，才不会出毛病。”《雷锋日记》中的这些经典语句体现了我们的精神追求。同时，螺丝钉在日常生活中也扮演着重要的角色。

在产品组装设计中，各组件之间的连接是一个相当重要的环节。这包括销连接、过盈连接、螺纹连接等方式。其中，螺纹连接是最常见且广泛使用的方式。正确选择螺丝是螺纹连接的关键。

劳动目标

知识目标

（1）了解常见螺丝的种类。

（2）了解螺钉旋具的用途。

（3）掌握各种形状固定板的拆装方法。

能力目标

（1）具备选择适用螺钉的能力。

（2）具备使用家庭中常见螺钉旋具的能力。

（3）具备正确固定常见物体的能力。

思政目标

（1）树立安全操作意识。

（2）遵守操作规程和安全规范操作是保护他人和自身安全的保障，在劳动过程中培养严谨认真、精益求精的职业素养和工作态度。

生活、工作中的螺钉紧固

随着经济和科技的迅速发展，各种机械被广泛应用于人们的生活和生产中。机械的种类繁多，形式、结构和用途各不相同。螺纹连接作为一种连接方式具有结构简单、装拆方便、工作可靠的特点，并且大多数连接零件已经标准化。因此，在许多场所螺纹连接发挥着重要作用。例如，自攻螺钉可固定三角形板，如图 2-1 所示，固定方形板，如图 2-2 所示，和固定圆形板吊钩，如图 2-3 所示。

图 2-1 三角形板

图 2-2 方形板

图 2-3 圆形板吊钩

劳动情景

在生活中,我们会经常看到以下这些劳动情景。

(1)木工师傅在制作家具或安装柜门时需要使用螺钉进行固定。

(2)电工师傅在安装各种灯具时需要使用螺钉固定底板。

固定螺钉是一项生活和工作中的基本技能。它适用于家里的各种生活用具、学校的课桌椅,以及许多同学上下学骑的自行车等物品的安装。为了使这些物品更好地为我们服务,方便我们的生活,我们需要学会如何连接它们、紧固它们。

想一想,看一看,说一说

1. 想一想

(1)什么是螺纹连接?

螺纹连接,是指用螺纹件(或被连接件的螺纹部分)将被连接件联成一体的可拆卸连接。常用的螺纹连接件有螺栓、螺柱、螺钉和紧定螺钉等,多为标准件。

(2)日常生活中很多情况为什么不用螺栓而直接用螺钉呢?

螺钉多用于受结构限制而不能用螺栓的情况。

2. 看一看

看一看教室里的物体和周围的生活用品,分辨它们的连接方式,看一看我们用的桌子和凳子,固定脚与板面是如何联在一起的;黑板是如何固定在墙上的;照明用的灯是如何固定在天花板上的;生活中的物品是如何连接的。

3. 说一说

生活中的物品除了螺纹连接方法外,还可以采用哪些连接方法?

劳动材料准备

(1)螺钉及旋具。M3 × 10 自攻螺钉、M3 × 15 自攻螺钉、一字形螺丝刀、十字形螺丝刀。

(2)紧固板。三角形板、方形板、圆形板等。

(3)配套物品。40 cm × 40 cm × 10 cm 木板和 80 cm × 80 cm × 15 cm 木板各一块。

教师讲解和示范

1. 自攻螺钉和机牙螺钉

如图 2-4 所示,自攻螺钉与机牙螺钉相似,但螺杆上的螺纹是专为自攻螺钉设计的。自攻螺钉用于紧固连接两个薄金属构件,使它们成为一个整体。在构件上需要预先制作小孔,由于自攻螺钉具有较高的硬度，它可以直接旋入构件的孔中，并在孔内形成相应的内螺纹。这种连接方式属于可拆卸连接。非自攻螺钉则被称为机牙螺钉，它需要事先使用丝锥在螺钉孔中制作与螺纹相匹配的内螺纹。如图 2-5 所示是一种机牙螺钉。

机牙螺钉与自攻螺钉的区别在于它们的螺纹。机牙螺钉的螺纹通常采用粗牙，需要与相应标准的内螺纹配合紧固，常用于螺帽上。机牙螺钉的螺纹有公制标准、美制标准和英制标准，公制标准以螺距表示，而美制和英制标准则以每英寸的牙数表示。自攻螺钉的螺纹分为粗牙和细牙，通常被称为 Type A 和 Type AB，绝大多数情况下使用的是 Type AB。自攻螺钉无需与内螺纹配合，只需预先钻孔，在旋入时会自动产生配合螺纹。

机牙螺钉与自攻螺钉的区别还在于材料、生产工艺和应用对象。机牙螺钉通常采用 1008 钢材，不需要经过热处理，一般与螺帽配合使用，适用于对强度要求不高的场合。自攻螺钉通常采用 1022 钢材，必须经过热处理，主要用于薄钢板和铝材，还可用于木质材料上。

图 2-4　自攻螺丝

图 2-5　机牙螺钉

2. 螺钉的选择

采用机牙螺钉还是自攻螺钉由螺纹连接组件的材质决定。在绝大部分金属件中，如不锈钢、铜件等，一般采用机牙螺钉进行连接；而部分金属，如铝，既可采用机牙螺钉，也可使用自攻螺钉进行连接；大部分胶件，如 ABS、PC、PP、BMC、电木等，一般采用自攻螺钉进行连接。这种方式无需预先钻孔，可以直接进行连接，既节省工时，又经济方便。但使用过程中不宜施加过大的力量，也不宜频繁拆卸，以免造成滑牙现象。螺钉的直径和长度可以使用项目一讲到的游标卡尺进行测量。

3. 螺钉旋具

螺钉旋具又称螺丝刀、起子、改锥，用于拆装螺钉，如图 2-6 所示。螺钉旋具主要有一字槽和十字槽两种，如图 2-7、图 2-8 所示。

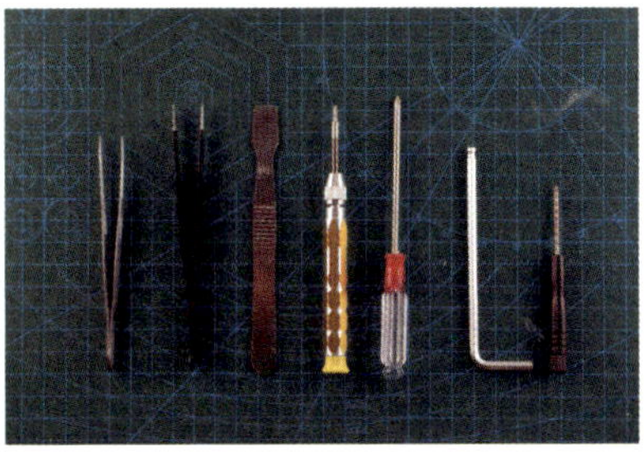

图 2-6　螺钉旋具

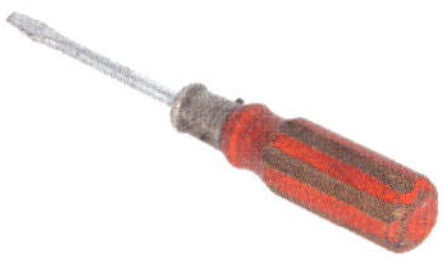

图 2-7　一字槽

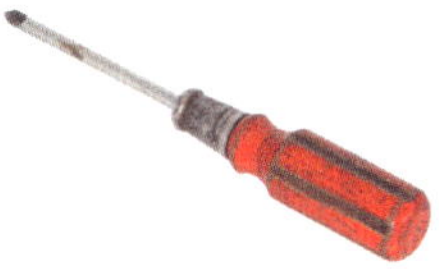

图 2-8　十字槽

4. 使用紧固板固定物体

（1）三角形板。

首先将三角形板固定在平放的底板上，先在 1、2 号孔位置各固定一颗螺钉，如图 2-9 所示，将竖放的木板与三角形板对齐。在 3 号孔位置锁上一颗螺钉，然后按照 3、4、5 号孔位置的顺序依次锁紧螺钉。不要一下子全部锁紧，先将其固定，然后按照 1、2、3、4、5 号孔的顺序逐个锁紧。

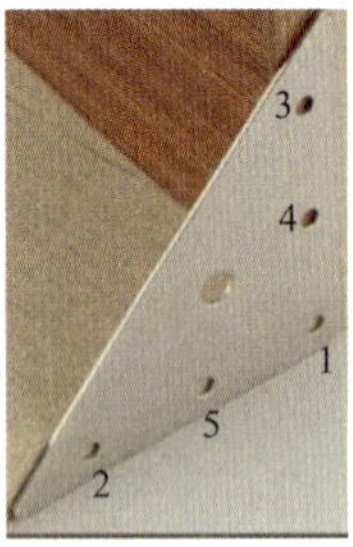

图 2-9　三角形板

视频 2-1　三角形板安装操作示范

（2）方形板。

首先确定方形板要固定的位置，然后在 1 号孔位置锁上一颗螺钉，接下来在对角线上的 2 号孔位锁上一颗螺钉，以此固定好方形板的位置。接下来按照 3、4 号孔的顺序依次锁紧螺钉。同样，不要一下子全部锁紧，先将其固定，然后按照 1、2、3、4 号孔的顺序逐个锁紧。如图 2-10 所示。

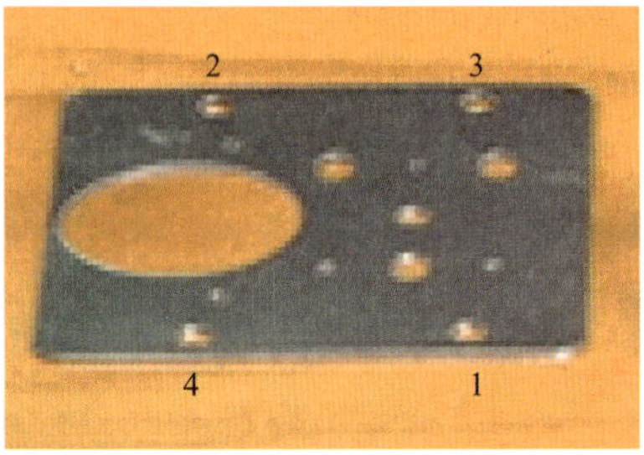

图 2-10　方形板

视频 2-2　方形板安装操作示范

（3）圆形板吊钩。

首先确定圆形板吊钩固定的位置，然后在 1 号螺丝孔位置锁上一颗螺丝，接下来在对角线上的 2 号孔位锁上一颗螺丝，以此固定好圆形板的位置。接下来按照 3、4、5、6 号孔的顺序依次锁紧螺丝。同样，不要一下子全部锁紧，先将其固定，然后按照 1、2、3、4、5、6 号孔的顺序逐个锁紧。如图 2-11 所示。

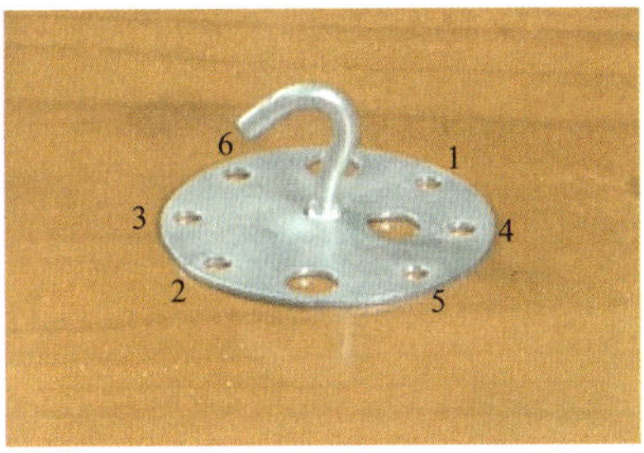

图 2-11　圆形板吊钩

视频 2-3　圆形板安装操作示范

生活小知识

如今汽车已经进入千家万户，有时候会遇到轮胎没有气，需要更换备用轮胎，这时拆卸轮胎就需要一些技巧。汽车轮胎固定螺丝的拧紧方向是顺时针方向，拆卸方向是逆时针方向。不论是拆下螺丝还是安装螺丝，都应按照轮胎上螺丝的对角线顺序进行，这样可以均匀分散轮胎的应力，更省力，减少螺丝的磨损，如图 2-12 所示。

图 2-12　汽车轮胎螺丝固定安装顺序示意图

劳动体验

劳动一　三角形板固定木板

【步骤 1】准备好需要固定的木板、三角形板、M3 × 10 自攻螺钉和十字螺钉旋具。如图 2-13 所示。

【步骤 2】将要固定的两块木板的位置确定好，可以使用铅笔或者记号笔标记它们的位置。如图 2-14 所示。

图 2-13　劳动一步骤一

图 2-14　劳动一步骤二

【步骤 3】使用自攻螺钉将三角形板先固定在底板上，底板的选择可以根据实际情况进行。如图 2-15 所示。

【步骤 4】使用自攻螺钉将要固定的木板锁紧。如图 2-16 所示。

图 2-15　劳动一步骤三

图 2-16　劳动一步骤四

【步骤 5】按照前面所述的顺序依次锁紧所有螺钉。如图 2-17 所示。

图 2-17　劳动一步骤五

劳动二　柜门蝴蝶锁的固定

【步骤 1】准备好要固定的柜门板、方形板、M3×10 自攻螺钉、十字螺钉旋具。如图 2-18 所示。

【步骤 2】把蝴蝶锁固定在加工好的方形板上。如图 2-19 所示。

【步骤 3】按照左上、右下、右上、左下的顺序，使用自攻螺钉将方形板固定在柜门上。如图 2-20 所示。

【步骤 4】把所有螺钉按上面讲述的顺序锁紧。如图 2-21 所示。

图 2-18　劳动二步骤一

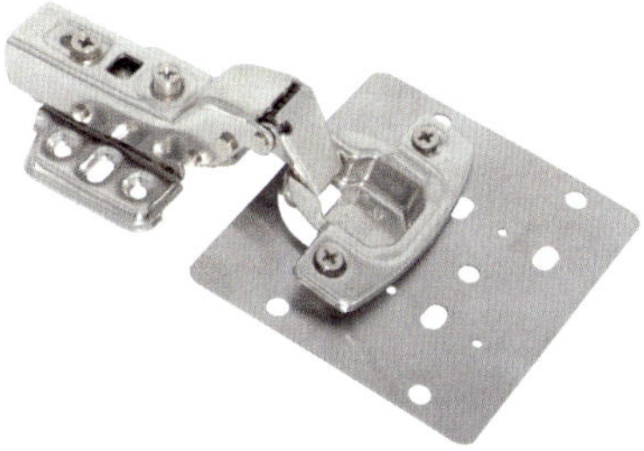

图 2-19　劳动二步骤二

图 2-20　劳动二步骤三

图 2-21　劳动二步骤四

劳动三　圆形板吊钩安装

【步骤 1】准备好要固定的圆形板吊钩、M3 × 10 自攻螺钉和十字螺钉旋具。如图 2-22 所示。

【步骤 2】确定好圆形板吊钩的安装位置，使用记号笔标记底座位置。如图 2-23 所示。

【步骤 3】使用自攻螺钉先固定一个孔，然后按照对角的顺序分别锁上螺钉。如图 2-24 所示。

【步骤 4】按照上述顺序锁紧所有螺钉。如图 2-25 所示。

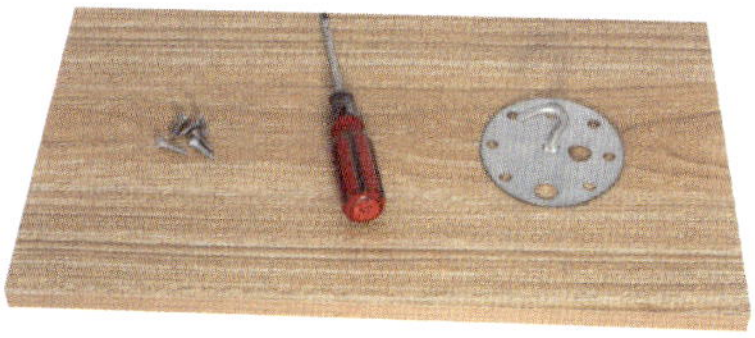

图 2-22　劳动三步骤一

图 2-23　劳动三步骤二

图 2-24　劳动三步骤三

图 2-25　劳动三步骤四

劳动评价

1. 看一看，比一比

看一看各组完成的作品，根据自评和互评的结果，在空格内填上“优秀”“良好”“还需要努力”。

劳动测量的完整程度　□□□□□

劳动测量的精确程度　□□□□□

劳动测量的认真程度　□□□□□

劳动测量的创新程度　□□□□□

2. 评一评，议一议

议一议哪些同学在劳动中的表现比较好，填写以下评比表，如表 2-1、表 2-2、表 2-3 所示。

表 2-1　劳动一评比表

检查项目	螺钉是否全部锁上	螺钉是否锁紧	固定位置是否正确
合格			
不合格			

表 2-2　劳动二评比表

检查项目	螺钉是否全部锁上	螺钉是否锁紧	固定位置是否正确
合格			
不合格			

表 2-3　劳动三评比表

检查项目	螺钉是否全部锁上	螺钉是否锁紧	固定位置是否正确
合格			
不合格			

文明操作小贴士

（1）不要用螺丝刀旋紧或松开握在手中的螺丝钉，应将工件夹固在夹具内，以防伤人。

（2）使用螺丝刀紧固或拆卸带电的螺钉时，手不得触及金属部分。

（3）螺丝刀手柄要保持干燥清洁，使用前要擦拭螺丝刀柄和刀口端的油污，以免工作时滑脱。

（4）在砂轮上磨削螺丝刀时，要戴上护目镜，同时注意用水冷却，降低螺丝刀的温度，因为温度过高会使螺丝刀的刃口变软。

课后实践

（1）在家中找到几个不同的螺钉，利用手上现有的直尺、三角板等工具测量螺钉的直径和长度。

（2）利用家中现有的圆形灯座等材料，练习螺钉的安装。

拓展创新

电动螺丝刀和机器人螺丝刀时代的到来

在日常生活中，螺钉随处可见，我们的生活已经被各种螺钉所占据。因此，我们对于螺丝刀的使用需求非常大。比如，新买的家具、网购的书架、孩子的玩具、家里的小电器等，基本上都需要在家中进行组装。手动螺丝刀固然方便操作，但是如果需要安装的螺钉数量较多，我们可能会面临一些烦恼。比如安装一个书架，使用手动螺丝刀会耗费大量的时间，而且手会非常疼痛，效率非常低，如图 2-26 所示。

为了提高效率和节省力气，电动螺丝刀被发明出来。电动螺丝刀，又称为电批或电动起子，是一种用于拧紧和松开螺钉的电动工具。该工具配备了调节和限制扭矩的装置，具有重量轻、体积小和操作安全等优点，如图 2-27 所示。

随着工业自动化程度的提高，机器人螺丝刀应运而生。机器人螺丝刀，又称为自动螺丝刀，通过机械或机器人来拧紧螺钉或固定物品。机器人螺丝刀由两个不同的部分构成。首先是螺丝刀机器，它是一种能够自动握住螺丝刀的工具。它可以移动螺丝刀，将螺钉固定在物体上，或者可以移动零件，使其正确定位在静态螺丝刀中。另一个部分是螺钉供料器，它为螺丝刀机器提供螺钉，确保它们被正确定位，这样就形成了机器人螺丝刀，如图 2-28 所示。

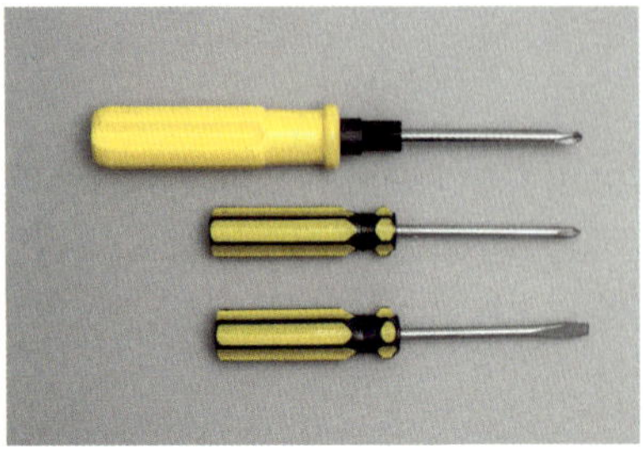

图 2-26　手动螺丝刀

图 2-27　电动螺丝刀

图 2-28　机器人螺丝刀

技术信息

随着时代的发展，螺钉连接广泛应用于各行各业，根据行业的不同以及应用场景的不同，螺钉的种类也多种多样。有开槽普通螺钉、内六角螺钉及内六角花形螺钉、十字槽普通螺钉、吊环螺钉、紧定螺钉、自攻螺钉、自攻锁紧螺钉等。

螺钉指螺丝，是利用物体的斜面圆形旋转和摩擦力的物理学和数学原理，循序渐进地紧固器物机件的工具。螺钉是紧固件的通用说法，日常口头语。公制螺纹是以 mm（毫米）为单位，它的牙尖角为 60°。美制螺纹和英制螺纹都是以英寸为单位的。美制螺纹的牙尖角也是 60°，而英制螺纹的牙尖角为 55°。

由于计量单位的不同，导致了各种螺纹的表示方法也不尽相同。例如 M16-2×60 表示的就是公制的螺纹。他的具体意思是表示该螺钉的公称直径为 16 mm，牙距为 2 mm，长度为 60 mm，又如：1/4—20×3/4 表示的就是英制的螺纹，他的具体意思是该螺丝的公称直径为 1/4 英寸（一英寸=25.4 mm），在一英寸上有 20 个牙，长度为 3/4 英寸。另外要表示美制螺钉的话一般会在表示英制螺钉的后面加上 UNC 或 UNF，以此来区别是美制粗牙或是美制细牙。配合着各种不同的螺钉种类，相对应的螺钉旋具也不相同，各种先进、实用的电动旋具，使得螺钉的拆装效率得到明显的提高。

项目三　一级圆柱齿轮减速器拆装实践

劳动指引

减速器是一种由封闭在刚性壳体内的齿轮传动、蜗杆传动和齿轮-蜗杆传动组成的独立部件，常被用作原动机与工作机之间的减速传动装置。为了提高电动机的效率，原动机提供的回转速度通常比工作机所需转速高。因此，齿轮减速器和蜗杆减速器经常被安装在机械的原动机和工作机之间，用于降低输入转速并相应增大输出转矩。它们在原动机、工作机或执行机构之间起到匹配转速和传递转矩的作用，在现代机械设备尤其是电动汽车领域应用广泛。

除了机械设备，我们的日常生活中也广泛使用减速器，如汽车的变速箱、洗衣机、食品搅拌机和窗帘卷绕器等。可以看出，减速器与我们的生活密切相关。了解减速器的结构并学会保养减速器变得尤为重要。因此，中职学校的学生，特别是机械专业的学生，有必要熟悉减速器的结构。本项目通过拆装一级圆柱齿轮减速器的操作，学习减速器的结构和工作原理，掌握减速器的拆装和维护工艺，同时巩固各类工具的使用方法。

劳动目标

知识目标

（1）了解减速器的工作原理和分类。

（2）通过拆卸减速器，了解其铸造箱体、轴和齿轮的结构。

（3）了解减速器轴上零件的定位和固定、齿轮和轴承的润滑、密封以及各附属零件的功能、构造和安装位置。

（4）掌握减速器的拆卸方法。

能力目标

（1）具备识别各类常用标准机械零件的能力。

（2）具备正确拆卸减速器的操作能力。

（3）具备正确使用拆卸工具的能力。

（4）培养对减速器主要零件尺寸目测和测量的能力。

思政目标

（1）使学生了解机械的重要性，培养热爱生活的情感和实事求是的科学态度。

（2）差之毫厘，谬以千里。国家机械零件的设计和使用标准是机械零件设计和维护保养的依据，不能凭经验判断，要培养精益求精的工匠精神。

（3）通过减速器的拆装，培养学生热爱劳动的精神并树立高尚的劳动情操。

工作、生活中的减速器

减速器是原动机和工作机之间独立的封闭传动装置，用于降低转速以适应工作机的需要。它通常由封闭在箱体内的齿轮传动、轴、轴承、键、销、联轴器等典型机构和零部件组成。由于电动机的转速通常较高，而工作机要求适中的转速，当电动机转动时，通过联轴器或皮带驱动箱体内的小齿轮转动，再通过小齿轮与大齿轮的啮合，带动大齿轮转动，将动力从主动轴传递到从动轴，以实现减速的目的。

一、减速器的分类

减速器具有多种类型，市面上的减速器主要根据传动类型、传动的级数、齿轮形状、传动的设置形式进行分类，可以根据实际需要进行选择。按照齿轮形状进行分类，减速器可以分为圆柱齿轮减速器、圆锥齿轮减速器、蜗杆减速器、圆锥—圆柱齿轮减速器及蜗杆—圆柱齿轮减速器等。齿轮可以制作成直齿、斜齿、人字齿或曲齿等。直齿用于速度较低（V≤8 m/s）、载荷较轻的转动；斜齿轮用于速度较高的传动；人字齿轮用于载荷较高的传动。齿轮减速器具有传动效率高、工作寿命长和维护简单的特点，被广泛应用。

图 3-1　常见齿轮减速器

二、减速器的结构

减速器的种类繁多，结构随其类型和要求不同而异，但其基本结构有很多相似之处，其基本结构由传动部分、支承零件和附件 3 部分组成。如图 3-2 所示为一级圆柱齿轮减速器结构图。

图 3-2　一级圆柱齿轮减速器结构

1. 传动部分

减速器的传动部分包括齿轮（或蜗轮蜗杆）、轴和轴承等。轮和轴的直径较小时，小齿轮与轴一起制作成齿轮轴；齿轮直径较大时，齿轮和轴两个零件用平键连接做周向固定。

2. 支撑部分

减速器的箱体用来支承和固定轴系零件，为确保传动件轴线相互位置的正确性，轴孔必须精确加工。同时箱体应具有足够的强度和刚度，以免引起沿齿轮齿宽上载荷分布不匀。

3. 附件

为保证减速器的正常运作，箱体上常设置一些附件或附加结构，以方便检查传动件的啮合情况或进行注油、排油、通气、安装、吊运等操作。包括放油孔和油塞、油标、启盖螺钉、定位销、起吊装置、窥视孔和窥视孔盖板、通气孔等。

（1）放油孔和油塞

换油及清洗箱体时，为了排放污油和清洗剂，应在箱体底部、油池最低位置开设放油孔，平时放油孔用油螺塞旋紧，放油螺塞和箱体结合面之间应加防漏垫圈。

（2）油标

为了检查箱体内的油面高度，以便及时补充润滑油，应在油箱便于观察和油面稳定的部位装设油标。

（3）启盖螺钉

在箱盖侧边的凸缘上开设螺纹孔，并在箱盖凸缘上装有 1~2 个启盖螺钉，以克服箱盖和箱座的结合面处水玻璃或密封胶带来的开箱困难。

（4）定位销

在精加工轴承座孔前，在箱盖和箱座的连接凸缘上配装定位销，以保证箱盖和箱座的装配精度，同时也保证了轴承座孔的精度。

（5）起吊装置

为了便于搬运，需在箱体上设置起吊装置。箱盖上的两个吊耳用于起吊箱盖；箱座上铸的两个吊钩用于吊运整台减速器。

（6）窥视孔和窥视孔盖板

窥视孔用于检查传动件的啮合情况、润滑状态、接触斑点及齿侧间隙，润滑油也由此注入箱体内。

（7）通气孔

通气孔用来沟通箱体内、外的气流，使箱体内外气压平衡，避免在运转过程中由于箱体内油温升高使内压增大造成减速器密封处润滑油渗漏，提高密封性能。

由于减速器使用维护方便，在各行业应用十分广泛。如图 3-3，图 3-4 所示。

图 3-3　汽车减速器

图 3-4　摩天轮

劳动情景

在4S店的汽车养护车间或者机床维修车间，我们会看到以下场景。

（1）汽车保养工程师会对汽车主减速器等进行检修和保养，对有问题的后备箱推杆齿轮箱、汽车摇窗齿轮箱、汽车后视镜电调齿轮箱等进行检测和更换。

（2）机床维修工程师会对机床减速器进行检修和保养，对有问题的零件进行维修或更换。

减速器的应用非常广泛，那么减速器的结构是怎样的呢？对于一般的减速器故障，我们应该如何进行维护？要了解这些问题，我们需要学会拆装减速器。

想一想，看一看，说一说

1. 想一想

（1）什么是减速器？

减速器是原动机和工作机之间独立的闭式传动装置，用来降低转速，以适应工作机的需要。

（2）减速器由哪些部分构成？

减速器构造：（1）传动部分；（2）支承部分；（3）润滑和察封装置。

2. 看一看

看一看家里有哪些家电及日常用品使用到了减速器，找一找这些减速器在设备中的安装位置，是否方便查看及保养？

3. 说一说

减速器的类型很多，在遇到不同类型的减速器时我们如何运用掌握的知识，快速了解该减速器的构造，并进行合理的拆装？

劳动材料准备

（1）拆卸对象。一级圆柱齿轮减速器。

（2）拆装工具。活动扳手（250 mm × 30 mm（10’））1把、开口扳手1套、螺丝刀（一字和十字）1套、橡胶锤（或木槌）1把、老虎钳1把、防锈油1个。

（3）测量工具。钢直尺（150 mm）1把、游标卡尺（0~200 mm）1把。

一级圆柱齿轮减速器和各种工具如图3-5所示。

（a）

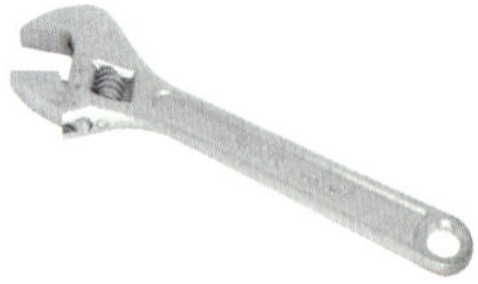
（b）

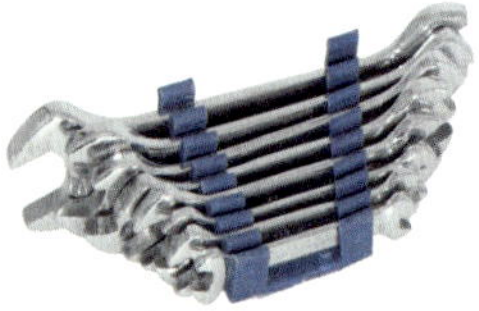
（c）

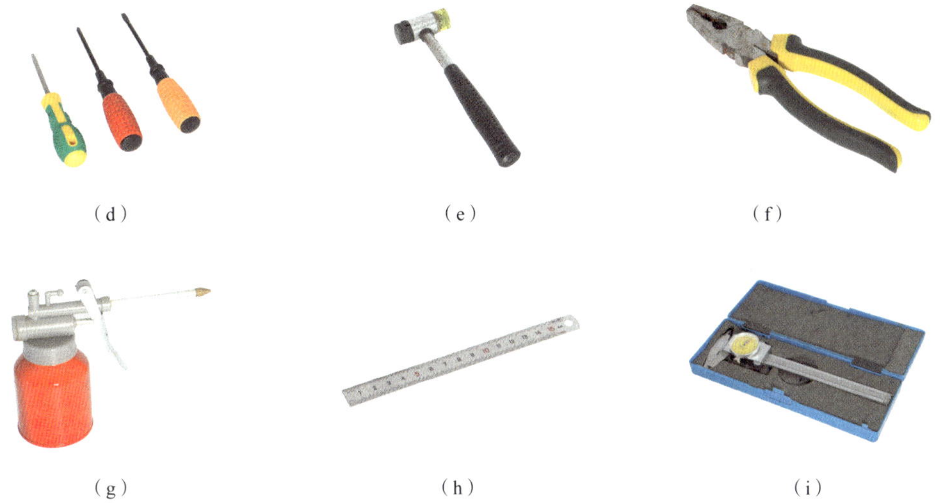

图 3-5　劳动材料

(a)一级圆柱齿轮减速器　(b)活动扳手　(c)开口扳手　(d)螺丝刀
(e)橡胶锤　(f)老虎钳　(g)防锈油　(h)钢直尺　(i)游标卡尺

教师讲解和示范

(1)仔细阅读拆装任务书,结合一级圆柱齿轮减速器结构图和爆破图,了解一级圆柱齿轮减速器各组成构件的大体位置和作用,如图 3-6、图 3-7 所示。

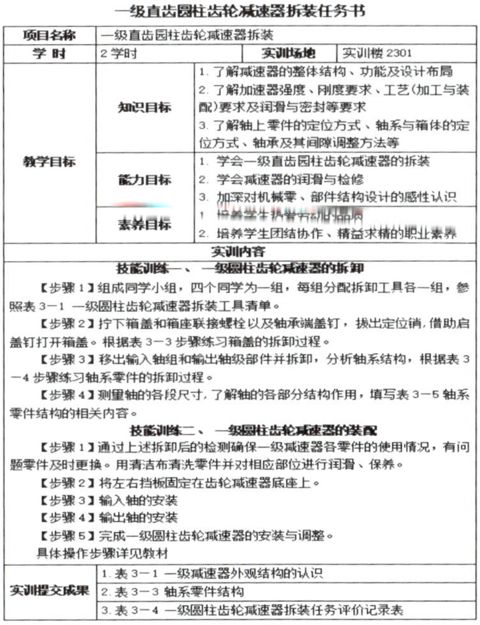

一级直齿圆柱齿轮减速器拆装任务书

项目名称	一级直齿园柱齿轮减速器拆装		
学 时	2 学时	实训场地	实训楼 2301
教学目标	知识目标	1. 了解减速器的整体结构、功能及设计布局 2. 了解加速器强度、刚度要求、工艺(加工与装配)要求及润滑与密封等要求 3. 了解轴上零件的定位方式、轴系与箱体的定位方式、轴承及其间隙调整方法等	
	能力目标	1. 学会一级直齿园柱齿轮减速器的拆装 2. 学会减速器的润滑与检修 3. 加深对机械零、部件结构设计的感性认识	
	素养目标	1. 培养学生热爱劳动的品质 2. 培养学生团结协作、精益求精的职业素养	
实训内容			
技能训练一、一级圆柱齿轮减速器的拆卸 【步骤 1】组成同学小组,四个同学为一组,每组分配拆卸工具各一组,参照表 3—1 一级圆柱齿轮减速器拆装工具清单。 【步骤 2】拧下箱盖和箱座联接螺栓以及轴承端盖钉,拔出定位销,借助启盖钉打开箱盖。根据表 3—3 步骤练习箱盖的拆卸过程。 【步骤 3】移出输入轴组和输出轴级部件并拆卸,分析轴系结构,根据表 3—4 步骤练习轴系零件的拆卸过程。 【步骤 4】测里轴的各段尺寸,了解轴的各部分结构作用,填写表 3—5 轴系零件结构的相关内容。 技能训练二、一级圆柱齿轮减速器的装配 【步骤 1】通过上述拆卸后的检测确保一级减速器各零件的使用情况,有问题零件及时更换。用清洁布清洗零件并对相应部位进行润滑、保养。 【步骤 2】将左右挡板固定在齿轮减速器底座上。 【步骤 3】输入轴的安装 【步骤 4】输出轴的安装 【步骤 5】完成一级圆柱齿轮减速器的安装与调整。 具体操作步骤详见教材			
实训提交成果	1. 表 3—1 一级减速器外观结构的认识		
	2. 表 3—3 轴系零件结构		
	3. 表 3—4 一级圆柱齿轮减速器拆装任务评价记录表		

图 3-6　一级圆柱齿轮减速器拆装任务书

图 3-7　一级圆柱齿轮减速器爆破图

(2)仔细观察减速器的外观结构。用手轻轻地来回推动减速器的输入及输出轴,感受其轴向的位移或传动。拆下通气螺塞和观察孔的盖子，缓慢转动高速轴，仔细观察齿轮之间的啮合情况，如图 3-8 所示。

图 3-8　通气螺塞和观察孔

视频 3-1　观察孔拆卸操作

（3）拆卸箱盖。

①拆卸轴承盖的定位螺钉，分组放置在零件盒内，如图 3-9 所示。

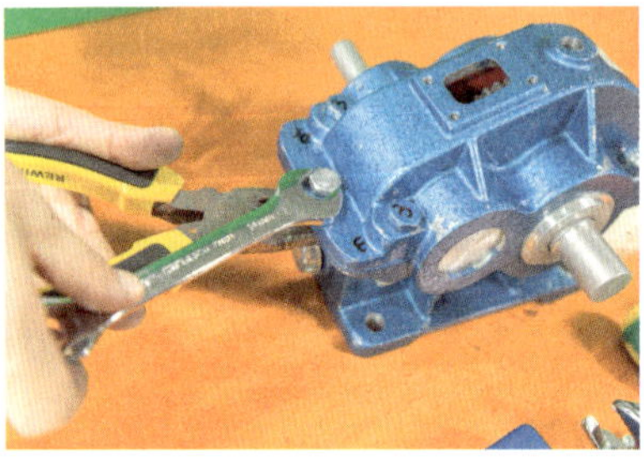

图 3-9　定位螺钉

视频 3-2　定位螺钉拆卸操作

②拧下启盖螺钉，放在零件盒内。注意在轴承端盖和箱体上做好标记，以便安装时对号入座，如图 3-10。

图 3-10　启盖螺钉

视频 3-3　启盖螺钉拆卸操作

③移走箱盖，如图 3-11 所示。注意箱盖的合口面不能直接着地，可用垫木垫起，也可以使合口面向上或侧向放置，同时测量箱体外轮廓尺寸等数据记录于表 3-2 中。

图 3-11 移走上箱盖

视频 3-4 箱盖拆卸操作

（4）观察箱体内轴及轴系零件的结构，各零部件间的相互位置，测量齿轮齿数、级数，测量齿轮啮合间隙等参数记录在表 3-1 中。

（5）拆卸各传动轴和轴系部件，如图 3-12 所示。取出输入轴及输出轴，它们的轴系部件包括轮轴、低速级轴、低速级齿轮、滚动轴承等，如图 3-13 所示。将各轴系部件及轴承压盖拆卸后放置于木板或胶皮上。测量轴系部件的相关数据记录于表 3-3 中。

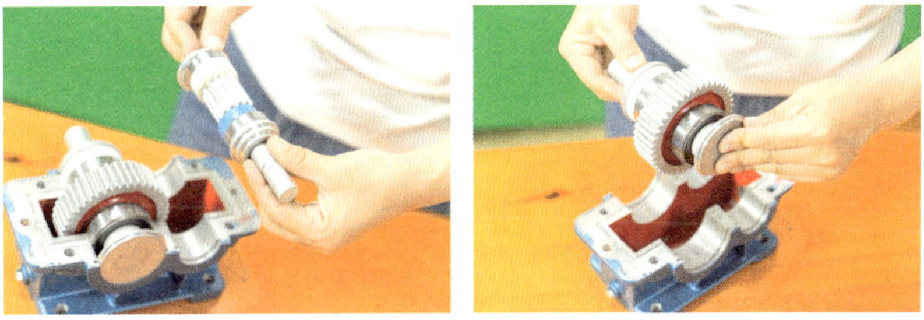

（a） （b）

图 3-12 传动轴拆卸

（a）输入轴拆卸 （b）输出轴拆卸

视频 3-5 轴系部件拆卸操作

（a） （b） （c） （d）

图 3-13 轴系部件

（a）轮轴 （b）低速级轴 （c）低速级齿轮 （d）滚动轴承

（6）观察减速器润滑与密封结构装置。封油环、放油塞，油面指示器。拆卸放油塞并放置于盒内，如图 3-14 所示。

图 3-14　放油塞

视频 3-6　放油塞拆卸操作

（7）可以使用钢皮尺、卡尺等简单工具，测量减速箱各主要部分参数与尺寸，将测量结果记录于表 3-2 中。

（8）按拆卸的相反顺序将一级圆柱齿轮减速器复原，并拧紧螺钉。

视频 3-7　减速器装配操作

生活小知识

要延长减速器的使用寿命，一定不能只使用，不保养。在使用过程中要注意以下 2 点。

（1）对于一台崭新的减速器，在运转 200~300 h 后，应进行第一次更换润滑油。在以后的使用中，应定期检查润滑油的质量，对于混入杂质或变质的润滑油，必须及时更换。

（2）工作中，当发现润滑油温度超过 80 ℃或油池温度超过 100 ℃，或减速器产生不正常的噪音等现象时，应停止使用，检查原因，必须排除故障，更换润滑油后方可继续运行。

劳动体验

劳动一　认识一级圆柱齿轮减速器的结构

【步骤 1】每 4 名同学组成一个学习小组，每个小组分配测量工具和扳手各一把。

【步骤 2】仔细观察减速器外部各部分的结构，将结论填入表 3-1 相应位置，判断传动方式、级数、输入轴、输出轴，将观察结果填入表 3-2 相应位置。

【步骤 3】使用扳手拆下观察孔的盖板，观察观察孔的位置是否恰当，大小是否合适，将观察结果填入表 3-2 相应位置。

表 3-1　一级圆柱齿轮减速器外部结构

编号	一级圆柱齿轮减速器外部结构名称
1	
2	
3	
4	
……	……

表 3-2　一级圆柱齿轮减速器各部结构观察

编号	观察内容		结果
1	外廓尺寸 （长 × 宽 × 高）		
2	地脚螺栓孔距 （长 × 宽）		
3	观察孔位置与大小是否合适		
4	有几处凸台，凸台有何作用？		
5	齿数与旋向	Z1	
6		Z2	
7	传动方式		
8	级数		
9	输入轴		
10	输出轴		
11	密封、润滑方式		

劳动二　一级圆柱齿轮减速器的拆卸

【步骤 1】每 4 名同学组成一个学习小组，分配相应的拆装工具 1 套，具体工具包括本项目劳动材料准备部分的拆装工具和测量工具。

【步骤 2】拧下箱盖和箱座之间的连接螺栓，以及轴承端盖上的螺钉，取出定位销。拆下启盖螺钉打开箱盖。按照以下步骤，练习箱盖的拆卸。

①拆卸观察孔。如图 3-8 所示。拆下的螺钉和观察窗玻璃应放在零件盒内，以防丢失。

②拆卸通气螺塞。如图 3-15 所示。拆下的通气螺塞应放在零件盒内，以防丢失。

图 3-15　拆卸通气螺塞

③拆卸定位螺钉。如图 3-9 所示。拆下的箱盖和箱座的定位螺钉应做好标识，区别于启盖螺钉，放在零件盒内，以防丢失。

④拆卸启盖螺钉。如图 3-10 所示。在轴承端盖和箱体上做好标记，以便安装时对号入座，拆下的启盖螺钉与螺母一一配对后放在零件盒内，以防丢失。

⑤移走上箱盖。如图 3-11 所示。注意箱盖的合口面不能接触桌面，可放置在垫木上，也可以使合口面向上或侧向放置。

【步骤 3】取出输入轴和输出轴的零部件，并进行拆卸。分析轴系的结构，按照以下步骤练习轴系零部件的拆卸。

①输入轴拆卸。如图 3-12（a）所示。将输入轴取出并放在木板或胶皮上，零件及工具按照拆卸的先后顺序摆放整齐，保证操作台的整洁。

②输出轴拆卸。如图 3-12（b）所示。将输出轴取出并放在木板或胶皮上，零件及工具按照拆卸的先后顺序摆放整齐，保证操作台的整洁。

【步骤 4】测量轴的各段尺寸，了解轴的各部分结构和作用，填写表 3-3 轴系部件结构表。

表 3-3　轴系部件结构

序号	实训内容	测量数据	注意事项
1	测绘装配尺寸 ①测量中心距 a ②测量高、低速级轴承间距离		
2	轮轴 ①测量齿轮轴长度 ②测量齿轮直径		
3	低速级轴 ①测量各轴段直径与长度		
4	低速级齿轮 ①测量低速级齿轮		
5	滚动轴承 ①轴承的类型 ②分别测量高、低速级轴上的轴承内外径及宽度，判断该轴承的型号		

【步骤 5】拆卸底座部件，拆除油标及放油螺塞。

劳动三　一级圆柱齿轮减速器的装配

【步骤 1】对拆卸后的部件进行检测，确保一级减速器各零件的完好。发现有问题的零件，应及时更换。使用清洁布清洗零件，对相应部位进行保养和润滑。

【步骤 2】将左右挡板固定在齿轮减速器底座上。

【步骤 3】安装放油塞。如图 3-14 所示。放油塞的垫圈一定要记得装配，防止漏油的情况发生。

【步骤 4】安装输出轴。如图 3-16 所示。装配前根据使用参数确定零部件的使用安全，有问题的零部件应及时更换。对传动部位进行保养和润滑。注意装配的顺序。

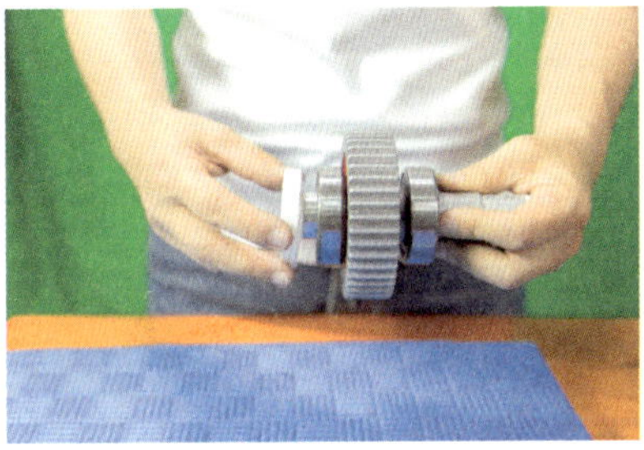

图 3-16　安装输出轴

【步骤 5】安装输入轴。如图 3-17 所示。装配前根据使用参数确定零部件的使用安全，有问题零部件应及时更换。对传动部位进行保养和润滑。注意装配的顺序。

【步骤 6】盖上箱盖。如图 3-18 所示。按照拆卸时所做的标记进行装配，确保箱盖与箱底之间的密封性。

图 3-17　安装输入轴

图 3-18　盖上箱盖

【步骤 7】拧上启盖螺钉。如图 3-10 所示。安装时，要检查垫圈是否一起装配。应使用扳手拧紧启盖螺钉，确保箱盖与箱底之间的紧密性。

【步骤 8】拧上定位螺钉。如图 3-9 所示。使用扳手拧紧各定位螺钉，确保定位销的安装正确。

【步骤 9】拧上通气螺塞和观察孔。如图 3-8 所示。将观察孔玻璃擦拭干净，确保可以观察到轴系部件的转动。

【步骤 10】完成一级圆柱齿轮减速器的安装。

劳动评价

为确保劳动结果,本项目采取全方位评价手段。理论知识主要通过学生作业形式进行个人评价、小组互评和教师评价。实践操作则通过项目任务,根据各位同学的完成情况进行评价。评价表格如表 3-4 所示。

表 3-4　一级圆柱齿轮减速器拆装任务评价记录表

评价项目	评价内容	分值	个人评价	组内互评	教师评价	得分
理论知识	了解减速器的分类及结构	10				
	掌握一级圆柱齿轮减速器的拆装步骤	10				
	熟悉减速器的拆装工具	10				
实践操作	学会使用减速器的拆装工具	10				
	学会一级圆柱齿轮减速器的拆装步骤并完成操作	20				
	学会减速器的调试方法	10				
安全文明生产	遵守操作规程	5				
	职业素养规范化养成	5				
	6S 管理	5				
学习态度	考勤情况	5				
	遵守实习纪律	5				
	团队协作	5				
	合计	100				
成果分享	收获					
	不足之处					
	改进措施					

文明操作小贴士

(1)6S 管理规范。

6S 是指整理(SEIRI)、整顿(SEITON)、清扫(SEISO)、清洁(SEIKETSU)、素养(SHITSUKE)、安全(SAFETY)。在劳动教育过程中,进行 6S 管理符合提升学生职业素养的思政目标。在拆卸减速器的过程中,学生务必注意保持工作台面和车间的整洁。如图 3-19,图 3-20 所示。

图 3-19　6S 规范车间看板

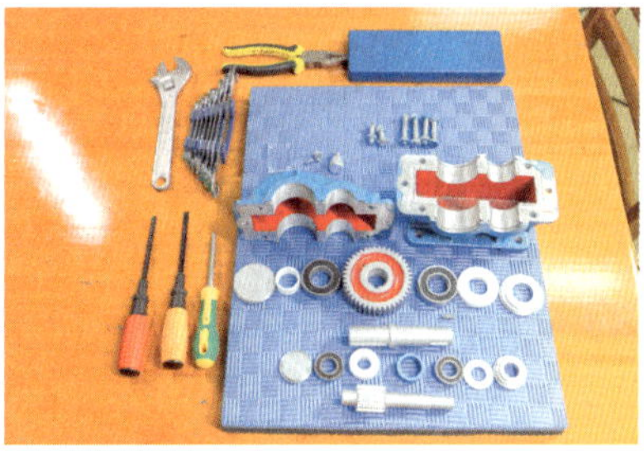
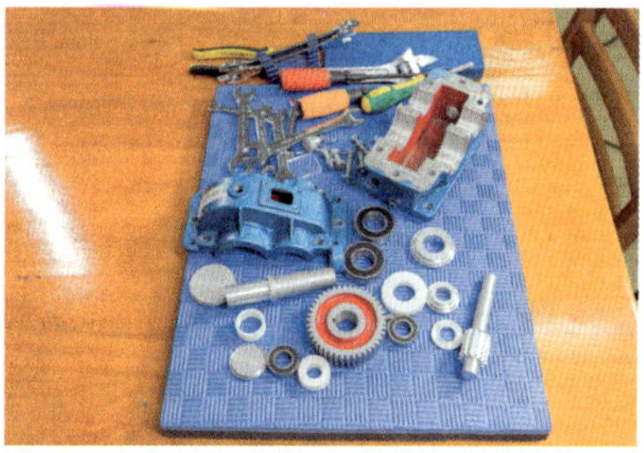

图 3-20　操作台对比

（2）钢板尺的边缘可以接触，但要注意其边缘较为锋利，不当操作可能会伤人。同时，钢板尺在其弹性范围内可以弯曲，但过度弯曲可能会导致尺身损坏。

（3）减速器具有一定的重量，因此要防止它从操作台面上掉落，以免砸伤脚部。

课后实践

（1）在业余时间通过互联网查询减速器的品牌，进行分类和归纳。可以通过比较不同品牌的性价比，撰写一份减速器品牌性价比调查报告。

（2）参观汽车 4S 店、机械加工厂或机械产品专营店，实地考察各类减速器的特点。

（3）如果条件允许，可以与周围的机械企业员工或在校机械专业的大学生合作，参与减速器的设计工作。

拓展创新

减速器作为一种常用的减速装置，在机械行业、汽车行业、家居行业广泛应用。除此之外，它也在其他新兴领域和国防科技领域中也扮演着重要角色。在新兴领域机器狗的生产中，通常采用行星减速器，并使其与关节电机、驱动器等集成在一起。那么，集成的减速器与之前所学的常规减速器有何不同？在使用过程中需要注意哪些问题？图 3-21 为减速器的集成电路板。

图 3-21　集成电路板

技术信息

随着科技的发展，小型化、轻量化和集成化是电驱动领域的发展趋势。因此，减速器也将被集成到更多应用中。不论是在汽车行业、家具行业还是高精尖领域，都是通过将驱动电机、逆变器和减速器三个部件进行一体化和集成化，以实现产品的轻量化、高效性和小型化，并降低生产成本。这种集成化的设计在一定程度上可以释放空间，有利于产品布置。因此，集成制动器、差速器、电机、编码器、驱动器等减速器的组合不断涌现。随着中国市场对精密减速器需求的增加，越来越多的企业开始制造集成式减速器。减速器、电机、驱动器等集成的模块化设计将成为减速器未来发展的趋势。

第二部分　电工电子技能

项目四　常用电线的连接与线管安装

劳动指引

你家里有这些工具吗？钢丝钳、螺丝刀、电笔……这些都是我们最常见的一些电工工具。其中，带有绝缘柄的工具是可以直接带电操作的。但你知道如何正确使用这些工具吗？很多时候，我们使用这些工具的方式是错误的，比如将钢丝钳当成锤子来敲东西就是一个典型错误用法。

你看过图 4-1 中的导线连接方式吗？它虽然能通电，但实际上是错误的连接方式，可能会引发短路、过载、火灾、触电等危险。本项目旨在通过介绍家庭中常见电工工具的正确使用方法和导线的正确连接方式，让你的操作符合电工操作规程，保障自身和他人的人身安全。

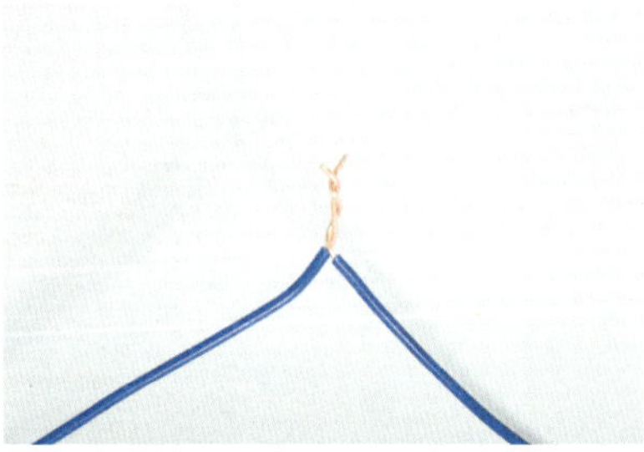

图 4-1　常见导线错误连接方式

劳动目标

知识目标

（1）掌握常用电工工具的使用方法。

（2）掌握导线绝缘层剥削的方法。

（3）掌握绝缘导线的正确连接方法。

（4）掌握导线绝缘的恢复方法。

能力目标

（1）具备正确使用家庭常见电工工具的能力。

（2）具备区分零线和火线的能力。

（3）具备使用电工工具连接和修复导线的能力。

思政目标

（1）培养安全用电的意识。

（2）遵守操作规程和安全操作规范，以保护他人和自身安全，在劳动过程中培养严谨认真、精益求精的职业素养和工作态度。

工作、生活中的导线和电工工具

一、导线

在日常生活中，我们常见到导线有各种不同的颜色，这些颜色有各自的含义。根据我国的规定，三相电中的相线（又称火线）L1、L2、L3 按顺序分别为黄色、绿色和红色，零线 N 的颜色为淡蓝色，保护线 PE（俗称地线）的颜色为黄绿双色。在家庭用电中，我们使用的是单相电，从三相电中任意引出一相即为单相。家庭用电采用的是三相五线制，由一根相线、一根零线和一根地线组成，通过颜色的区分能够方便地识别不同的导线。

二、常用电工工具

1. 验电器

验电器是电工常用的一种检测工具，用于检验导线和电气设备是否带电。验电器分为低压验电器和高压验电器两种。在家庭中，我们常使用低压验电器，也被称为验电笔或电笔。其结构如图 4-2 所示，有数显电笔和普通电笔 2 种类型。

（a）　　（b）

图 4-2　低压验电器

（a）数显电笔　（b）普通电笔

笔式低压验电器通常由氖灯、电阻器、弹簧、笔身和笔尖等组成。通过氖灯的发光情况来判断电压的高低和种类。数显电笔则具有显示屏，可以通过显示的电压数值来进行判断。在使用时，对于普通电笔，需要用手指触摸笔尾的金属体；而对于数显电笔，需要手指触摸“直接检测”按钮。

如果手没有触摸到笔尾的金属部分，即使在有电的情况下，氖灯仍然不会发光。这是因为验电时，需要形成一个闭合回路，其中带电体、电笔、人体和大地形成电流回路。只有带电体与大地之间的电位差超过 60 V 时，电笔中的氖灯才会发光。低压验电笔的测试范围通常在 60~500 V 之间。如果手脱离了笔尾的金属部分，就无法形成闭合回路，导致氖灯无法发光。由于此时电流非常微小，人体无法感知。因此，在使用过程中，不要随意更换验电笔内部的电阻器。

2. 钳子

电工常用的钳子如图 4-3 所示，从左到右依次是钢丝钳（又称老虎钳）、尖嘴钳和斜口钳。我们可以使用这些工具来进行导线的剪切和绝缘层的剥离。钢丝钳常用于弯曲、扭转和剪断导线,以及紧固或松开螺母,剪切绝缘层带等任务。对于截面积≤4 mm^2 及以下的塑料硬线,可以使用钢丝钳进行剥离。

3. 螺丝刀

如图 4-4 所示,螺丝刀又称为改锥、起子等,有一字和十字两种类型。

图 4-3 常见电工钳

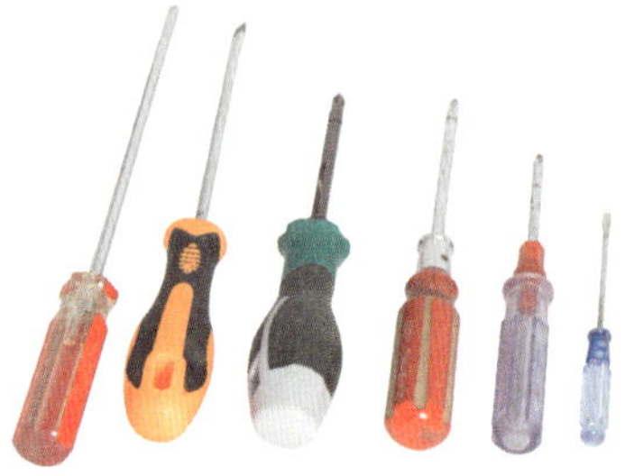

图 4-4 螺丝刀

劳动情景

在日常生活中,我们经常会遇到以下场景。

(1)电工使用各种电工工具进行接线和维修工作。

(2)家庭中需要连接和更换灯泡、开关等电器设备。

在处理导线连接和绝缘恢复时,如果处理不当,容易导致连接处过热,从而引发火灾。

想一想,看一看,说一说

1. 想一想

如何知道插座有没有电?导线断了怎么办?

2. 看一看

看一看教室和周围的场景,注意观察开关、插座,以及导线的颜色。

3. 说一说

(1)你平时用过哪些电工工具?

(2)插座应如何验电?

同学们肯定会说,"这不是很简单的事情么,从小到大不知道看家长用过多少回了,根本不用学,一看就会。"

这是真的吗?同学们的操作是否符合规范标准呢?

劳动材料准备

(1)电工工具。验电笔、钢丝钳、剥线钳、电工刀、黑胶布、黄蜡带。

(2)材料。铜导线。

教师讲解和示范

1. 验电

（1）普通电笔验电。

使用电笔之前，必须先确认电笔的可靠性。在已知明确有电的地方进行验电，以确定电笔是否正常工作。将手指与电笔末端金属部分接触，电笔头触碰要测量的部分，如果氖泡亮起，则表示有电。

（2）数显电笔。

对于数显电笔，在使用前需要进行自检。一手拿着电笔的测电头，另一手按住“直接检测”按钮，如果灯亮表示测电笔的电池电量充足。通过人体回路检测，屏幕和检测灯都会亮起。

如果要测量火线，手指触碰“直接检测”按钮，将电笔头插入火线的铜芯接触处，灯亮，并在屏幕上显示相应的电压数值（12 V、35 V、55 V、110 V、220 V）。如果要测量零线，手指触碰“直接检测”按钮，将电笔头插入零线的铜芯接触处，灯会微亮，并在屏幕上显示“12 V”。

需要注意，在进行验电之前，应始终将其视为有电状态。

2. 导线绝缘外皮的剥削

（1）使用不同的剥线钳剥导线的绝缘外皮。每种剥线钳的使用方法如图 4-5 所示。

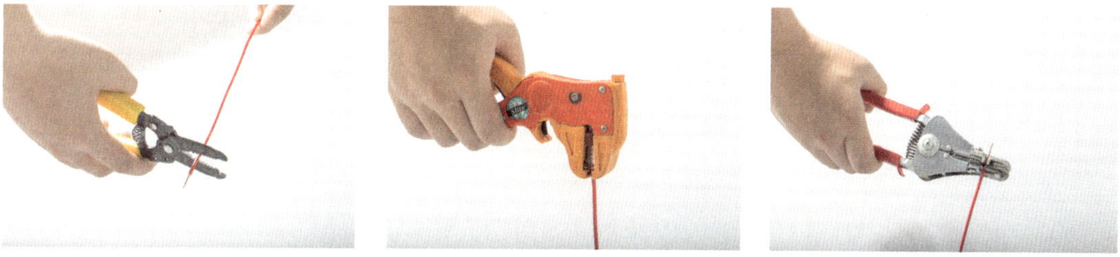

（a）　　（b）　　（c）

图 4-5　使用不同的剥线钳剥去导线的绝缘外皮

（a）剥线钳　（b）鸭嘴剥线钳　（c）自动剥线钳

①剥线钳。将导线按照线径放入相应的孔中，压下钳柄，剥去导线的外皮。选择合适的孔径很重要，孔径过小可能会损坏或剪断导线芯线，孔径过大则不容易剥去外皮。

②鸭嘴剥线钳。首先调整好需要剥削的长度，然后将线材放入钳口并用力按压钳柄，即可剥去钳口中的导线绝缘外皮。

③自动剥线钳。方法与①相似，只需选择合适的孔径，即可轻松剥去导线的外皮。

视频 4-1　剥线钳剥导线操作视频

（2）用钢丝钳剥导线的绝缘外皮。其方法如图 4-6 所示。

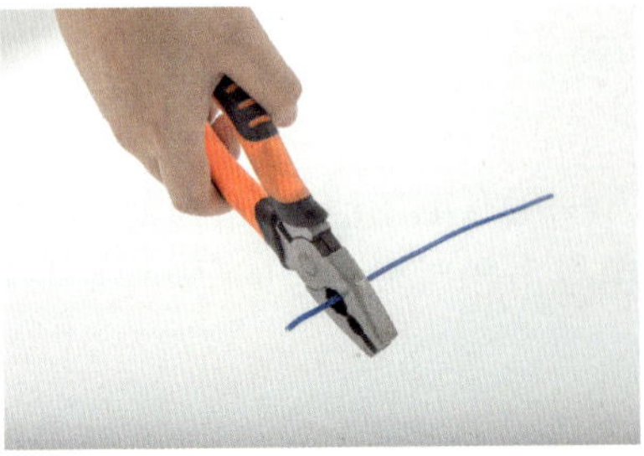

图 4-6　钢丝钳剥导线

视频 4-2　钢丝钳剥导线操作视频

①用左手捏住导线，根据线头所需的长度，使用钢丝钳切割绝缘层，但不要切入线芯。

②然后用手握住钢丝钳的头部，用力向外拉出塑料绝缘层。

③剥削出的芯线应保持完整无损，如果有较大的损伤，应重新剥削。

（3）用电工刀剥导线的绝缘外皮对于芯线截面积大于 4 mm^2 的塑料导线，可以使用电工刀进行剥削，如图 4-7 所示。

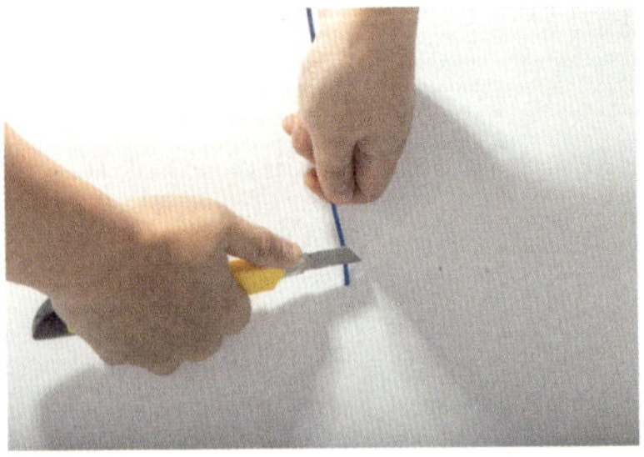

图 4-7　电工刀剖削导线

视频 4-3　电工刀剥导线操作视频

①根据所需的长度，使用电工刀以倾斜 45° 角切入塑料绝缘层。

②保持刀面与芯径大约 25°，用力向线端推削，但不要切入芯线，只削去上面一层塑料绝缘层。

③将下面的塑料绝缘层向后扳翻，最后使用电工刀齐根切去。

3. 铜芯导线的连接

当导线不够长或需要进行分接支路时，需要进行导线与导线的连接。以下是单股铜芯线的直线连接的 3 个步骤。

①剖削绝缘。将导线的绝缘层剥削长度设置为芯线直径的 70 倍左右。将两个导线头的芯线进行 X 形相交，互相铰接 2~3 圈，如图 4-8 所示。

②扳直线头。将两个导线头与芯线垂直扳直，并将每个线头紧贴芯线缠绕 6 圈。

③钳平线头末端。使用钢丝钳切除余下的芯线，并将芯线末端钳平，如图 4-9 所示。

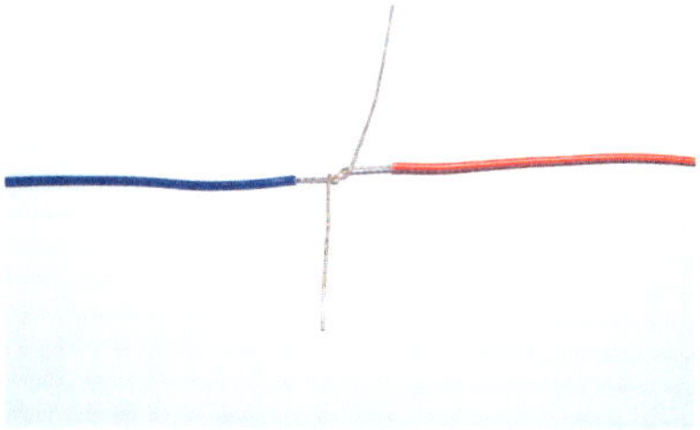

图 4-8　芯线 X 形交叉绕 2~3 圈

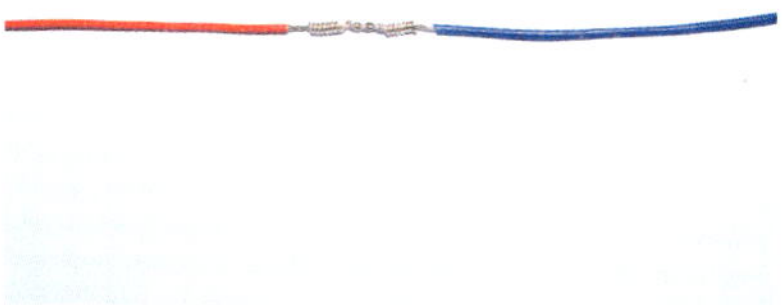

图 4-9　直线连接成品

视频 4-4　导线的直线连接

注意事项：确保导线芯线没有损伤；绝缘层与芯线的末端距离不宜过长，一般以 1~2 圈为宜。

4. 导线绝缘层的恢复

当导线的绝缘层破损后或进行导线连接后，必须对绝缘层进行恢复，以确保绝缘层的完整性。恢复后的绝缘层强度不应低于原来的绝缘层。常用的恢复绝缘层材料包括黄蜡带、涤纶薄膜带和黑胶布。一般而言，黄蜡带和黑胶布的宽度为 20 mm 较为适中，方便包扎。

（1）直线连接接头的绝缘层恢复。

① 首先使用黄蜡带进行包缠。从导线左侧起始处开始包裹黄蜡带，覆盖两根带宽后再进入无绝缘层的接头部分。在包缠时，黄蜡带与导线之间保持约 55° 的倾斜角度，每圈叠压带宽的 1/2 左右。

② 包缠一层黄蜡带后，将黑胶布接在黄蜡带的尾端，按照另一斜叠方向再包缠一层黑胶布，每圈仍然要压叠带宽的 1/2 左右。

如果没有黄蜡带，也可以直接使用两层黑胶布进行包缠，如图 4-10 所示。

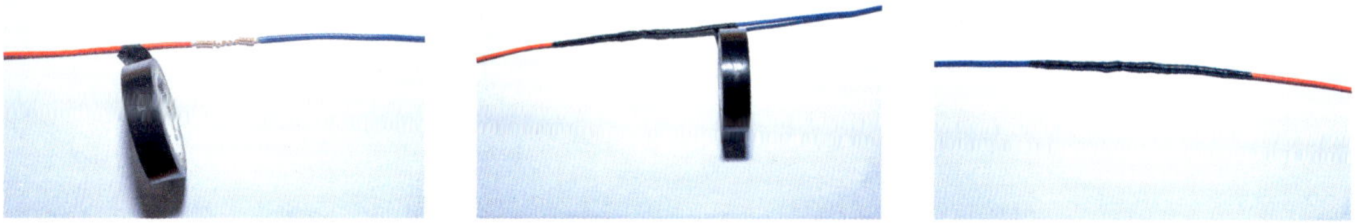

图 4-10　包缠黑胶布

视频 4-5　直线连接接头的绝缘恢复

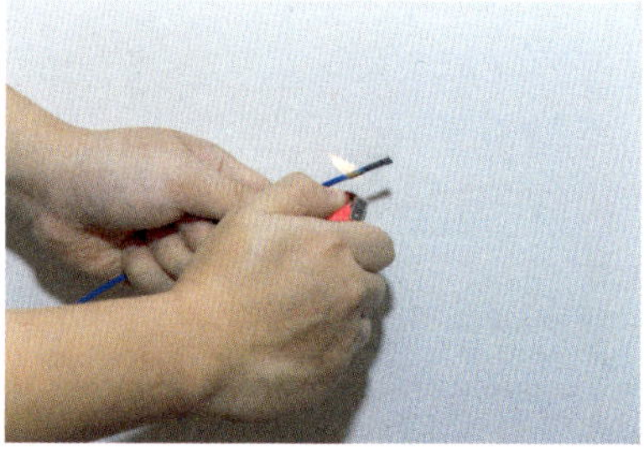

图 4-11　打火机剥导线

生活小知识

如图 4-11 所示，平时我们经常看到有人使用打火机烧烤导线从而剥离导线的绝缘层。这种做法是错误的。因为烧过的导线绝缘外皮，绝缘能力下降，无法起到良好的绝缘作用。长期使用这样的导线容易引发火灾，增加触电的风险。

劳动体验

劳动一　导线的剖削

【步骤 1】准备工具，包括剥线钳、钢丝钳和电工刀各一把，以及所需的导线数量。

【步骤 2】使用剥线钳剥去绝缘层，具体操作方法请参考视频 4-1 剥线钳剥导线操作视频。

【步骤 3】使用钢丝钳剥去绝缘层，具体操作方法请参考视频 4-2 钢丝钳剥导线操作视频。

【步骤 4】使用电工刀剥去绝缘层，具体操作方法请参考视频 4-3 电工刀剥导线操作视频。

【步骤 5】完成导线的剖削后，整理好工作区，并对工作的完成情况进行评估。

劳动二　导线的连接

【步骤 1】准备工具，包括剥线钳、钢丝钳和电工刀各一把，以及所需的导线数量。

【步骤 2】对导线进行直线连接，首先剥去合适的长度的导线绝缘层，按照图 4-12 所示的步骤进行直线连接。具体操作方法请参考视频 4-4 导线的直线连接。

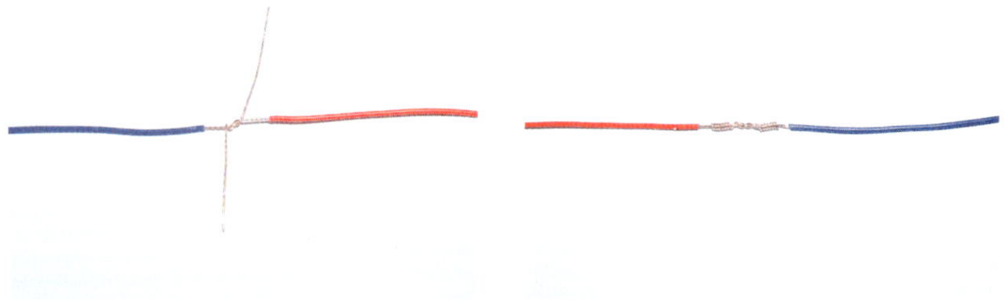

图 4-12　导线的直线连接

【步骤 3】完成导线的连接后，整理好工作区，并对工作的完成情况进行评估。

劳动三　导线的绝缘恢复

【步骤 1】准备工具，包括黑胶布、黄蜡带、电工刀以及所需的导线数量。

【步骤 2】对劳动二中的直线连接的导线进行绝缘恢复，按照图 4-13 所示的步骤进行操作。具体的操作方法请参考视频 4-5 直线连接接头的绝缘恢复。

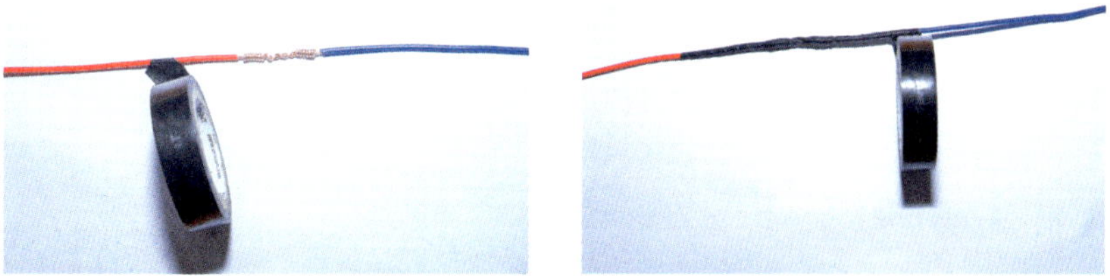

图 4-13　直线连接导线的绝缘恢复

【步骤 3】完成导线的绝缘恢复后，并整理好工作区，并对工作的完成情况进行评估。

劳动评价

1. 看一看，比一比

相邻学习小组交换连接好的导线，比比谁能够快速地剥线而且没有损伤线芯，以及谁的绝缘恢复更美观。

看一看各组完成的作品，根据自评和互评的结果，在空格内填上“优秀”“良好”或“还需要努力”。

剖削导线的完整程度　□□□□□

导线连接的质量程度　□□□□□

绝缘恢复的美观程度　□□□□□

安全文明生产的程度　□□□□□

职业素养的程度　□□□□□

2. 评一评，议一议

请根据表 4-1 的评分标准进行评价，根据自评和互评的结果，在总评填写“优秀”、“良好”或“还需要努力”，其中，85 分以上（含 85 分）为“优秀”，70~84 分为“良好”，70 分以下为“还需要努力”。

表 4-1　导线的连接与绝缘恢复评价表

序号	主要内容	考核要求	评分标准	配分	自我评价	小组评价	教师评价
1	剖削导线	正确剖削导线，线芯不得损伤	1. 剖削绝缘导线方法不正确，扣10分 2. 剖削后芯线有损伤，视损伤程度扣5~10分	20			
2	导线连接	导连接方法正确，导线缠绕紧密，切口平整	1. 缠绕方法不正确扣10分 2. 密排并绕不紧有间隙，每处扣1分 3. 导线缠绕不整齐扣10分 4. 切口不平整，每处扣10分	40			
3	恢复绝缘	在导线连接处包缠两层绝缘带，方法正确，质量符合要求	1. 包缠方法不正确扣20分 2. 包缠质量达不到要求扣20分	20			
4	安全文明生产	遵守操作规程和实训室规章制度	违反操作规程和实训室规章制度，每项扣10分	10			
5	职业素养	工具使用正确、摆放整齐、工位整理	1. 工具使用不正确，扣5分 2. 工具未摆放整齐，扣5分 3. 工位未整理，扣5分	10			
总评							

议一议哪些同学在劳动中的表现比较好，分享经验体会。

文明操作小贴士

（1）每次验电之前，都要检查验电笔的质量是否合格。

（2）零线也必须进行验电。

（3）钢丝钳不能当成榔头敲击。

（4）钢丝钳、斜口钳等绝缘手柄老化或损坏时不能进行带电操作，否则存在触电的危险。

（5）断电操作时，即使断开开关，也要进行验电，确保确实没有电了才能进行操作。

（6）劳动完成后，需要将工位整理干净，将工具摆放整齐。

课后实践

（1）请清点家里的电工工具，了解它们的使用场合和使用方法。

（2）注意观察教室、宿舍和家庭中的用电情况，是否存在安全隐患。

拓展创新

我们的生产生活用电，都是通过电网将电从发电厂输送进来的，电网在我们生活中发挥着非常重要的作用。对于很多大型企业，一旦停电，会造成非常严重的损失。为了保证电力输送线路的畅通，电力公司要定期进行架空线路的巡检工作。除了使用人工进行巡检以外，你知道，还可以采用什么方式来进行巡检吗？

现在的电力线路巡检人员，可以通过操控无人机，对架空线路进行巡检，及时发现并解决潜在问题，确保电网的安全稳定运行。

技术信息

中国输电网的发展历史可追溯至起步输电技术从低压逐渐发展到高压、超高压和特高压。中国从追赶西方国家到制定特高压世界标准，如今在特高压送电技术方面处于全球领先地位。

中国将电压分为低压、中压、高压、超高压和特高压五大类。超高压输电指的是使用500~1 000 kV 电压等级进行电能传输，而 1 000 kV 以上则属于特高压范畴。特高压技术在传输相同功率的情况下，能将最远送电距离延长 3 倍，节省 60%的土地资源，同时损耗仅为500 kV 超高压线路的 25%~40%。在 2009 年，世界首条 1 000 kV 输电线路“晋东南-南阳-荆门”特高压交流线路投入运行，全长达 654 km。这标志着中国在输电技术和电工设备制造领域占据了世界的制高点，进入了特高压时代。截至 2022 年底，我国已经建成了 34 条特高压线路，采用了“15 交 19 直”的布局。预计在“十四五”期间，还将规划建设至少 38 条特高压线路，采用“24 交 14 直”的布局，总计投资额达 3 800 亿元。特高压行业的发展优化了中国电网和电源布局，促进了电力工业整体和区域经济的协调发展。

项目五　节能灯和开关的安装

劳动指引

你是否经常遇到在家里安装开关和节能灯,但对于安装方法和导线连接不太清楚的情况？那么开关和节能灯如何安装,导线应该如何连接呢？通过本项目,你将学习家庭常见节能灯和开关的安装方法,掌握安全用电的技巧,并解决生活中常见的电气安装问题,成为家庭电气小达人。

劳动目标

知识目标

(1)掌握阅读照明电路图的方法。

(2)掌握开关和节能灯的连接方法。

(3)掌握 PVC 管的弯管和穿线方法,以及布管规则。

(4)掌握使用 PVC 管布置单相照明电路的安装方法。

(5)掌握单相照明电路的检查方法。

能力目标

(1)具备使用 PVC 线管进行布线的能力。

(2)具备识读照明电路图的能力。

(3)具备根据电路图进行单相照明电路的安装能力。

(4)具备正确使用电工工具进行节能灯和开关安装与检查的能力。

思政目标

(1)培养安全用电意识。

(2)遵守操作规程和安全操作规范,作为保护他人和自身安全的保障,在劳动过程中培养严谨认真、精益求精的职业素养和工作态度。

工作、生活中的开关和节能灯

一、开关

家庭中常见的开关如图 5-1 所示,有单联单控、单联双控和双联双控 3 种。单联单控开关,又称为单开单控开关,开关上只有两个接线柱,只能控制一盏灯的通断。仔细观察单联双控开关、双联单控开关与单联单控开关的区别,我们可以发现,几联指的是一个面板上具有几个开关功能模块。单控只能控制一个回路,双控则能控制两个回路。单联双控开关面板上只有一个开关功能模块，有 3 个接线柱，能控制两个回路，但是这两个回路不同时通断，当一个回路接通时另一个回路断开。双联单控开关面板上有两个开关模块，能同时控制两个回路，且这两个回路互相独立。

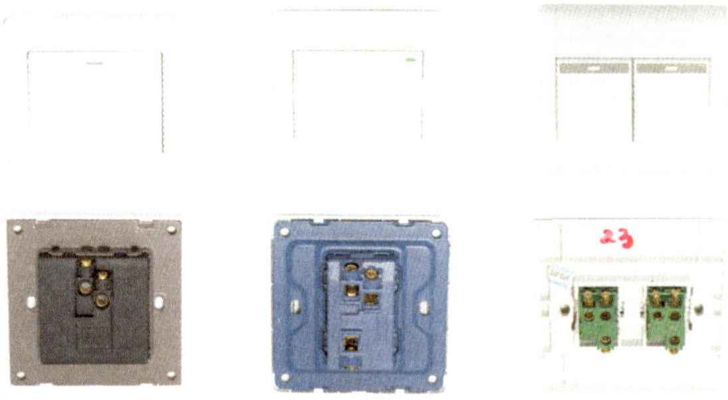

(a)　(b)　(c)

图 5-1　开关

(a)单联单控　(b)单联双控　(c)双联双控

除了前述的开关类型，还有如图 5-2 所示的其他多种开关的样式。其中包括触摸开关，调光开关和声控开关等。

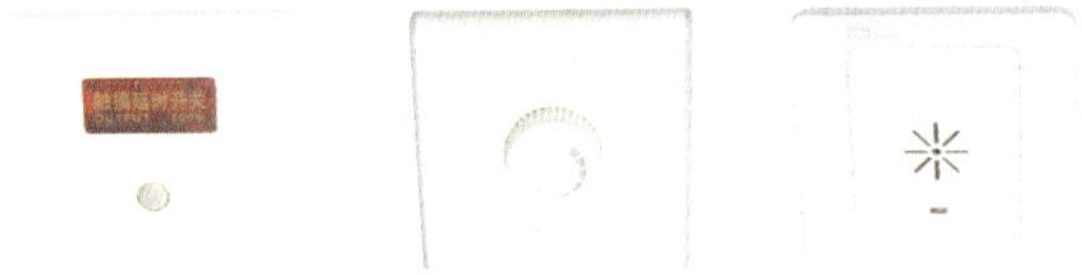

(a)　(b)　(c)

图 5-2　其他开关

(a)触摸开关　(b)调光开关　(c)声控开关

触摸开关，仅需轻轻一触即可控制。调光开关，适用于卧室等场所，允许用户调整灯光的亮度，从明亮到柔和。声控开关，通过声音激活或关闭，为用户提供额外的便捷性。

如图 5-3 所示为单开双控五孔开关及其接线，这种开关将开关和插座组合在一起，在家庭中被广泛应用。需要注意接线时观察接线柱上的标注，其中 L 代表火线，N 代表零线，PE 代表地线。开关必须接在火线上，这样才能完全切断电源。如果开关接在零线上，虽然开关断开后灯具已熄灭，但从火线到开关断开处仍有电流存在，存在触电危险。

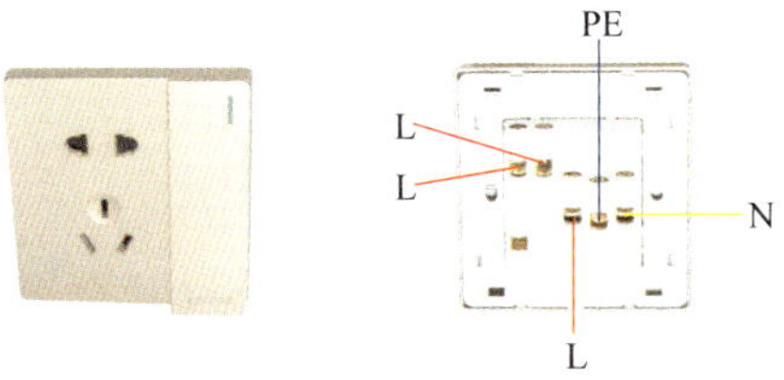

图 5-3　单开双控五孔开关及其接线

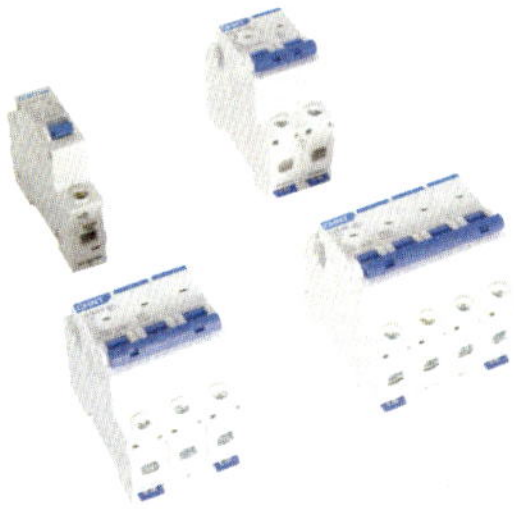

图 5-4　常见空气开关

二、低压断路器

低压断路器，又称空气开关，在照明配电箱中经常可以见到空气开关的使用。它具备短路和过载保护功能，当发生短路或过载时，能够自动断开电路。

如图 5-4 所示，常见的空气开关有 4 种类型。1P 和 2P 用于单相电路，其中 1P 表示一条火线进出空气开关，而 2P 表示一条火线和一条零线都进出空气开关。3P 和 4P 则用于三相电路，3P 代表三条相线，而 4P 代表三条相线加一条零线。

另一种家庭常见的开关是漏电开关。漏电开关相比空气开关更薄。漏电开关在空气开关的基础上增加了漏电保护功能，可以防止人体发生单相触电。一旦有人触电，漏电开关能在 0.1 s 内自动跳闸切断电源，保护人身安全。

三、照明灯具

家庭中的照明灯具种类繁多，常见的包括节能灯、吸顶灯、日光灯、吊灯等等。如图 5-5 所示，图中是我们常用的节能灯，它具有螺口灯头。在接线时，需要将中心端子连接到火线上，而零线则接在螺纹外壳上。

为什么火线不能接触螺纹外壳？如果将火线接触螺纹外壳，会出现什么情况？

如果将火线接触螺纹外壳，会导致触电事故。在断电不彻底的情况下，当进行拆装节能灯时，如果手接触到螺纹外壳，就有可能发生触电事故。

图 5-5　节能灯

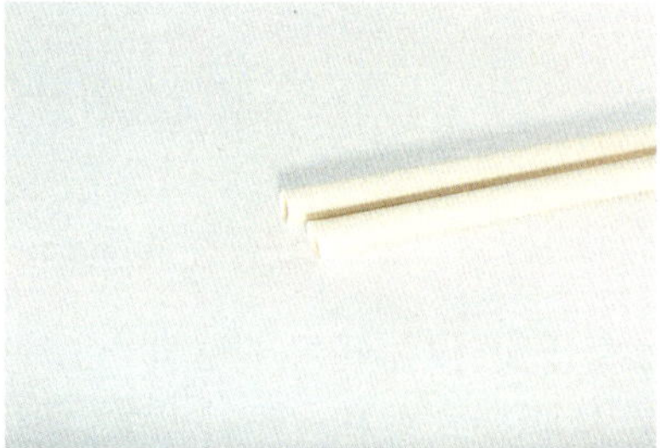

图 5-6　电工用 PVC 管

四、单相照明电路的安装

在家庭电路中，通常使用硬质塑料管来进行布线，常见的硬质塑料管是指 PVC 管，如图 5-6 所示。PVC 管按直径的长度进行分类，常见的有 16 mm、20 mm、25 mm、32 mm 等。PVC 管可以使用剪管刀、管子割刀、曲线锯等工具进行切割。

1. PVC 管的弯制方法

PVC 管的弯制方法包括冷煨法和热煨法 2 种。

（1）冷煨法（适用于 25 mm 及以下管径）。

使用弯管弹簧，将弯管弹簧放入对应的管子中，如图 5-7 所示，即可进行 PVC 管的弯制。将与管规格相配套的弯管弹簧插入需要弯曲的部位，两手抓住管子两端，用膝盖顶住被弯曲部位，两端均匀发力逐渐弯出所需要的弯度。

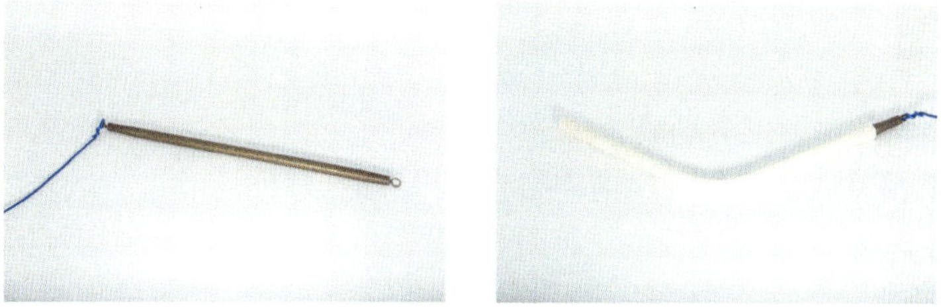

图 5-7　弯管弹簧

在冷煨法中，不得过度弯曲（弯曲程度不应大于管子外径的 10%），避免出现褶皱、凹陷、裂缝等现象。弯曲半径不得小于管子外径的 6 倍（对于明管），或者 10 倍管径（对于暗管）。一般而言，应尽量避免使用 90° 的弯曲角度，因为这会给后续的管内穿线造成困难。弯曲的弧度越大，越容易进行穿线操作。管子弯曲的弧度越小，越难穿线。

（2）热煨法（适用于 32 mm 以上管径）。

使用喷灯、热风机、电炉等工具进行热处理。将弯管弹簧插入管内，若管子规格较大没有配套的弯管弹簧时，则可以管内灌入细砂堵好两端管口，用电炉或热风机对需要弯曲部位进行均匀加热，加热到可以弯曲时，将管子的一端固定在平整的木板上，逐步煨出所需要的弯度，然后用湿布抹擦弯曲部位使其冷却定型。

2.PVC 管的安装要求

（1）固定方式。

在进出盒、箱或弯曲处的两端，每隔 150~300 mm 需要进行固定。明敷管路使用 U 型管卡进行固定，如图 5-8 所示。在水平直线段上，固定管卡的间距为 1 m。

（2）过线盒的安装。

在无弯曲的线路上，每隔 30 m 需要加装一个接线盒。如果线路中有一个弯，那么每隔 20 m 加装一个接线盒。对于有两个弯的线路，每隔 15 m 安装一个接线盒。如果线路中有三个弯，那么每隔 8 m 安装一个接线盒。

（3）管内穿线的要求。

同一个电路应通过同一根管。管内电线不得有接头。管内穿线的截面积不得超过管子的内部截面积的 40%，主要是为了确保良好的散热并便于穿线和维修。举例来说，如果使用直径为 16 mm 的 PVC 管，那么最多可以穿 3 根 2.5 平方毫米的导线。

（4）穿线方法。

使用如图 5-9 所示的穿线器或铁丝，将穿线器的一端与导线连接，使穿线器的另一端穿过 PVC 管，牵引穿线器，使导线通过 PVC 管，如图 5-10 所示。

图 5-8　U 型管卡

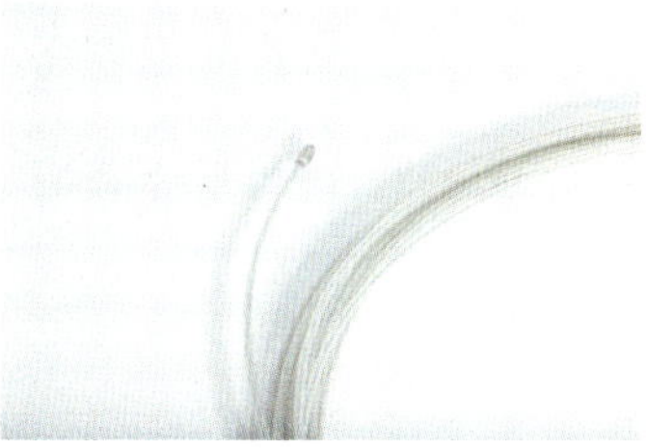

图 5-9　穿线器

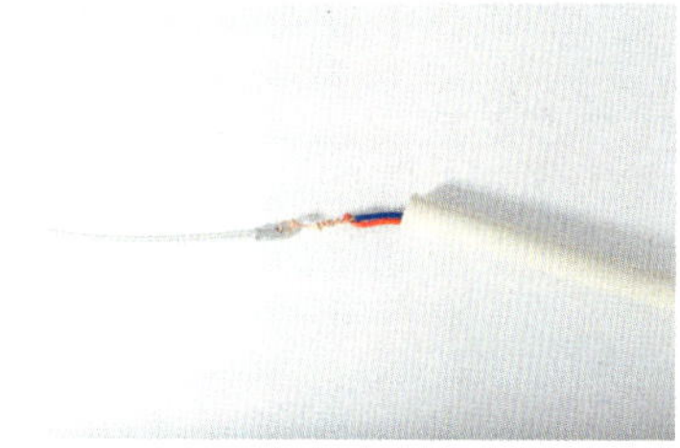

图 5-10　穿线

劳动情景

在生活中会经常遇到以下场景。

(1)在建房过程中,在楼板浇筑前需要预埋电线管,以便后续进行电线的布线工作。

(2)在家庭中,常常需要连接或更换灯泡、开关等电器设备。特别是随着使用时间的增长,灯泡可能会损坏,开关接触不良等问题也会出现。在进行这些操作时,我们需要注意安全,以防触电事故的发生。

想一想,看一看,说一说

1. 想一想

如果现在让你使用电线管来进行埋管布线,连接照明电路,以及安装各种开关和插座,你是否有能力做到呢?

2. 看一看

让我们来观察一下教室内的物体和周围的场景,包括日光灯、插座、开关、电风扇等是如何进行布线和安装的呢?

3. 说一说

在安装日光灯、插座、开关、电风扇等设备时,还有混凝土内埋藏的电线管,你知道它们的安装顺序吗?

有些同学可能会说,只要能让灯亮起来,正常通电就可以了。但是,我们是否按照规范标准进行操作呢?请考虑一下自己的实际操作是否符合相关要求?

劳动材料准备

(1)工具。螺丝刀、钢丝钳、尖嘴钳、剪管刀。

(2)仪表。万用表。

(3)材料。弯管弹簧、电工板、灯座、灯泡(螺口)、单联单控开关、漏电开关、单相电源插头、铜导线。

教师讲解和示范

1. PVC 管的剪切

以剪管刀为例进行 PVC 管的剪切,如图 5-11 所示,具体步骤如下。

①在管子上标记要切割的长度。

②将管子放入剪刀口内,确保刀口对准标记,并连续下压手柄,使刀片挤压住管子,刀片与管子垂直。

③一手握住管子,另一手持续下压手柄,进行挤压式切割。

④完成切割后,切口应无毛刺。

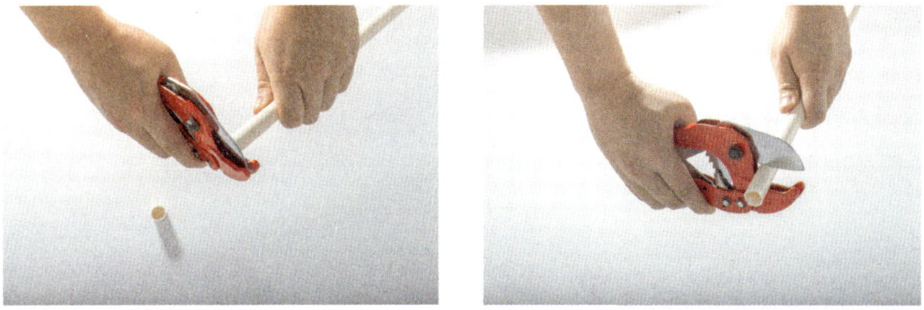

图 5-11　剪切 PVC 管

视频 5-1　PVC 管弯管操作视频

2. PVC 管的弯制

选择合适的弹簧，一端固定导线，另一端放入管子中，使其到达需要弯曲的位置。将需要弯曲的位置靠在膝盖上，用双手握住管子，缓慢而均匀地施加力量，将管子弯曲到所需的角度。完成弯曲后，将弹簧管取出，此时 PVC 管完成了弯曲。

3.PVC 管的穿线

将穿线器的一端与要穿管的导线相连接，确保牢固，然后将穿线器的另一端插入 PVC 管中，将穿线器从 PVC 管中拉出，导线就能顺利穿过 PVC 管。

4. 照明电路的安装

电路示意图如图 5-12 所示，其中 QF 表示断路器，S 表示开关，HL 表示白炽灯。画线定位与实物如图 5-13 所示，图中 QF 表示漏电开关，S 表示开关，HL 表示节能灯。

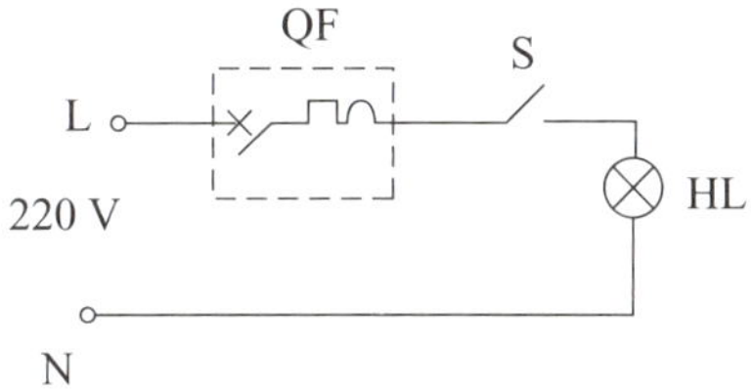

图 5-12　单相照明电路

图 5-13　划线定位与实物

视频 5-2　安装照明电路操作视频

①首先在电工板上确定各个元器件的位置，并标记好元器件位置和固定管卡的位置。然后将开关、灯、管卡等元器件固定在相应的位置上。

②进行布管，按照需要固定的 PVC 管长度进行切割、弯曲，并将管子固定在管卡上。注意，布管后才进行穿线操作。

③将火线和零线穿入管中，并连接到相应的元器件上。完成后，进行电路的检查。

④通电测试，按下开关时灯泡应亮起，关闭开关时灯泡应熄灭。

生活小知识

（1）开关接在火线而不是零线上的原因是为了彻底断电。当开关接在零线上时，虽然灯熄灭了，但火线上仍然有电。在更换灯具时，如果接触到带电部位，会有触电的危险。

（2）白炽灯为什么被淘汰了？因为它不环保且不节能。白炽灯是通过将电能转化为热能来进行照明的，这样会导致大量电能的浪费。不过，需要指出的是浴霸的本质仍然是白炽灯，只是功率较大而已。

（3）面向插座，接线顺序应为左零右火，地线连接在下方。

劳动体验

劳动一　PVC 管的弯制

【步骤 1】使用剪管刀将 PVC 管切割为合适的长度。

【步骤 2】将弹簧穿过管子，使其位于合适的位置。

【步骤 3】将管子顶在膝盖上，双手均匀施力，将管子弯曲 90°，注意力度要均匀，不得过度用力。在弯制过程中，不得产生憋管（弯扁程度超过管外径的 10%）、褶皱、凹陷或裂缝等现象。

【步骤 4】重复步骤 1 至步骤 3，将管子弯曲为超过 90° 的大背弯。

劳动二　单相照明电路的安装

如图 5-14 所示，展示了单相照明电路的安装。在大多数情境下，照明电路连接到的是空气开关。然而，为了安全考虑，本实验中我们选择使用漏电开关。

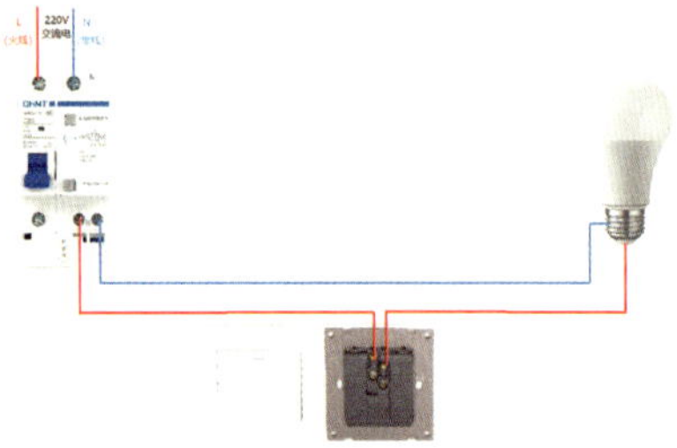

图 5-14　单相照明电路

【步骤 1】划线定位。在电工板上根据布局图确定电源、开关和灯座的位置。在相应的位置上用笔标记，如图 5-15 所示。将元器件固定在标记的位置上，如图 5-16 所示。

图 5-15　划线定位

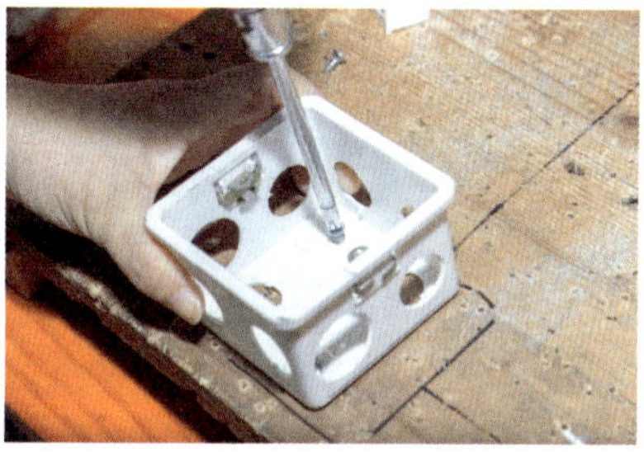

图 5-16　固定元器件

【步骤 2】敷设线管。安装管卡，如图 5-17 所示。管卡应固定在离进出元器件和弯头处边缘 5 cm 的位置。管卡安装完成后，敷设线管。

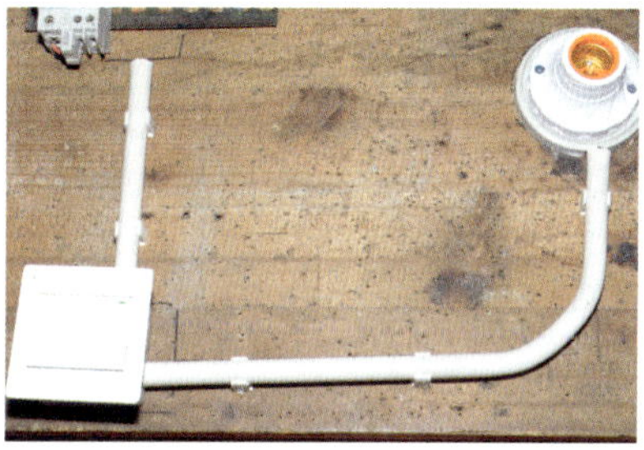

图 5-17　敷设线管

【步骤 3】线管穿线。在穿线时，将零线和火线两根导线导入线管，确保线管内没有接头。当导线进入电控盒时，留足够的余量，如图 5-18 所示。保证余量不小于 150 mm，这样在后续安装开关和插座时会更为方便，同时也利于未来的维修工作。

图 5-18　导线进线盒

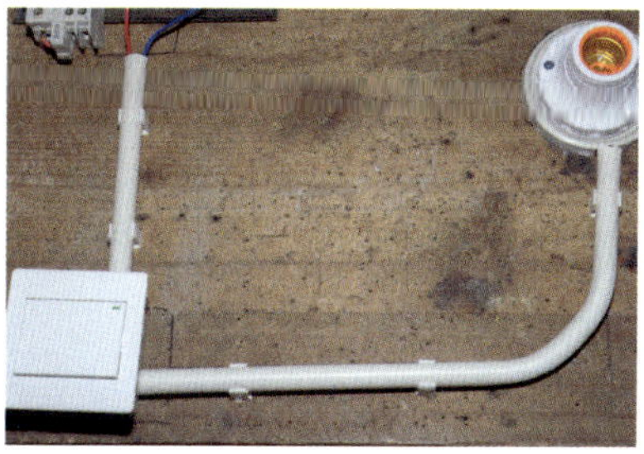

图 5-19　安装并连接元器件

【步骤 4】安装并连接元器件。将导线与元器件连接，并确保开关和灯泡安装牢固，如图 5-19 所示。

【步骤 5】检查电路。使用万用表，检查火线和零线，确保没有问题，如图 5-20 所示。

（a）　　（b）　　（c）

图 5-20　检查电路

（a）检查火线 1　（b）检查火线 2　（c）检查零线

【步骤 6】通电实验。检查无误后，在教师的指导下进行通电试验。如图 5-21 所示，接通电源，闭合漏电开关。当开关闭合时，电灯应亮起；断开开关时，电灯应熄灭。

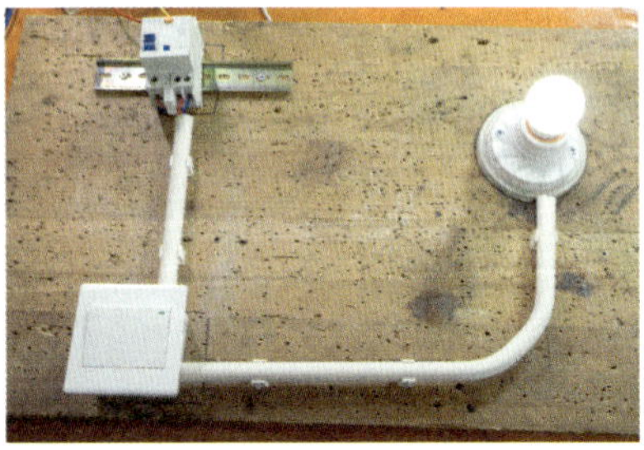

图 5-21　通电试验

劳动评价

1. 看一看，比一比

相邻的学习小组可以交换彼此做好的电路板，比较谁接的照明电路更准确，谁完成得更快且更好。

PVC 管弯制的完成程度　□□□□□

单相照明单路的安装程度　□□□□□

安全生产的程度　□□□□□

职业素养的程度　□□□□□

2. 评一评，议一议

（1）请根据表 5-1 中的评分标准进行评价。

表 5-1　单相照明电路的安装评价

序号	主要内容	考核要求	评分标准	配分	自我评价	小组评价	教师评价
1	PVC 管的弯制	正确切割线管，切口光滑无毛刺。弯管无瘪管、褶皱、凹陷、裂缝	1. 有毛刺，扣 5 分 2. 弯管弧度不符合要求，扣 10~20 分 3. 出现瘪管、褶皱、凹陷、裂缝，扣 5~10 分	20			

续表

序号	主要内容	考核要求	评分标准	配分	自我评价	小组评价	教师评价
2	单相照明电路的安装	按图接线，接线正确，整齐美观	1. 一次通电不成功，扣20分 2. 元器件没有固定牢固，没处扣5分 3. 导线压皮、露铜过长，每处扣3分 4. 不整齐、美观，扣5~10分	60			
3	安全文明生产	遵守操作规程和实训室规章制度	违反操作规程和实训室规章制度，每项扣10分	10			
4	职业素养	工具使用正确、摆放整齐、工位整理	1. 工具使用不正确，扣5分 2. 工具未摆放整齐，扣5分 3. 工位未整理，扣5分	10			
总评							
学生签名：			教师签名：				

根据自评和互评的结果，在总评内填上“优秀”“良好”或“还需要努力”，其中，85分以上（含85分）为“优秀”，70分~84分为“良好”，70分以下为“还需要努力”。

（2）议一议哪些同学在劳动中的表现比较好，分享经验体会。

文明操作小贴士

（1）安装完成后，必须先检查电路才能进行通电试验。

（2）使用工具时必须遵守规范。

（3）安装照明灯具时，要求布线横平竖直，整齐美观。

（4）工作完成后，要关闭电源并整理工作区，保持工具摆放整齐。

课后实践

（1）注意观察家庭中使用的照明灯具有哪些。

（2）在业余时间里，建议大家去灯具店逛逛，观察并比较现在主流的照明灯具，了解它们各自的优劣之处。

拓展创新

请你尝试改造家庭照明的控制方式，通过手机实现照明的智能控制，提出你的改造方案。

技术信息

智能家居已经开始走入千家万户，智能照明是智能家居中的一个重要环节。它通过控制器、传感器和智能灯具，接入各类智能终端，实现自动控制。想象一下，当你忙碌了一天回家，一打开门，灯光就自动打开，空调已经工作一段时间，房间达到舒适的温度，热水器也已经烧好热水。你可以洗去一身疲惫，享受惬意的家居体验。

要打造智能家居，需要确保全屋的 WiFi 覆盖，并配置网关、智能开关、智能灯具和智能终端等设备。这些设备可以连接到网络，并通过智能助理（如小爱、小度和 Siri 等）进行远程控制。

项目六　家电小能手

劳动指引

你是否经常遇到家里的电风扇、电热水壶等小家用电器突然无法工作、通电没有反应，或者某个开关按键失灵的情况？面对这种情况，你通常会如何处理？是将其送去维修店修理、丢掉并购买新的，还是自己检测和修理？你会选择哪种方式来解决这些问题呢？

本项目旨在通过学习家电检修基本知识和技能，包括使用常见的电子焊接工具、万用表，识别和检测常见的基本元器件，以及掌握基本的焊接技术等内容，帮助你解决生活中常见的家电故障。成为家电维修小达人，你将能够自行处理一些家电故障，不再束手无策。

劳动目标

知识目标

（1）掌握常用电子焊接工具的使用方法。

（2）掌握万用表的使用方法。

（3）掌握电子焊接的基本知识。

能力目标

（1）具备正确使用常见电子焊接工具的能力。

（2）具备简单检测和识别家电小问题的能力。

（3）具有简单处理家电小问题的能力。

思政目标

（1）树立安全用电的意识。

（2）遵守操作规程和安全操作规范，保护他人和自身安全，在劳动的过程中培养严谨认真、精益求精的职业素养和工作态度。

工作、生活中的电子焊接工具和元器件

一、家庭中常见的电子焊接工具

1. 电烙铁

电烙铁是电子制作器具和电器维修的必备工具，主要用于焊接元件和导线。根据机械结构的不同，电烙铁可以分为内热式电烙铁和外热式电烙铁；根据功能的不同，电烙铁可以分为无吸锡电烙铁和吸锡式电烙铁；根据功率的不同，电烙铁可以分为大功率电烙铁和小功率电烙铁。电烙铁时在未使用时，要将其放在烙铁架上，以避免烫伤或烧坏其他物品。

2. 钳口工具

如图 6-1 所示，常用的钳口工具有钢丝钳（又叫老虎钳）、斜口钳、尖嘴钳，我们可以使用这些工具来进行导线绝缘层的剖削、剪切。镊子也属于钳口工具，如图 6-2 所示。

图 6-1　常见钳口工具

图 6-2　镊子

3. 剪切工具

剪切工具是用于剪切导线、元器件管脚等材料的工具。斜口钳也可以作为剪切工具，常用的剪切工具还有剪刀，如图 6-3 所示。

4. 紧固工具

最常用的紧固工具是螺丝刀又称改锥、起子等，有一字和十字两种。如图 6-4 所示。

图 6-3　斜口钳

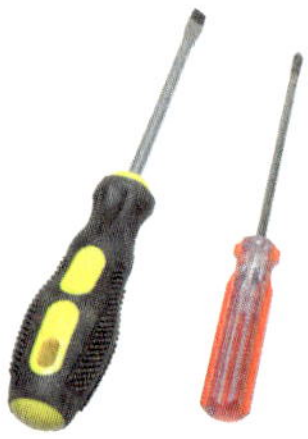

图 6-4　螺丝刀

5. 焊接材料

常用的焊接材料主要包括焊锡丝、助焊剂（焊膏和松香）等，如图 6-5 所示。

6. 吸锡器

吸锡器是一种用于修理电器的工具，主要用于收集拆卸焊盘电子元件时融化的焊锡。简单的吸锡器是手动式的，大部分是塑料制品。由于吸锡器的头部经常接触高温，因此通常采用耐高温塑料制造。如图 6-6 所示。

图 6-5　焊锡丝

图 6-6　吸锡器

二、万用表及其使用

万用表又称为复用表、多用表、三用表、繁用表等，是电气电子等领域不可或缺的测量仪器，主要用于测量电压、电流和电阻。万用表根据显示方式分为指针式万用表和数字式万用表。它是一种多功能、多量程的测量仪器，通常可用于测量直流电流、直流电压、交流电流、交流电压、电阻和音频电平等，某些型号还可以测量交流电流、电容量、电感量以及半导体器件的某些参数（如β值）。其中，MF-47是常用的指针式万用表。

1.MF-47型万用表面板结构及功能

（1）量程选择旋钮。可选择不同的测量功能，如交流电压、直流电压、交流电流、直流电流、电阻等。旋钮上标有不同的量程，便于精确测量不同范围的数值。

（2）插孔。COM插孔，即公共插孔，连接负极测试线（黑表笔）。VΩmA插孔，用于连接正极测试线（红表笔），可测量电压、电阻、毫安电流等。10 A插孔，用于测量10安培以下的电流。

（3）灵敏度调节。一些型号可能具备此功能，用于调整仪表的灵敏度。

（4）保护盖。一般配有保护盖，保护仪表免受外部冲击。

（5）零点调整旋钮。用于在没有输入时将指针调整到零位。

2.MF-47型万用表指针及刻度线

（1）指针。用于直观显示测量结果。与刻度线配合，通过读取指针所在位置可以得到具体数值。

（2）刻度线。分为不同的区域，每个区域对应不同的量程。根据所选量程，可以在相应的刻度线上读取测量值。有些型号还有彩色区域，用以警示可能的危险范围或超量程情况。

3. 万用表测量电阻值

（1）选择挡位。根据待测电阻的预估值，选择一个适当的挡位。如果电阻值较小，选择较小的挡位，如果电阻值较大，选择较大的挡位，以确保测量的准确性。

（2）欧姆调零。将红、黑表笔短接在一起，调整欧姆调零旋钮，使万用表指针指向电阻刻度线右端的零位。这一步用于消除测试引线自身的电阻对测量结果的影响。

（3）测量并读数。使用红、黑表笔分别接触被测电阻的两个引脚进行测量。准确读取表针所指示的电阻数值，然后乘以相应的倍率（例如R × 100档应乘以100，R × 1K档应乘以1000），即为被测电阻的阻值。

4. 万用表测量直流电压

（1）选择挡位。根据待测直流电压的预估值，选择一个适当的挡位。确保所选挡位的量程能够覆盖待测电压的范围，以获得准确的测量结果。

（2）测量。将红表笔接触测量点，将黑表笔接触电源负极，进行直流电压的测量。

（3）读数。根据指针位置和直流电压刻度线，读取测量到的电压数值。

三、常见元器件及识别

1. 电阻器

电阻器是一种能使电子运动产生阻力的元件，是一种能控制电路中的电流大小和电压高低的电子元件。电阻器经常简称为电阻。电阻阻值大，则电路中的电流就小；反之，电阻阻值小，则电路中的电流就大。所以，电阻在电路中有稳定和调节电流、电压的作用，可以作为分流器和分压器，还可以作为消耗功率的负载电阻。它的文字符号表示为“R”，图形符号表示为"—▭—"，常用单位为欧姆(Ω)、千欧姆(kΩ)、兆欧姆(MΩ)。电阻器按照外观和制造工艺的不同，可分为色环电阻和贴片电阻。色环电阻如图 6-7 所示。

(1)色环电阻。色环电阻是用不同颜色的色环在电阻器表面标出标称阻值和偏差值的方法。这种标示法主要用于圆柱形电阻的标示。通常，色环标示法分两种，四色环标法和五色环标法。通过识读这些色环的顺序和颜色，可以确定电阻器的电阻值，方法如下。

色环电阻识读方法为：标称值=三位有效数字 × 乘数 ± 误差。

各个颜色的对应的数值如表 6-1 所示。

表 6-1　各个颜色对应的数值意义

颜色	黑	棕	红	橙	黄	绿	蓝	紫	灰	白	金	银
数值	0	1	2	3	4	5	6	7	8	9	-1	-2
误差		1%									5%	10%

(2)贴片电阻。贴片电阻是一种非常小型的电阻器件，它的外形呈长方形，尺寸通常只有几毫米长和几毫米宽，厚度也很薄。这种电阻器件通常使用表面安装技术(SMT)直接安装在电路板上。贴片电阻器使用数码法表示电阻值。数码法用三位阿拉伯数字表示，前两位表示阻值的有效数字，第三位表示有效数字后面零的个数(倍乘)。当阻值小于 10 时，以 XRX 表示(X 代表数字)，将 R 看做小数点。

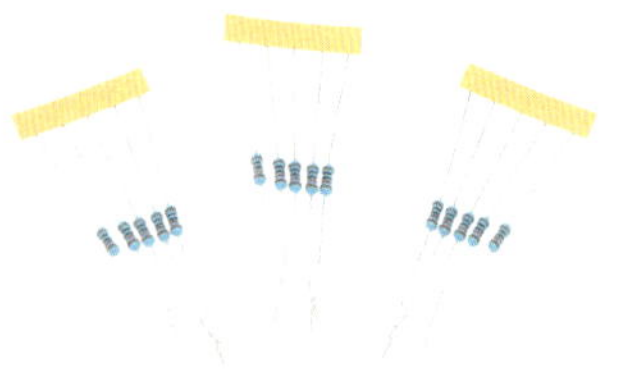

图 6-7　色环电阻

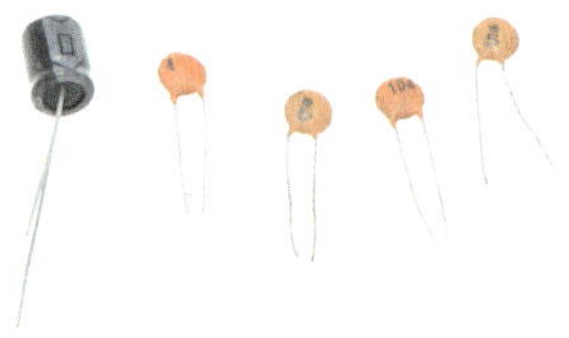

图 6-8　部分常见的电容器

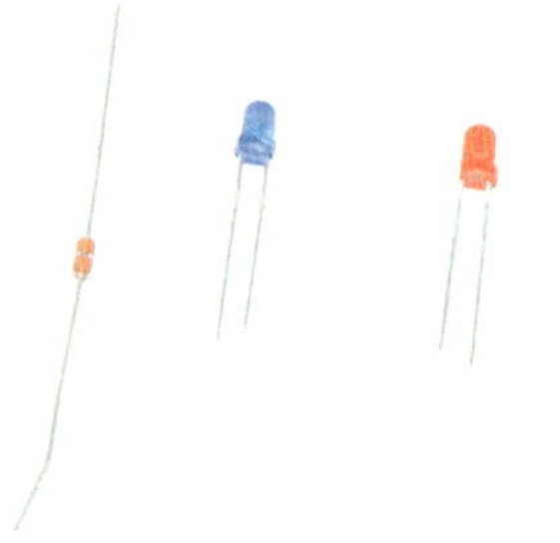

图 6-9　部分常见的二极管

2. 电容器

电容器是一种电子元器件，用于储存和释放电荷。它由两个电极之间隔着一层绝缘介质组成。当电容器接通电源时，电荷会在两个电极之间的绝缘介质中积累，形成电场。电容器的工作过程包括充电阶段和放点阶段。电容器的文字符号表示为"C"，图形符号表示为"—||—"，容量的单位是法拉(Farad)，常见的电容器容量单位有微法(μF)、纳法(nF)和皮法(pF)。常见的电容器类型有电解电容器、瓷介电容器、薄膜电容器等。部分常见的电容器如图 6-8 所示。

3. 二极管

二极管是一种具有单向导电性的电子元件。它具有一个正向电压导通的特性，即在正向电压作用下，电流可以流过二极管；而在反向电压作用下，二极管则会截止电流。二极管的图形符号表示为"—▷|—"。

根据二极管的不同作用，我们可以将其分为 4 类，分别是检波二极管、整流二极管、开关二极管和发光二极管。部分常见的二极管如图 6-9 所示。

4. 三极管

三极管，又称为晶体管，是一种常见的半导体器件，具有多种应用。三极管主要起到功放和开关的作用。

（1）功放作用。三极管可以放大电信号。通过控制基极电流，三极管可以调节集电极和发射极之间的电流放大倍数，实现对输入信号的放大。这使得三极管在音频放大器、射频放大器和其他放大电路中得到广泛应用。它可以增强信号的幅度，提高音频设备的音质和射频设备的信号传输效果。

（2）开关作用。三极管可以实现开关功能。通过控制基极电流，三极管可以在输入电压达到一定阈值时导通，从而控制集电极和发射极之间的电流。这使得三极管在数字电路、计算机逻辑门、定时器和闪光灯等应用中被广泛使用。它可以在开关状态之间快速切换，实现对电路的控制和信号处理。

劳动情景

在我们的日常生活中，经常会遇到以下劳动场景。

（1）某日，家中的电风扇突然失灵，按下开关后风扇不再旋转。

（2）不小心让电热水壶的底座沾上了水，随后听到了“噗”的一声，热水壶不再工作。

想一想，看一看，说一说

1. 想一想

家用电器在出现故障时，常见的问题包括焊点脱落、导线断路和按键损坏等。现假设你家里的电风扇突然不工作了，如果要求你使用工具来拆解电风扇，并利用万用表来检测其故障，再使用电烙铁进行焊接维修，你有这方面的技能和知识吗？

2. 看一看

鼓励大家在家中寻找一些已经损坏的电风扇、热水器或其他小家电，尝试拆卸其外壳，观察其中的电路板结构和组件。

3. 说一说

我们听到有些同学分享说：“我曾经在家尝试过拆解家电，但是找不出故障所在。”还有同学表示：“我在拆解后发现了一根断裂的导线，连接起来后设备就恢复正常了。”

这种维修方式真的是正确的吗？你的操作是否真正达到了专业的维修标准？

劳动材料准备

（1）电子常用工具。电烙铁、钳口工具、剪切工具、万用表。

（2）材料。焊锡丝、元器件。

教师讲解和示范

1. 操作电烙铁的常用手法——握笔法

握笔法类似于握住写字的笔。具体操作如下。

（1）握住电烙铁。用拇指、食指和中指三个手指握住电烙铁的把手部分，就像握笔一样。

（2）控制。使用食指和中指来控制电烙铁的方向和压力，确保烙铁头能够精确地接触到焊点。

（3）安全。始终确保手腕和手臂放松，同时避免接触电烙铁的加热部分，以防止烫伤。

掌握正确的握笔法和操作手法，不仅可以确保焊接的质量，还能有效提高焊接的速度和安全性。

2. 操作电烙铁的坐姿

操作电烙铁时，正确的坐姿不仅可以帮助你更准确地进行操作，还可以减少长时间工作带来的身体不适。以下是操作电烙铁时推荐的坐姿。

（1）选择合适的椅子。选择一个可以调整高度的椅子，确保你的双脚可以平放在地上。

（2）脊柱保持直立。保持背部挺直，并确保腰部有良好的支撑。

（3）手臂位置。双臂应自然弯曲，手臂和桌面之间的角度约为 90°，这样可以轻松地操作电烙铁而不会感到疲劳。

（4）避免抬肩。确保肩膀放松，避免因为紧张而抬高肩膀。

（5）桌面高度。确保桌面与肘部保持在同一水平线上，这样可以轻松地操作并观察工作区域。

（6）眼睛与工作区域的距离。保持眼睛与工作区域的距离适中，避免过于接近，以减少眼睛疲劳，一般情况下，眼睛到焊点的距离为 30 cm。

正确的坐姿有助于提高焊接效率，同时还可以减少由于长时间工作造成的身体不适。

3. 焊点质量要求

在焊接过程中，焊点的质量是非常重要的。焊点需要具备足够的机械强度和可靠性，以确保良好的导电性能。此外，焊点的表面应该保持光滑和清洁。

4. 焊接方法之五步焊接法

（1）准备。首先要准备好所需的焊接材料和工具，包括焊接电源、焊锡、电烙铁、电路板、元器件等。同时，需要将焊接区域清洁干净，确保焊接的表面没有污垢、氧化物或油脂。做好准备焊接的姿势，一手拿电烙铁，一手拿焊锡丝。

（2）加热焊件。将烙铁头加热焊接部位，使焊接点的温度加热到焊接需要的温度。加热时，烙铁头和连接点要有一定的接触面和压力。

（3）熔化焊料。在烙铁头和连接点的接触部位加上适量的焊锡，以熔化焊锡，并使焊锡浸润被焊金属。

（4）移开焊锡。焊锡熔化足够量时，迅速移开焊锡丝。

（5）移开烙铁。待到焊点中有青烟冒出，移开电烙铁，使焊点冷却。

视频 6-1 焊接五步法操作视频

生活小知识

（1）在进行家用电器的维修之前，务必确保电器已完全断电或已移除电池。这样做是为了确保在无电的状态下进行检修，防止发生意外触电事件。

（2）与家中的备用药箱相似，我们同样可以为家里准备一个电器维修工具箱。该工具箱内可以存放如螺丝刀、电烙铁、万用表、焊锡丝等常用工具。此外，也可以存放开关、电阻器、电容器、二极管、三极管、LED 灯等常用元器件。这样，我们就可以方便地进行日常的检修和更换损坏的部件。

（3）当我们需要拆卸复杂的电器外壳或电路板时，最好的做法是先进行拍照或做好详细的安装连接记录。这样，即使在检修后，我们也能确保能够顺利地进行安装和复原。

劳动体验

劳动 LED 节能灯的制作

【步骤 1】根据元件清单清点元器件，如表 6-2 所示。

【步骤 2】焊接整流电路驱动板，注意焊接电解电容和二极管时不要弄错正负极。

【步骤 3】在灯板上焊接 LED 灯，注意正负极，每颗灯珠焊接时间不能太久或者反复拆装，避免损坏 LED 灯。

【步骤 4】将整流电路驱动板与 LED 灯板连接在一起，注意正负极。

【步骤 5】安装好灯壳和灯帽即可。

【步骤 6】焊接完成后，请先检查是否存在虚焊、接触不良、短路等问题，然后再组装外壳使用。在接通电源之前，请注意用电安全，并在老师的指导下进行操作。

表 6-2 元件清单

元件标号	元件名称	元件规格	元件数量
R1	色环电阻	510K	1
R3	色环电阻	240	1
D1-D4	直插二极管	IN4007	4
LED-39	直插发光二极管	5MM	39
R2	色环电阻	200k	1
C1	涤纶电容	274	1

续表

元件标号	元件名称	元件规格	元件数量
C2	电解电容	22 μF	1
	导线		2
	外壳		1

劳动评价

1. 看一看，比一比

请同学们按照表 6-3 的评分标准进行自评和互评。

表 6-3　LED 节能灯制作评价表

序号	主要内容	考核要求	评分标准	配分	自我评价	小组评价	教师评价
1	焊点光滑无虚焊		1. 尖刺一个扣 1 分 2. 虚焊一处扣 1 分	20			
2	元件焊接正确		1. 元件焊接错误一个扣 5 分	40			
3	电路调试成功		1. 短路扣 20 分 2. 虚焊扣 10 分	20			
4	安全文明生产	遵守操作规程和实训室规章制度	违反操作规程和实训室规章制度，每项扣 10 分	10			
5	职业素养	工具使用正确、摆放整齐、工位整理	1. 工具使用不正确，扣 5 分 2. 工具未摆放整齐，扣 5 分 3. 工位未整理，扣 5 分	10			
学生签名：				教师签名：			

2. 评一评，议一议

议一议哪些同学在劳动中的表现比较好，分享经验体会。

文明操作小贴士

（1）工具使用要按照规范。

（2）安装完成后，要先检查元器件的焊接位置、极性、线路连接是否正确，并使用万用表检测电源正负极之间的电阻是否正常，然后才能进行通电试验。

（3）焊点应明亮、大小适中，外形整齐美观；外壳安装应紧固无松动。

（4）劳动完成后，要关闭电源，整理工位使其干净，并保持工具摆放整齐。

课后实践

（1）课后请注意观察，现在家庭使用的小型电器有哪些？

（2）在业余时间，请大家前往家电维修店进行调研、观察和比较，了解现在家电维修中常用的工具和基本方法，它们各自的优劣。同时，还要了解哪些家电可以自行维修，哪些需要送到维修店进行维修？

拓展创新

在家电维修店里，有许多从老旧家电上拆下来的元器件，包括配件和套件。我建议大家抽时间去逛逛家电维修店，挑选那些可以再利用的元器件，把它们带回家，用它们替换家中小电器上损坏的元器件，让小电器焕发新的活力。

技术信息

你听说过哪些奇葩的、令人脑洞大开的家电？

随着智能家电的推广，不少设计师开始发挥奇思妙想，将各种“黑科技”融入家电产品。虽然有些产品尚属于概念性阶段，看起来不太符合实际，但它们展示了未来家电的样貌，让人们的想象力得到了极大的激发。今天，让我们一起盘点一下那些炫酷的黑科技家电，看看哪一款最能出乎你的意料。

说起吹风机，很多人都能描述出它的形状，它看起来像个长得很像小猪佩奇的东西。然而，今天要介绍的这款吹风机却没有了“鼻子”。近期，日本厂商 Cadokora 推出了一款名为“无鼻”吹风机 Hairdryer BD — E1。它的尺寸为 110 mm × 250 mm × 60 mm，重约 400 g，配备弱中强三档调节开关以及冷热风切换按钮。该吹风机最高温度维持在 85 ℃，既可以在短时间内吹干头发，又能避免高温对头发的损伤。Hairdryer BD — E1 内置直流无刷电机，寿命大约为 20 000 小时，每分钟可吹出最高 2.2 m³ 的风量。这款吹风机省略了出风口的“长鼻子”，无风筒的设计一方面缩短了气流在风筒内的时间，从而加快气体吹出速度；另一方面，它将吹风机的重心降低，减轻了手腕的负担。目前，这款吹风机的售价为 28 000 日元，约合人民币 1 700 元左右，略低于戴森吹风机 HD01 的售价 2 999 元。你会选择哪一款呢？

现今的冰箱越做越大，有对开门冰箱、十字对开门冰箱，还有日式四门、法式多门等舶来品冰箱。然而，今天要介绍的这款冰箱却非常“佛系”，因为它打破了常规，挂在墙上，既是冰箱又是家居装饰。shelves 冰箱是一款可以挂在墙上的冰箱，看起来像一个壁挂搁板。在不使用时，它可以折叠到墙壁上。需要使用时，只需将其翻下来，打开冰箱，放入食物，然后盖上半透明盖子。它用来储存食物的区域设计得像一个小柜子，十分方便取用。而且，无论是开启还是关闭状态，都不失美观，为家居环境增添了不少色彩。

扫地机器人作为新兴家电进入越来越多的家庭，大多是“扫拖一体”，但要是在扫地之余能像吸尘器一样大显身手，那该多好啊！这个想法真是脑洞大开！但是，这样的产品其实已经存在了。Coral One 二合一吸尘机器人是全球首款扫地机和吸尘器二合一的机器人。与传统扫地机器人不同的是，它的主机是可拆卸的，并特意增加了一个手柄，方便使用。在扫地机模式下，它采用了日本电机，具备 2 700 Pa 的大吸力，可以达到 95%~100%的真空度，续航时间为 90 分钟；而在吸尘器模式下，吸力可高达 4 000 Pa，续航时间为 70 分钟。这款机器人售价为 495 美元（折合人民币 3 437 元）。

专家总是告诉我们每天要喝 8 杯水，对身体好。但是专家却没有告诉我们，那些没有任何滋味的白开水怎样才能喝下去。试想一下，当你按下家中饮水机的按钮时，原本平淡无味的白开水竟然变成了纯果汁饮料，这……难道不是在做梦吗？不是！因为有时候白天做梦也是可以实现的！世界上首款个性化全功能的智能水生态系统——净水机 rOcean One 就能帮你实现这个白天的梦想。只需将它与家中自来水管连接，当你想喝果汁时，将杯子放在出水口下，轻轻一按，一杯纯果汁饮料就制作完成了。而且，你会发现杯子里的果汁竟然是碳酸饮料。这是因为这款净水机具备碳酸化功能，它可以在水中注入气泡，效果非常奇妙。如果

你想要喝出不同的口味，只需在机器中加入喜欢的调味包，并在触摸屏上选择适当的浓度即可。此外，它的净化功能也非常强大，能够去除水中的铅、砷、石棉、孢囊、氯、汞和其他 79 种污染物，过滤效果比其他品牌高出 15 倍，滤芯寿命也延长了 10 倍。换句话说，即使不喝果汁，直接喝自来水也没问题！

俗话说人往高处走，水往低处流。但实际上，确实有一种家电可以实现“水往高处走”的效果。它就是反引力时光沙漏空气净化器，一款将科技与匠心完美融合的高科技神器。该产品获得过红点设计奖和 iF 设计大奖，是居家必备的创新产品。

这款沙漏空气净化器在通电后，沙漏中的水滴会一颗颗飞升，给人留下惊艳的视觉效果。然而，这种反重力的现象实际上只是一种视觉欺骗，通过内置的闪光灯在水滴下落的频率上造成错觉。当闪光灯的频率高于水滴下落的频率时，就会产生水滴在往上升的错觉。虽然只是一种视觉效果，但其逼真程度甚至让人怀疑牛顿的万有引力定律。

这款沙漏空气净化器还具有出色的空气净化功能，其净化空间可达到 10~20 m^2。内置的负离子发生器每秒释放出 10 000 000/cm^3 的负离子，能够与空气中的细菌、灰尘、PM2.5、甲醛、二手烟等有害物质结合成颗粒并自然沉降，从而净化空气。其中，甲醛的净化效率为 93.3%，PM2.5 的净化效率为 96.62%。

科技创新不断打破传统生活模式，推动生活品质的提升。随着越来越多的“黑科技”家电产生，我们的生活将变得更加便捷和美好。以上提到的几款脑洞大开的家电，你最中意哪一款呢？

第三部分　生活小能手

项目七　墙上的风景

劳动指引

古语云:“一屋不扫,何以扫天下”。成就大事的人需要从小事做起。脚踏实地,仰望蓝天;踏踏实实,做好生活中的每一件事。勤奋务实,小事做多了就能成就大事。同学们在家务劳动中,能够锻炼意志力,为将来的工作打好基础。在紧张的学习之余,做家务劳动是一种积极的休息方式,这不仅可以调节大脑机能,还有助于增强体质。

劳动目标

知识目标

(1)掌握锤子和钉子的使用方法。

(2)掌握挂画的各种方式。

能力目标

(1)具备使用手锤在墙面上钉钉子的能力。

(2)具备合理选择挂画方式的能力。

思政目标

(1)培养学生的空间构思能力和创造性思维,培养学生的审美情趣和创新意识。

(2)培养学生的奉献精神,愿意默默承担挂画后面那颗小小螺钉的重量,为人们能够欣赏到墙上的美丽风景默默奉献自己的力量。

工作、生活中的螺丝钉

1. 普通螺钉

这种螺钉主要利用斜圆周旋转的摩擦力来拧紧各种物体和部件。

2. 自攻螺钉

通常是指质地坚硬、带有粗齿和尖头的木螺钉,但也可以指铝塑合金螺钉。而那些专门用于金属孔的自攻螺钉则被称为丝锥。

3. 膨胀螺钉

这类螺钉通常被称为金属膨胀螺栓。其工作原理是利用楔形斜面来促进膨胀,从而产生摩擦结合力,实现物体的固定。

劳动情景

在生活中会遇到以下场景。

（1）需要在墙上挂东西的场景。例如挂照片墙、结婚照片或一幅画，以及在厨房、卫生间等安装置物架等等。这些场景都需要使用手锤和钉子。

（2）家庭维修场景。家具如桌椅长时间使用后可能会出现松动，可以使用手锤重新打孔固定；墙上安装的一些设备由于重力原因随着时间推移可能需要加固，这时也需要使用手锤等工具。

想一想，看一看，说一说

1. 想一想

（1）锤子的种类。

锤子按锤头的形状不同可以分为球头锤、方锤、钣金锤等，按锤头材料的不同可以分为铁锤、木槌、橡胶锤、铜锤等。

（2）装饰挂画时应该注意什么？

当踏入一处空间时，挂画如同一颗璀璨的星点，吸引着人们的目光。画作的形状、尺寸、色彩和内容，将在此刻对人们接下来的空间感知产生深远影响。如图 7-1 所示。

在选择挂画的内容、大小和画框的材质时，必须精心安排，恰到好处地融入室内空间，仿佛引发一场奇妙的化学变化，将空间氛围渲染得更加出色。

图 7-1　挂画使人的视线聚焦

图 7-2　蒙娜丽莎

2. 看一看

《蒙娜丽莎》是意大利文艺复兴时期的代表作，由画家列奥纳多·达芬奇创作，该作品现被珍藏于法国的卢浮宫博物馆。它不仅体现了文艺复兴时期的美学观点，而且透过画中蒙娜丽莎的深邃眼神和高尚的思想品质，反映了当时人们对女性之美的审美理念和追求，如图 7-2 所示。

3. 说一说

在我们的日常生活中，难免会遇到一些无法使用传统打孔方式来悬挂画作的情况，比如玻璃墙面、大理石原板墙面等。那么，我们应该如何巧妙地展示一幅画呢？

劳动材料准备

（1）工具。手锤 10 把。

（2）材料。无痕钉 100 枚、挂画 60 副。

（3）钻孔对象。水泥墙面。

教师讲解和示范

1. 锤子的使用方法

（1）紧握法与松握法。

①紧握法。如图 7-3 所示，五个手指紧握锤柄，拇指合在食指上，虎口对准锤头方向，木柄尾端露出 15~30 mm。在锤击时，再以相反的顺序收拢锤子。紧握法具有的优点是手不容易疲劳，同时能够产生较大的狙击力。

②松握法。如图 7-4 所示，只有拇指和食指始终紧握锤柄，其余三个手指在挥锤时按照小指、无名指、中指的顺序依次放松；在锤击时，再以相反的顺序收拢握紧锤子。松握法的优点是手不容易疲劳，同时能够产生较大的锤击力。

图 7-3　紧握法

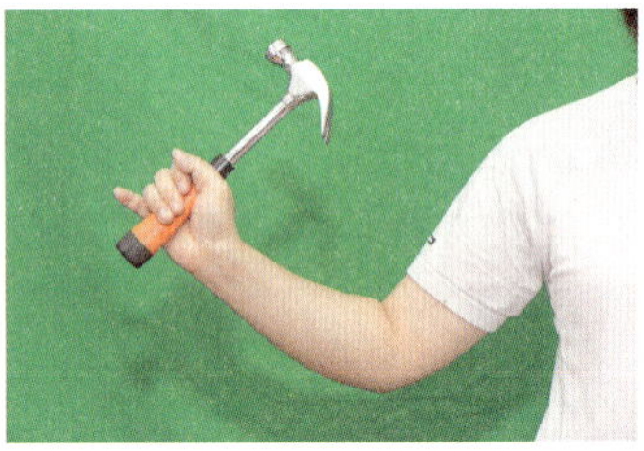

图 7-4　松握法

（2）挥锤方式。

①腕挥。挥锤时仅利用手腕的动作进行捶击运动，捶击力较小。采用松握法握住锤子，通常适用于需要较小捶击力的加工工作，如图 7-5 所示。

②肘挥。挥锤时手腕与肘部一起挥动完成捶击运动，敲击力较大。采用紧握法握住锤子，这是一种常用的挥锤方法，如图 7-6 所示。

③臂挥。挥锤时腕部、肘部和臂部共同协作，锤头要过耳背，产生最大的捶击力。它适用于需要大的锤击力的工作。这种方法需要较大的力气，较难掌握，但一旦掌握了臂挥，其他两种方法也就容易掌握了，如图 7-7 所示。

图 7-5　腕挥

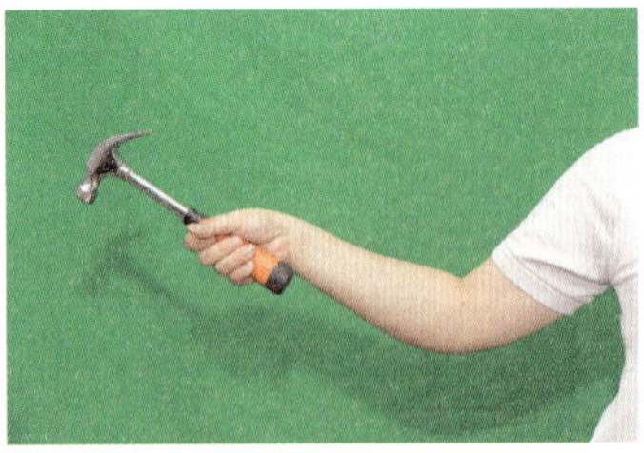

图 7-6　肘挥

图 7-7　臂挥

2. 挂画方式的选择

（1）挂画的高度。

应合理控制挂画的高度，以便于欣赏。具体的挂画高度可以根据画作的大小、类型、内容等实际情况进行调整。

①最常见的方式是根据“黄金分割线”来挂画。根据这一原则，将画品的“黄金分割线”位置设置在离地面 140 cm 的水平位置是挂画的最佳高度，如图 7-8 所示。

图 7-8 挂画高度

②也可以以主人的身高作为参考。画的中心位置应该位于主人双眼平视高度再往上 100~250 mm 的范围内，这样无需抬头或低头，可以得到最舒适的欣赏高度，如图 7-9 所示。

③一般来说，挂画的最佳高度是将画的中心位置与地面保持约 1.5 米的距离，这样欣赏起来最为宜人。

④挂画的高度还要考虑周围摆设物的影响。一般要求摆放的工艺品高度和面积不要超过画品的 1/3，并且不能遮挡画作的重要元素。此外，装饰画的宽度最好略窄于沙发，如图 7-10 所示，这样可以避免给人头重脚轻的错觉。当然，这些只是一些常见标准，在实际操作中需要根据画品的种类、大小以及空间环境的不同进行灵活调整。通过不断的调试和适当的高度调节，使得观赏画作的角度最直接、最舒适。

图 7-9 挂画高度

图 7-10 挂画宽度

（2）挂画位置。

挂画的位置首先要选择得当，应该挂在能够引人注目的墙面或开阔的区域，而避免将其挂在房间的角落或有阴影的地方。在选择装饰画时，需要考虑其放置的位置以及与周围物体的比例关系，如图 7-11 所示。例如，在沙发上挂的装饰画的面积应该适中，避免过大，否则会给人头重脚轻的感觉，如图 7-12 所示。同时，还需要考虑挂画的数量，一般应控制在不超过 5 副，过多的装饰画会显得杂乱无章，如图 7-13 所示。

图 7-11　挂画位置和比例恰当

图 7-12　挂画面积过大

图 7-13　挂画杂乱无章

3. 画品的陈设

家居中的画品陈设需要根据不同房间的功能进行巧妙处理。客厅作为家庭的主要活动场所，其画品陈设要求稳重而大气。根据中国传统理论，客厅的装饰布置会影响主人的情绪，因此在客厅的画品选择上需要特别注意各种因素的把握。

（1）在风格上，古典装修常选用风景、人物、花卉等题材的画作为主题。例如，中国古典主义风格的装饰偏好挂卷轴、条幅类的中国书法作品和水墨绘画；而欧洲古典主义或新古典主义的简欧风格则适合挂一些油画、水粉水彩画等不同材质的画品；对于现代简约风格的装修，可以选择现代题材的风景、人物、花卉或抽象画作品。

（2）根据主人的特殊爱好选择一些特殊题材的画品。例如，喜欢旅行的人可以选择描绘名山大川、风景名胜的画作；热爱体育的朋友可以挂一些运动题材的画品；对于文艺爱好者，可以选择与书法、音乐、舞蹈相关的作品。此外，了解一些居家传统文化禁忌也是客厅画品陈设的重要考虑因素，通过画作来装点空间，营造祥和、热情、温暖的氛围。

生活小知识

挂画看似简单，但要确保其展现出最佳的视觉效果却需要一定的技巧。其中，灯光的应用尤为关键。只有当光线恰当地从挂画的上方照射下来，挂画才能呈现出最佳的效果。若所在环境光线太暗，挂画的美感会大打折扣。

在家庭装饰中，挂画与射灯的组合常被视为最佳选择，可以创造出理想的背景墙效果。

劳动体验

劳动　在不同的墙面上悬挂装饰画

【步骤 1】组建任务小组。每组由 2 名同学组成，为每组分配 1 把手锤、6 幅装饰画和 1 个卷尺。

【步骤 2】选择装饰画。根据不同的墙面位置，包括客厅、餐厅和卧室，选择适合的挂画。

【步骤 3】标记墙面。将需要钻孔的墙面清洁干净。例如，在测量沙发背景墙（或装画墙）的长度时，假设实际长度为 3.6 m，可以取中点 1.8 m 处，在墙上用铅笔标记一个记号作为 A 线，如图 7-14 所示。

【步骤 4】确定挂画的高度。一般来说，画框上沿应距离房顶约 30 cm，以保持画面处于视线水平线上。你可以举起画框比画一下，然后让人站在稍远处观察，确定最合适的高度，如图 7-15 所示。挂钩位置距离画框上沿约 3 cm，因此首先要确保 A 点的位置在 A 线上，并距离房顶 33 cm。

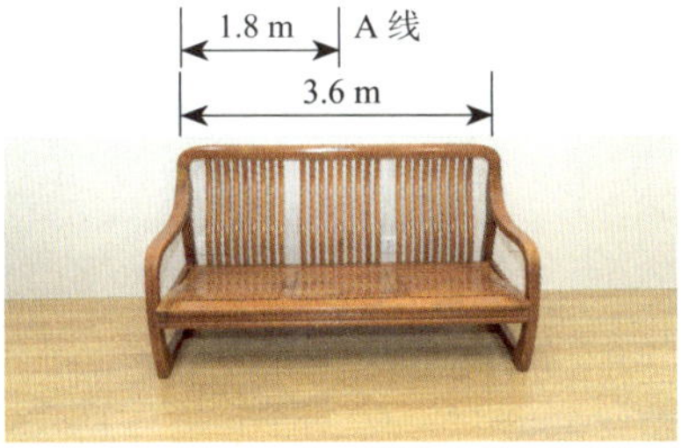

图 7-14　测量沙发背景墙面的长度

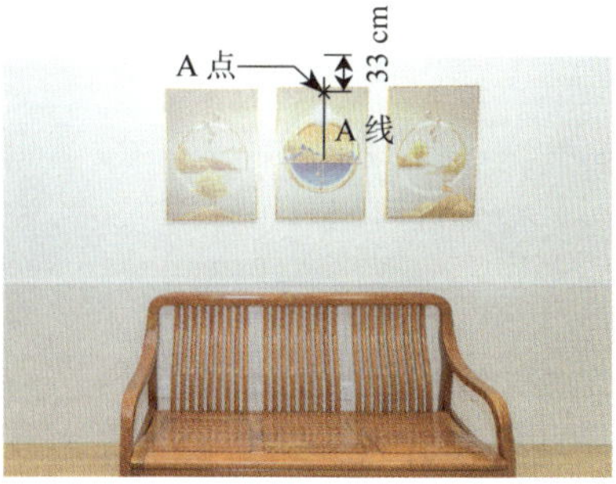

图 7-15　在墙面上确定 A 点的位置

【步骤 5】在墙面上标记。在距离 A 点左右约 15 cm 的两处位置，标记 C 点和 D 点，这样中间画框的两个钉子的位置就确定好了，如图 7-16 所示。

【步骤 6】测量装饰画的宽度。假设测量得到的宽度为 50 cm，可以在画框上部的正中间位置标记 B 点，即宽度的一半位置，如图 7-17 所示。

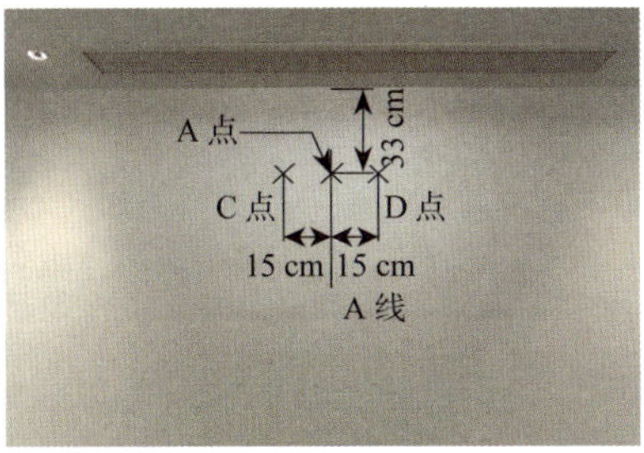

图 7-16　在墙面上确定 C、D 两点的位置

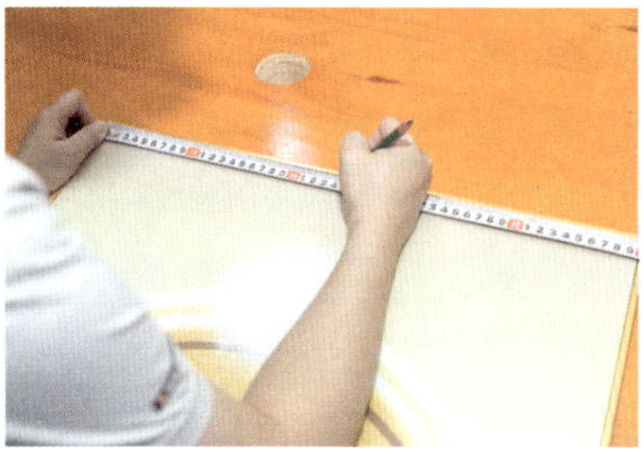
图 7-17　画框上部的正中间位置做记号

【步骤 7】对于三联画，两个画框之间的间距通常为 10~15 cm。从距离中间画框钉子 C 点左侧 30 cm 的位置（间距为 10 cm 加上挂钩与边框的距离左右各 10 cm），找到 E 点作为左边画框的钉子定位点，同样的方法找到 F、G、H 点，如图 7-18 所示。

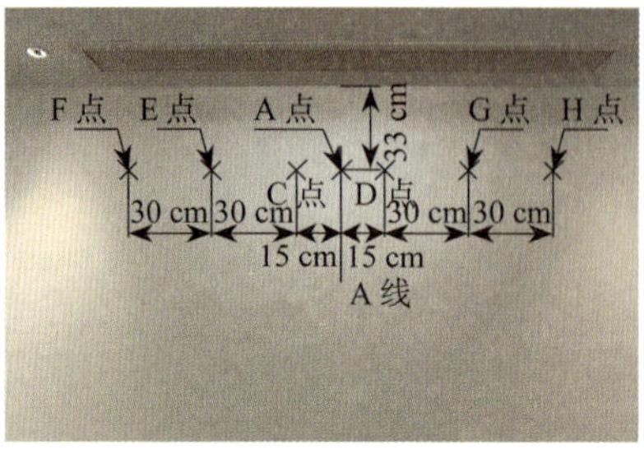

图 7-18　标记出另外两幅画的钉子位置

【步骤 8】安装无痕钉。将钉子对准标记处，确保不歪斜。使用锤子时，注意眼睛注视工件，锤子面与钉子的顶面保持平行，确保锤面平整地打在工件上，避免破坏钉子形状，防止锤子击偏，造成人员受伤和设备损坏。按照 C、D、E、F、G、H 的位置将无痕钉中的 6 颗小钢钉钉入墙面，确保牢固，如图 7-19 所示。

图 7-19　安装 6 个无痕钉

【步骤 9】安装挂画。确认挂画背面的安装位置，如图 7-20 所示，确保画框上的 B 点与 A 点在同一条竖直线上，相距 3 cm，如图 7-21 所示。将挂画挂到无痕钉 C 和 D 位置上，轻轻摆动一下，确保牢固不会掉下来，最后将挂画调整正直，避免歪斜。

图 7-20　挂画背面

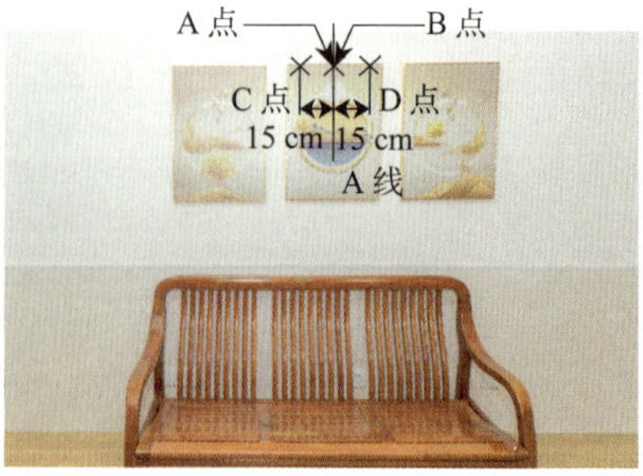

图 7-21　中间的挂画安装

【步骤 10】检查与微调。

（1）目视检查画面整体是否平齐，如有歪斜需要进行调整。

（2）必要时调整墙上的钉子位置。

（3）微调后，可以使用微型平衡器进行检查。

【步骤 11】根据如图 7-22 所示的位置，悬挂其他挂画。

【步骤 12】打扫卫生，将手锤、卷尺和剩余的无痕钉放回工具箱中。

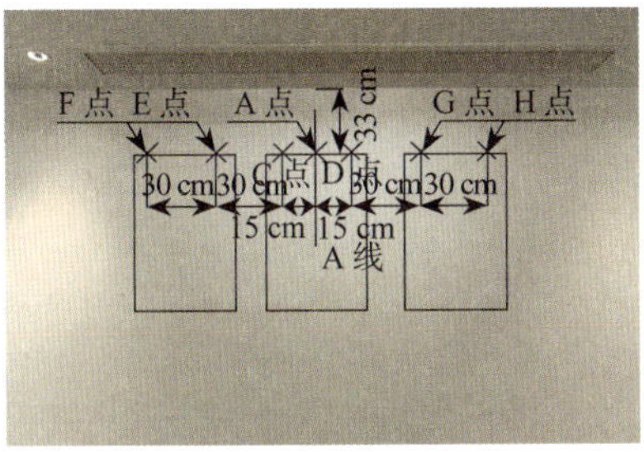

图 7-22　旁边两幅挂画的安装

视频 7-1　挂画的安装操作视频

劳动评价

1. 看一看，比一比

请同学们按照表 7-1 的评分标准进行自评和互评。

表 7-1　墙上的风景任务评价

任务组		完成时间		
评价项目	评价依据	自评	他评	师评
任务理论背景知识（20）	明确任务要求（10）			
	明确实施的步骤（10）			
任务实施过程及效果（80）	挂画的选择（10）			
	墙面清洁（10）			
	卷尺的正确使用（10）			
	无痕钉的安装（10）			
	挂画牢固不歪斜（10）			
	任务结束后清理与工具保管（10）			
	团队精神和合作意识（10）			
	安全文明操作（10）			
任务反思				
项目综合评价				

2. 评一评，议一议

议一议哪些同学在劳动中的表现比较好，分享经验体会。

文明操作小贴士

（1）使用锤子前要确保锤头、面和手柄上没有油污，以防止在使用过程中锤子从手中滑脱，造成人员伤害或工件损坏的事故。

（2）使用锤子前必须检查手柄的安装是否牢固，是否有裂痕现象，以防止锤头脱出导致事故发生。如果锤头松动，可以使用楔子进行固定。如果手柄开裂或断裂，应立即更换手柄，严禁继续使用。

（3）使用外观损坏的锤子非常危险，因为在锤击时锤子有可能飞出并造成事故。

课后实践

为自己家的客厅或餐厅选择挂画，并按照合理的方式进行排列和悬挂。

拓展创新

你知道如何保存敦煌壁画吗？天津大学合成生物学团队创新了 DNA 存储算法，将十幅精选的敦煌壁画存入 DNA 中。通过加速老化实验验证，壁画信息在实验室常温下可保存千年，在 9.4 ℃下可保存 2 万年。这一算法使 DNA 成为世界上最可靠的数据存储介质之一，可以让面临老化破损危机的人类文化遗产信息得以保存千年万年。

技术信息

全息画是一种三维图像，与传统的装饰画有很大的区别。传统的装饰画呈现的是物理图像，而全息图则包含了被记录物体的尺寸、形状、亮度和对比度等信息。因此，原则上它的每一部分都能再现原物的完整图像。通过多次曝光，全息画可以在同一张装饰画布上记录多个不同的图像，并且能够互不干扰地分别显示出来。全息图利用了光的干涉原理。在拍摄时，激光束被分光镜分为两束，其中一束照射到被拍摄的景物上，称为物光束；另一束直接照射到感光底片上，称为参考光束。当物光束被物体反射后，其反射光束也照射在胶片上，物光束与参考光束发生相干叠加，形成干涉条纹，从而完成全息画的摄制过程。

项目八　PVC 水管安装

劳动指引

日常生活中，在很多情况下都会使用水管，水管安装是隐蔽工程施工的重要环节，也是家居中至关重要的一部分。一旦发生漏水问题，轻则会导致家具发霉腐朽，重则可能引发大量漏水，危及邻居的安全。可见水管安装对于家居安全至关重要，正确的安装方式能够确保水管的使用寿命，保障后续工作的顺利进行。我们经常会遇到家里自来水进水管、阳台洗衣池排水管、卫生间排水管以及楼房雨水排水管等漏水情况，如图 8-1 所示，那么在面对这种情况时，我们应该如何处理呢？

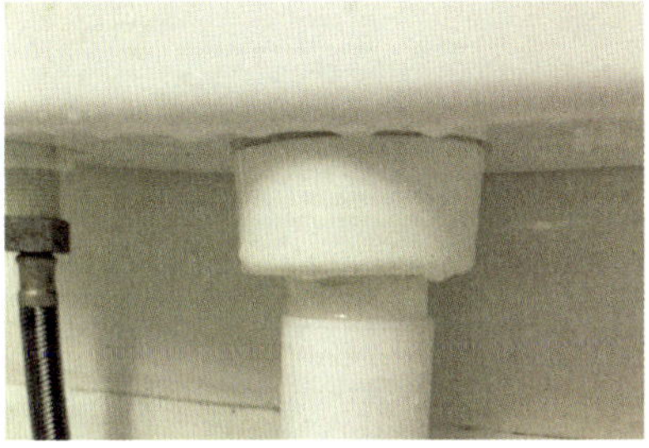

图 8-1　洗手池水管接口处漏水

劳动目标

知识目标

（1）掌握钢卷尺、手锯、管剪、毛刺修边刀和 PVC 胶水的使用方法。

（2）掌握水管的安装方法。

能力目标

（1）能够正确使用钢卷尺、手锯、管剪、毛刺修边刀和 PVC 胶水。

（2）能够正确安装或维修水管。

思政目标

（1）让学生认识到水管安装在生活中的意义和重要性。

（2）培养学生热爱家务，积极向上、乐观向前的生活态度。

工作、生活中的水管

一、水管的种类

在家庭装修中，水管的选择是非常重要的。根据用途的不同，水管可以分为给水管和排水管 2 种类型。根据材质的不同，水管可以分为以下 5 种类型，如图 8-2 所示。

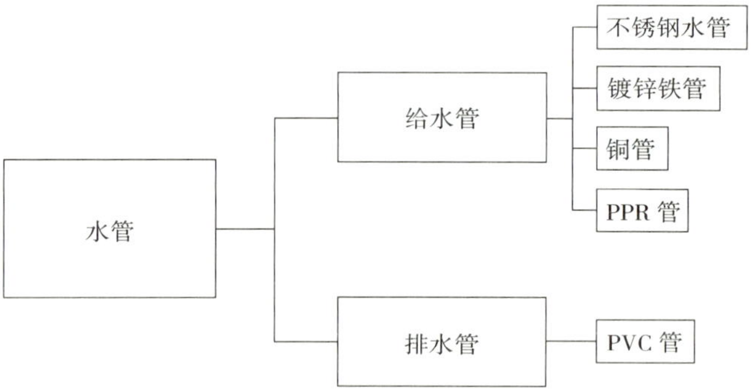

图 8-2　水管的种类

1. 不锈钢水管

不锈钢水管的材质安全无害，可以作为一种健康材料使用。其内壁光滑，长期使用不会结垢，不易受到细菌污染。不锈钢水管可以防止水源的二次污染，无需担心水质问题，还能够避免出现“红水、蓝绿水、黑水”等问题，保证水质纯净，对人体健康无害。适用于热水输送，其保温性能远优于铜管。

2. 镀锌铁管

镀锌铁管过去是较常用的给水管材料之一。然而，由于镀锌铁管基体与熔融的镀液发生复杂的物理和化学反应，会导致腐蚀并使水中重金属含量过高，对人体健康产生不利影响。目前，我国正逐步淘汰这类管道。

3. 铜管

铜管被认为是水管中的高级品种。铜在化学活性排序中的位次很低，比氢还要靠后，因此具有稳定的性能且不易腐蚀。铜管的优点包括高强度、稳定性好、具备杀菌功能且不易受腐蚀。然而，铜管价格较高，施工难度较大。在寒冷的冬季，铜管极易导致热量损耗，从而造成能源的浪费，使用成本较高。

4. PPR 管

PPR 管作为一种新型的水管材料，具有独特的优势。PPR 管卫生无毒，既可用作冷水管，也可用作热水管。其优点包括价格适中、性能稳定、耐热保温、耐腐蚀、内壁光滑不易结垢，管道系统安全可靠，且不渗透，使用年限可达 50 年。然而，在连接时需要使用专用工具，连接表面需要加热，过长的加热时间或安装不当会导致水流堵塞。

5. PVC 管

聚氯乙烯（PVC）塑料管材是一种现代化的管材。PVC 管的接口通常采用胶粘接。由于其抗冻和耐热能力较差，很难用作热水管道；而且其强度也不适用于水管的承压要求，因此冷水管道中使用较少。此外，PVC 管中的化学添加剂邻苯二甲酸会使其更加坚硬，且对人体健康有负面影响，可能对人体的发育产生不良影响。然而，由于 PVC 管轻便、安装简便、成本低廉，且不易腐化，因此在电线管道和下水管道中得到广泛应用。在本教学环节中，我们将重点学习 PVC 水管的安装。

家居装修中，常用的水管材料有 PPR 水管、钢塑水管和铜管。钢塑管材的价格相对较高，而 PPR 水管的配件价格较钢塑管配件高，铜管价格最昂贵，约为 PPR 管价格的 4 倍。

PPR 管和 PVC 管如图 8-3 所示。

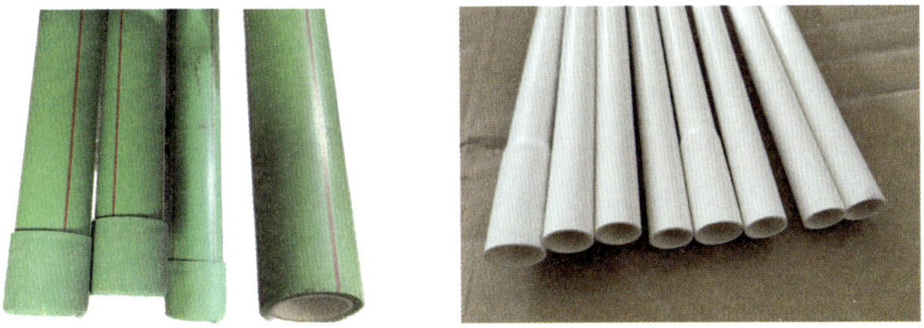

（a）　　（b）

图 8-3　水管的种类

（a）PPR 管　（b）PVC 管

二、水管配件

1. 水管的接头

常用的水管接头有直接、三通、弯头（包含返水弯）、PVC 球阀等，如图 8-4 所示。

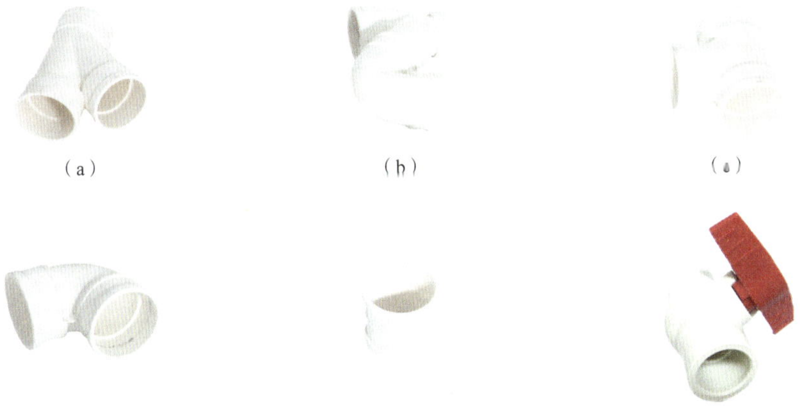

（a）　　（b）　　（c）

（d）　　（e）　　（f）

图 8-4　水管配件

（a）斜三通　（b）返水弯　（c）直三通　（d）90° 弯头　（e）直接　（f）PVC 球阀

（1）直接。

PVC 直接即为连接 PVC 管道而在两管之间所用的接头，有直管、弯管、三分管等。PVC 直接即为直管。

(2)三通。

三通有很多种,这里我们介绍等径三通。等径三通是三通的一种,是管道连接件的一种。等径三通的特点是三个管子的口径相等。等径三通广泛应用于石油化工、石油天然气、液化气、化肥、电厂、核电、造船、造纸、制药、食品卫生、城建等行业的工程建设和检修。

(3)弯头(包含返水弯)。

常规分为 45 度和 90 度弯头,主要用于拐角处,改变水管走向。主要有变径弯头、等径弯头两种类型,如果是等径弯头,它的接头两端的直径是一样的,可以用于两个直径管道的连接。如果是变径弯头,就是两端的直径不一样,一般用于不同直径管子之间的连接。

(4)PVC 球阀。

PVC 球阀主要用于截断或接通管路中的介质,也可用于流体的调节与控制。与其他阀类相比, PVC 球阀具有流体阻力小、耐腐性能优异、延长使用寿命、转动灵活、使用方便等优点。球阀是所有阀类中流体阻力最小的一种,即使是缩径球阀,其流体阻力也相当小。

球阀的安装使用,两端法兰与管路连接时,要均匀拧紧螺栓,防止法兰变形造成泄漏。顺时针方向旋转手柄为关闭,反之为开启。球阀只可用于断流或通流,不宜用于流量调节。

2. PVC 胶水

PVC 胶水是一种新型全透明溶液胶,专为解决透明或白色 PVC 塑料制品难以粘接的问题而设计的。它可以用于塑料与塑料、塑料与金属、塑料与非金属之间的互粘或交叉粘接。PVC 胶水具有室温固化、操作方便、粘接强度高、快速定位、高弹性、胶膜柔软、固化物无毒等多种优点,具备优异的耐水、耐热、耐酸、耐碱、耐腐蚀、耐油和无白化等特性。它广泛用于 PVC、PE、PP、ABS、PS、PMMA、尼龙、海绵、薄膜、金属和非金属等材料的互粘和交叉粘接。PVC 胶水可以解决各种透明或白色塑料制品的难以粘接问题,例如聚氯乙烯(PVC)、聚乙烯(PE)、聚丙烯(PP)、ABS、PMMA、尼龙、海绵、薄膜、泡沫塑料等。它也具有较好的粘接强度对金属和非金属材料,如有机玻璃、竹材、木材、橡胶、金属、织物、纸张等。特别是在塑料与金属、非金属材料的互粘和交叉粘接方面,具有超强的粘接强度。因此,它在家电工业、无线电工业等领域有着广泛的应用。如图 8-5 所示。

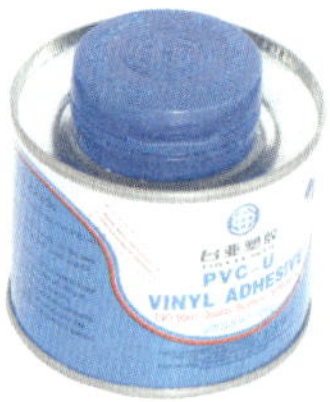

图 8-5　PVC 胶水

三、水管安装工具

1. 钢卷尺

钢卷尺是一种常用的测量工具,用于测量距离。在建筑和装修行业中广泛使用,也是家庭必备工具之一。使用钢卷尺进行家具定制时,可以确保尺寸的准确性,避免定制家具的尺寸与实际可放置位置的尺寸产生误差。钢卷尺内部装有弹簧,因此可以卷起来。在测量长度时，实际上是拉伸了标尺和弹簧的长度。测量完成后，弹簧会自动收缩，标尺也会随之收缩，使得卷尺卷起来。如图 8-6 所示。

2. 手工钢锯

手工钢锯是钳工常用的工具，可用于切割小尺寸的圆钢、角钢、扁钢和工件等。钢锯由锯架和锯条组成，使用时将锯条安装在锯架上。通常将锯条的齿尖朝前安装在锯架上，但如果发现使用时容易卡齿，可以将齿尖朝自己的方向安装，这样可以减轻卡齿问题并延长锯条的使用寿命。使用后，应取下锯条或松开拉紧螺母，以防止锯架变形，延长锯架的使用寿命。锯条分为单边齿和双边齿两种类型，还有粗齿、中齿和细齿等不同规格，以适用于不同材质的切割。为了提高工作效率和避免卡齿问题，切割较硬的材料时使用细齿锯条，切割较软的材料时使用粗齿锯条，对于一般材料，使用中齿锯条。锯条的厚度约为 0.5~0.65 mm，宽度为 10~12 mm，长度有 200 mm、250 mm、300 mm 三种规格。锯架有固定长度和可调长度两种类型，可调长度的锯架有三个挡位，分别适用于不同长度的锯条。如图 8-7 所示。

3. 管剪

管剪也称为 PVC 管子剪刀，主要用于切割不同类型的塑料管材。它是一种常见的生产加工工具，主要适用于 PVC 管材的加工和处理，以满足生产和生活的需求。如图 8-8 所示。

4. 美工刀

美工刀，也被称为雕刻刀或工艺刀，是一种常用的手工工具。它通常由一个细长的金属柄和一系列可替换的刀片组成。刀片通常是非常锋利的，可以精确地切割各种材料，如纸张、纸板、塑料管材、细木等。如图 8-9 所示。

图 8-6　钢卷尺

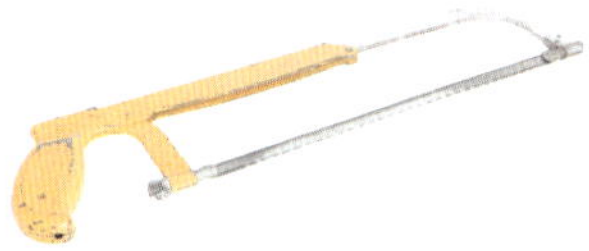

图 8-7　手工锯

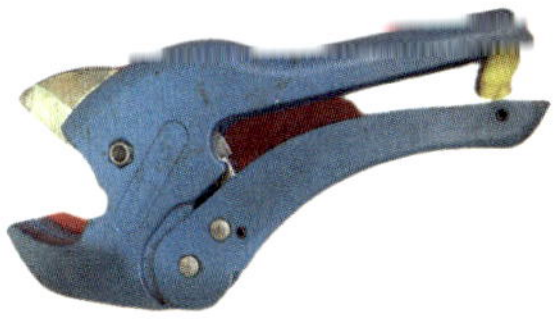

图 8-8　管剪

图 8-9　美工刀

劳动情景

在生活中会看到这样的场景。

（1）家庭新房装修时，水电工师傅负责安装家里的进水和排水管道。

（2）卫生间的水管破裂时，工人师傅会及时更换和维修。

（3）家庭阳台重新装修时，需要正确安装水管管路，并安装一个新的水龙头。

水管的安装和维修是生活中基本的劳动活动之一。我们应该学会使用基本的劳动工具,以正确安装和维修水管,并提高劳动操作技能。

想一想,看一看,说一说

1. 想一想

(1)水管接口处严重漏水是什么原因呢?

可能是因为长期有污垢堵在管道内且水管老化,导致水管接口处破裂,应更换 PVC 水管。也有可能是由于两个管道的接口大小不一致,细水管和粗水管的连接存在问题,导致细水管壁面出现缝隙,在接头处发生渗水现象。时间久了,胶黏剂逐渐松动,漏水问题变得严重。

(2)PVC 管道接口漏水怎么处理?

将 PVC 水管漏水的地方截断,重新套上新的水管接口,然后注入胶黏剂填补缝隙即可。为了加强保护,需要在接口处多做几层防护措施。在漏水处清理干净后,重新涂上 AB 胶,并在管道接口处缠绕一层防水胶带。接着,在胶带表面再涂一层 AB 胶,或者使用水泥砂浆防水剂进行刷涂处理。

(3)PVC 管漏水快速修补方法

①首先关闭自来水阀门,然后观察漏水点,查看破裂处的情况。②根据破裂处的严重程度来判断下一步操作。如果只是有裂纹并有水从裂纹处渗出,修补相对简单。可以前往五金店购买专门用于修补塑料管破裂的胶水,但要注意选择不会污染水质的专业胶水。③如果破裂处的裂口较大,似乎是由碰撞造成的硬伤,无法使用胶水封住,可以测量管道直径,购买一段合适的接头,确保能够套住两端。将漏水处剪除,然后使用胶水黏合接头。④如果观察发现塑料管裂纹已经遍布整段管道,就需要进行整体维修。

2. 看一看

看一看家里水管的安装位置,它们是用了什么材质的水管,找一找这些水管用什么配件连接。

3. 说一说

水管是水电工程中最重要的建材之一,而水管的材质种类繁多,包括 PPR 管、PVC 管、不锈钢管、铜管等。每种材质的水管都有其自身的优缺点,因此在选择时必须根据实际需求进行购买。那么在进行家庭给水及排水安装时,应该如何选择适合的水管呢?

劳动材料准备

(1)水管安装工具。钢卷尺、手锯、管剪、毛刺修边刀、PPR 焊枪、记号笔、插线板

(2)材料。PVC 水管、接头、PVC 胶水

(3)安装对象。阳台/厨房水池水管安装。

教师讲解和示范

1. 管道安装过程

(1)准备。

①材料准备。PVC 水管、管件、专用 PVC 胶、砂纸、卷尺、手锯、管剪。

②检查模型是否正确，然后检查颜色和质量，并计算所需数量；检查安装环境，测量必要的数据，规划安装位置，确定实施计划，并标记关键位置。

（2）清洁。

①清洁安装位置，注意清除垃圾和沙子，保持地面干燥，最后清理管道以避免内部异物。

②根据工程草图，结合实际情况，按预留口位置测量合适的尺寸。

（3）安装。

①根据测量数据，将 PVC 下水管切割成合适的尺寸备用。

注意，切割后的断口应平整，可使用毛刺修边刀或小型手持电砂轮除去断口内外的飞刺，并使用棉布擦拭待粘接部分的水分和灰尘。如果有油污，还需使用乙丙酮除去。

②使用胶水黏合好 PVC 管和水管连接件，如图 8-10 所示。

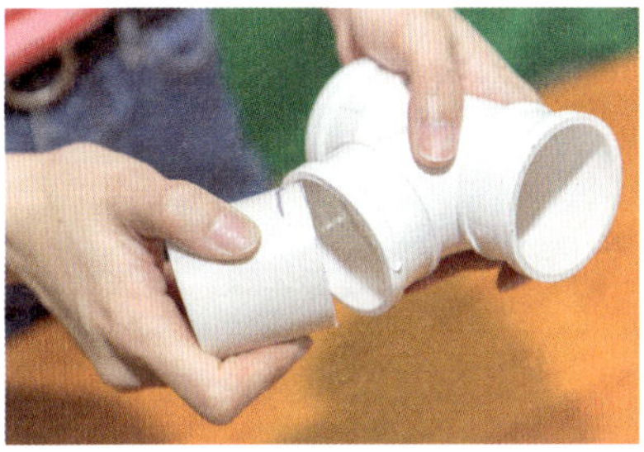

图 8-10　水管连接

视频 8-1　水管连接操作示范

③按照预留的管口位置依次安装管道，并将各个管口连接到正确的位置。

2. 安装注意事项

（1）PVC 水管连接方法。

首先，用砂纸将 PVC 管端外部和管件承口内部打磨，然后用干净抹布擦拭打磨后的毛屑，均匀涂抹胶水，最后将管端插入管件承口内即可完成接合。

（2）在施工过程中，需注意以下事项。

确保使用砂纸进行打磨，且打磨后用毛巾将毛屑擦拭干净，以避免在粘接过程中留下缺陷。此外，胶水的选择也很重要，不要选择劣质胶水或过期胶水，以免产生后续问题。在干管和立管上应尽量使用 PE 管，因为 PE 管具有较长的使用寿命，且其热软化情况可以通过外观观察，焊接质量较易保证；而 PVC 管属于热固性塑料，使用寿命通常较短，在 20~25 年后容易变脆。

生活小知识

家庭装修中，水管改造一般采用走屋顶而不是走地面的方式。冷水和热水出水口必须水平安装，通常左侧为热水，右侧为冷水。水管的铺设要求水平、竖直，布局走向要安全和合理。如果在厨房内安装软水机、净水机、小厨宝等设备，需要提前考虑好上下水管道和电源的位置。冷水和热水管道都应该走墙内，开槽时需要检查槽的深度，并确保冷热水管道不混合在同一个槽内。在安装厨房和卫生间的管道时，需要考虑到墙砖贴好后的最终尺寸，即要预留墙砖的厚度。在设计水管时,还应考虑洗衣机用水龙头的安装位置以及下水布置。同时,需要注意电源插座的位置是否合适。

劳动体验

劳动一　辨别水管配件

如图 8-11 所示,填出水管配件名称。

1. ____________　2. ____________　3. ____________

4. ____________　5. ____________　6. ____________

图 8-11　水管配件识别

劳动二　安装厨房洗碗池下水管

【步骤 1】每 2 名同学组成小组,分发施工图和工具,包括水管、管件、专用 PVC 胶、砂纸、卷尺、手锯、管剪。

【步骤 2】仔细阅读施工草图,选择适合的管件,进行准确的尺寸测量。

【步骤 3】根据需要,将直管切割为相应的尺寸,注意加上插入管件的部分尺寸,使用砂纸打磨配件和水管,如图 8-12 所示。

图 8-12　切割水管

【步骤 4】打开胶水,在管件内涂抹一层胶水,如图 8-13 所示。

【步骤 5】将直管插入斜三通管件并确保牢固，如图 8-14 所示。

图 8-13　涂抹 PVC 胶水

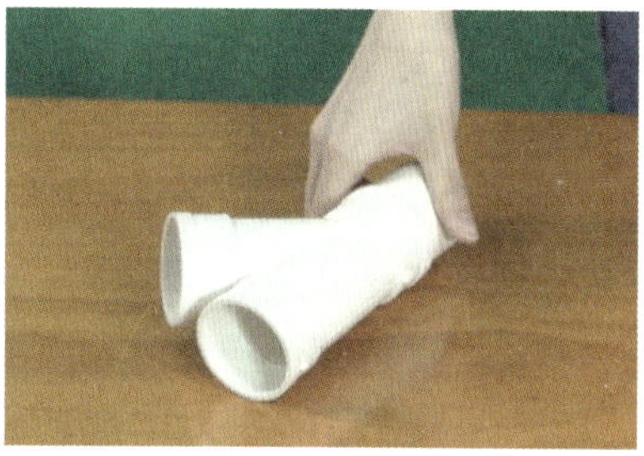

图 8-14　直接与斜三通粘接

【步骤 6】将直管直接插入下方的返水弯，如图 8-15 所示。

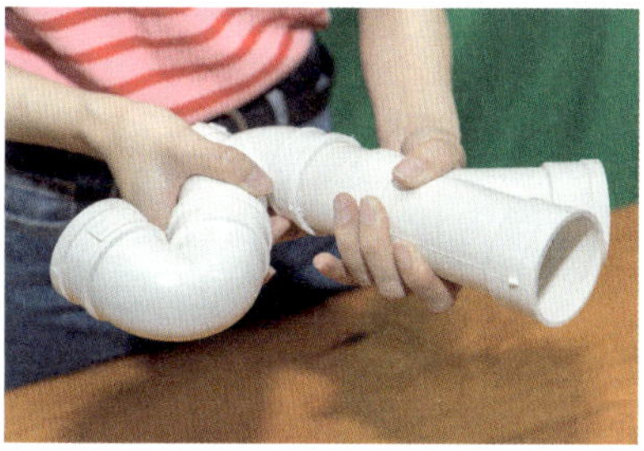

图 8-15　接上返水弯

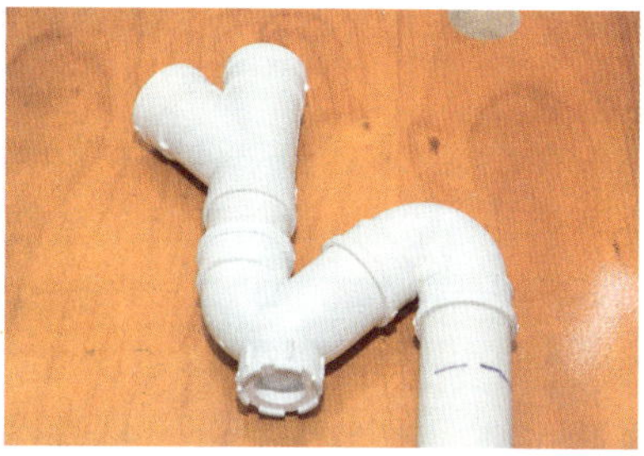

图 8-16　安装完成

【步骤 7】观察已黏合的管件，尽量使三通与返水弯连接处不露出管道，这样可以最大程度降低三通的高度，下水管件接口越低，排水越顺畅。等待胶水干燥（约 1 个小时）后再进行通水测试。安装完成的水管如图 8-16 所示。

表 8-1　水管安装评价

组别：

评价项目	自我评价	小组评价	教师评价	总分值	备注
管件选用正确					
直管切割正确					
胶水涂抹均匀					
安装符合要求					
规范安全操作					

劳动评价

1. 看一看，比一比

相邻学习小组把接好的水管交换参考，比一比切割的长度是否有差别，连接的方式是否正确，并分析原因。

2. 评一评，议一议

根据自评和互评的结果，在空格内填上“优秀”“良好”或“还需要努力”。

劳动安装的完整程度 □□□□□

劳动安装的精确度 □□□□□

劳动安装的认真程度 □□□□□

议一议哪些同学在劳动中的表现比较好。

文明操作小贴士

（1）卷尺可以弯曲，但不要过度弯曲成锐角，以免造成损坏。

（2）在使用卷尺、手锯、修边刀等锋利工具时，要注意避免割伤皮肤。

（3）在连接管件之前，应使用砂纸打磨 PVC 管端的外部和管件承口的内部，然后用干净抹布擦拭打磨下来的碎屑，均匀涂抹胶水，以防止管材在粘接过程中留下缺陷导致漏水现象。

（4）在操作时要尽量迅速，这样可以获得更好的黏结力。

（5）使用黏结剂时，应及时盖紧瓶盖，不使用时要确保密封。黏结剂应远离火源和热源，管道粘接场所应禁止明火和吸烟，并保持良好通风。

（6）使用管剪切割时要注意将剪刀刀片垂直于管轴线（或水平中心线）进行剪切，均匀施加力量，以防止切割歪斜。特别是在使用橡胶环封闭接头时，更要注意，在切割后立即使用铣刀或刮刀除去切口内外的毛刺和棱角。

课后实践

（1）观察家里的排水管安装位置。

（2）实地考察，绘制家庭水管安装线路图。

拓展创新

灌溉是农业生产中一个困难而重要的问题。传统的人工灌溉不仅浪费劳动力进行大规模种植，而且无法准确捕捉土壤水分和土壤温湿度。这在一定程度上导致了灌溉不均和水资源的浪费。为了解决这个问题，智能灌溉系统应运而生。在河南新乡，中国农业科学院农田灌溉研究所开发了智能灌溉管理云平台。该平台集成了多种技术和工具，包括土壤墒情传感器、水肥一体化机、作物需水需肥知识库、灌溉决策模型、天气预报、GIS、视频监测、农事记录以及数据统计分析与可视化等功能。

利用高效灌溉工程技术，该平台实现了从水源到田间、从土壤到作物的全过程水情监测和智能化水肥管理。该平台已经在河南省信阳部分茶园、河北省阜平县自动化灌溉工程等地得到应用。

技术信息

如今市场上的各种耐酸管已经无法满足化工等领域对于高浓度酸性液体的需求，因此管道更换的频率不断加快。为了解决这个问题，许多企业选择采用特殊的耐酸管材料。超高分子量聚乙烯是一种热塑性工程塑料，其平均分子量大于150万，由乙烯和丁二烯单体在催化剂的作用下聚合而成。通过加入相容性抗蚀助剂，超高分子量聚乙烯的耐酸性得到了显著提高。

这种材料具有综合性能优越的特点。它具有出色的耐磨损、耐低温、耐腐蚀、自润滑和抗冲击性能，在所有塑料中耐磨性能最优，超过了聚四氟乙烯、尼龙、碳钢等材料。此外，超高分子量聚乙烯的流动阻力小，不易结垢，具有良好的消音性能，且具备卫生、无毒的特点。由于其重量轻、安装方便，因此被广泛应用于各个领域。它能够长期在-169 ℃~80 ℃的温度范围内稳定工作，被誉为一种“令人惊异”的工程塑料。

项目九　木工制作

劳动指引

木工是一门传统的手艺。在过去，木匠们能够制作出纯榫卯结构的家具甚至房屋，而无需使用钉子和五金。然而，在工业快速发展的今天，人们逐渐适应了使用钉枪和胶水的快速装修方式。机械化生产和快节奏的时代使得许多木制品失去了原本的特色，例如我们日常生活中使用的桌子、椅子和柜子。本项目旨在通过让同学们使用手工木工工具制作木制家具和玩具，让他们在纯手工的环境中体验因工业化而逐渐失去的手工木制品的温暖与魅力。

劳动目标

知识目标

（1）掌握各种木工手工工具的正确使用方法。

（2）掌握基本的图纸识读、划线、锯切、锉削、打磨等木工技能知识。

能力目标

（1）能够熟练、准确地使用各种木工手工工具。

（2）能够熟练运用各种木工技能进行木制品的加工和制作。

思政目标

（1）提高学生的动手实践能力，培养学生的创造性思维，通过团队作业，培养学生相互配合、协助的精神。

（2）践行并发展 STEAM 教育理念，通过传统工具、工艺和技能的学习和训练，向学生讲好中国故事，培养学生对中国传统文化的热爱和全球视野，推动富有中国传统文化气息的新时代劳动教育向前发展。

工作、生活中的木工

我国是一个具有悠久历史的国家，拥有丰富的文化传统。其中，木工技艺是一项传统文化瑰宝，展现了劳动人民的无穷智慧。木工是一种工艺，以木材为基本制作材料，通过锯、刨、凿、插接、黏合等工序进行造型。这项工艺使用了常见的手工工具，如锯子、刨子、凿子，以及曲尺、墨斗和建筑中的榫卯结构，如图 9-1，图 9-2 和图 9-3 所示。据说这些工具和技术是鲁班从生产实践中得到启发，经过反复研究和试验后发明的。木材因其质地坚固、富有弹性、易于加工，以及制品经久耐用的特点，在生产和生活中得到了广泛应用。我们的生活几乎与木工密切相关，比如木把、桌台、橱柜、房屋门窗等。在木工制作过程中，和机械加工一样，需要进行夹持、锯切、锉削、磨光等工序。只要有锯子、夹子、凿子、木锉刀、砂纸、木蜡油、木工胶等工具,大部分手工木作的加工都可以实现。

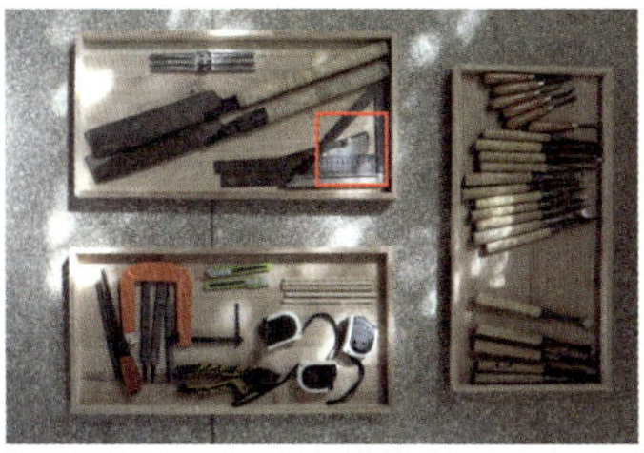

图 9-1 曲尺

图 9-2 墨斗

图 9-3 榫卯结构

劳动情景

木工制作可以加工出什么样的物品呢?

(1)工艺品或小摆件,如木梳。

(2)家具,如桌子、椅子。

(3)玩具,如鲁班锁。

想一想,看一看,说一说

1. 想一想

(1)什么是微木工?

只用小线锯、小刀、砂纸等基本的工具,就可以做出非常有趣的家居小物件,感受木工制作的乐趣。

(2)木工制作需要运用到哪些学科的知识?

木工制作不是一件容易的事,需要数学、物理、艺术、工程等多种学科知识的综合运用,木工制作是一门综合性学科。

2. 看一看

手工制作的木工产品通常具有独特的工艺和细节,因为它们是由人工操作完成的。手工制作的作品会显示出手艺人的技巧和创意,具有更多的个性和艺术感。每件手工作品都是独一无二的,是带有温度和灵魂的作品。

3. 说一说

如果让你自己动手做一把小木椅,你会如何确保椅子的椅面是水平的?你会如何使用各种木工工具?

劳动材料准备

(1)木工工具。单面木柄小手锯、木锉刀、木工凿、G 字夹、手工锯架,每个学生配备一套工具。

(2)材料。练习用的木头,每个学生一块。

教师讲解和示范

1. 木工工具

（1）单面木柄小手锯。单面木柄小手锯是一种只能使用一边进行切割的工具，它的锯齿是纵向排列的，手柄采用木制材料制成，如图 9-4 所示。

图 9-4　单面木柄小手锯

视频 9-1　单面木柄小手锯的使用方法

（2）木锉刀。木锉刀是用于锉削木材的孔眼、棱角、凹槽或修整不规则表面的工具，如图 9-5 所示。

图 9-5　木锉刀

视频 9-2　木锉刀的使用方法

（3）木工凿。木工凿是用于在木材上凿洞或挖出凹槽的工具，如图 9-6 所示。

图 9-6　木工凿

视频 9-3　木工凿的使用方法

（4）G 字夹。G 字夹是一种金属工具，采用 G 字形设计，用于夹持各种形状的工件、模块时进行固定，如图 9-7 所示。

图 9-7　G 字夹

视频 9-4　G 字夹的使用方法

（5）手工锯架。手工锯架是一种用于切割木材或 PVC 管道的木工工具，如图 9-8 所示。

图 9-8　手工锯架

视频 9-5　手工锯架的使用方法

2. 木工工具使用方法

(1)单面木柄小手锯的使用方法。

①将大拇指贴在绘制的铅笔线上,将锯子放置好并固定后,开始沿着铅笔线锯割。

②握持锯子时,手不要太靠近锯片。虽然每个人的习惯略有不同,但一般来说,手最好放在把手的 2/3 位置。

③眼睛和锯子的位置要保持在同一直线上,轻轻握住把手,夹紧手臂,使锯子保持稳定,然后开始锯割。

(2)木锉刀的使用方法。

①木锉刀的握持方式是:右手掌心抵着锉刀木柄的端头,大拇指放在锉刀木柄的上方,其余四指弯曲在木柄的下方,用大拇指配合握住锉刀木柄。左手的握持方式可根据锉刀的大小和需要施加的力量轻重而采取多种姿势。

②在使用木锉刀时,锉削的方向应与木纹垂直或成一定角度,向前推锉时用力向下压,以完成锉削。但要避免上下晃动,回锉时则不需要施加力量,以免使锉刀齿变钝。

(3)木工凿的使用方法。

①左手握住凿柄,将凿刃放在要凿的横线附近,使凿刃斜面向外。

②木工凿应保持垂直,并用锤子有力地敲击凿顶,使凿刃垂直地进入木料中,这样木料纤维就会被切断。然后拔出木工凿,稍微向前移动一点斜向下敲击一下,以清除孔中的木屑。

(4)G 字夹的使用方法。

①旋转 T 型拧杆,将螺杆旋转打开,将夹口固定在需要固定的物体上,然后将螺杆旋紧。

②活动夹持头要紧贴在被夹持的物体上,以保持平衡,并确保物体受力均匀而不受损。

(5)手工锯架的使用方法。

①旋转松紧开关,安装好锯条,将锯条对准需要锯切的木头位置,开始进行锯切。

②手工锯架不能用于锯切铁、铜、铝、钢等金属材料。

生活小知识

榫卯结构是古代木工技艺的一种,常见的方法是通过一种凹凸处理的方式,而不使用金属钉子来连接相互的两个木件。若榫卯使用得当,两块木结构之间能够紧密扣合,达到“天衣无缝”的程度。在中国家具中,榫卯是主要的连接方式,用于将各个部件连接起来。如果你喜欢玩智力玩具,那么一定听说过鲁班锁。鲁班锁,又称为八卦锁、孔明锁,是中国古代传统的土木建筑固定结合器,也是在中国民间广泛流传的智力玩具,它起源于古代中国建筑中的榫卯结构。鲁班锁完全依靠自身的结构连接支撑，无需使用钉子或绳子，就像一张纸折叠后能够自立，展现了一种看似简单却凝聚着非凡智慧的特点。

劳动体验

劳动一　手工 DIY 榫卯小凳子

图 9-9　小凳子成品

【步骤 1】将木工工具和小凳子组装部件各一套分发给每个同学，小凳子成品如图 9-9 所示。

【步骤 2】使用手工锯架在榫头中心锯出一个字形状，对 4 个榫头都要进行切割，大约深度为 2 cm。然后在榫头和凳面的榫眼上涂抹木工胶，如图 9-10 所示。

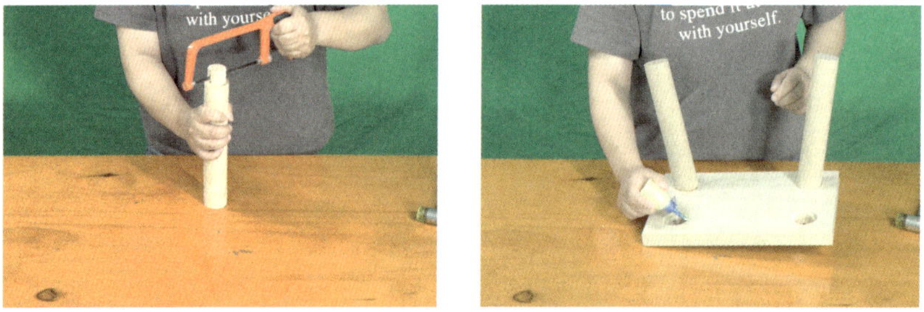

图 9-10　劳动一步骤 2

【步骤 3】将榫头和凳面组装在一起，榫头朝上，凳面位于中间。接着在切割的槽口中缓慢地注入木工胶，直至无法注入为止，木工胶如图 9-15 所示。然后使用锤子将木楔安装到切割的字形槽内，如图 9-11 所示。

【步骤 4】等待木工胶干燥后，使用单面木柄小手锯锯掉榫头多余部分，如图 9-12 所示。

图 9-11　劳动一步骤 3

图 9-12　劳动一步骤 4

【步骤 5】将水笔笔芯垫高 1~2 cm，在凳腿下端画一个圆，画出凳腿与地面接触的平面。然后使用单面木柄小手锯锯掉底部多余的木材，如图 9-13 所示。

图 9-13　劳动一步骤 5

图 9-14　劳动一步骤 6

【步骤 6】使用木锉刀和木工凿对凳子各个部分的棱角进行局部精修，然后按照 320 #、600 #和 1000 #的标号顺序使用砂纸对整个凳子进行打磨，砂纸如图 9-18 所示。然后使用布条均匀地涂抹蜂蜡，最好涂抹两次，涂抹时间间隔为 1 天以上，蜂蜡如图 9-16 所示，布条如图 9-17 所示。

图 9-15　木工胶

图 9-16　蜂蜡

图 9-17　布条

图 9-18　砂纸

视频 9-6　小凳子制作

劳动二 手工 DIY 鲁班锁

图 9-19 鲁班锁成品图片

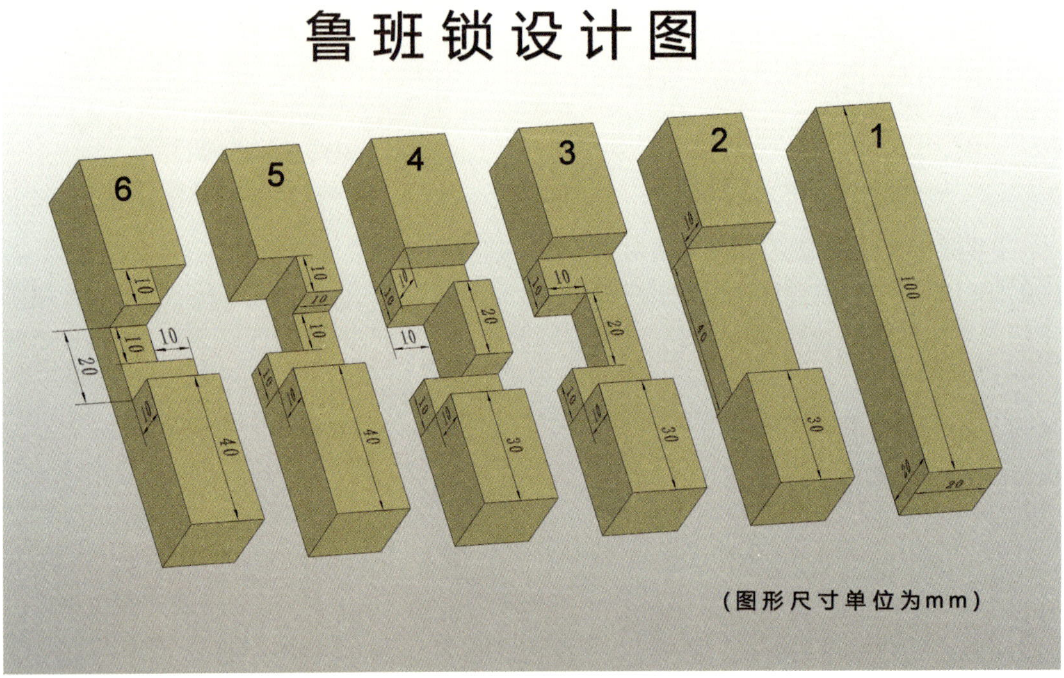

图 9-20 鲁班锁设计图

【步骤 1】每五个同学组成一组，每组分发木工工具一套，鲁班锁组装部件一套，制作鲁班锁，成品如图 9-19 所示，设计图如图 9-20 所示。

【步骤 2】每位同学使用黑色铅笔在分配到的木头上按照设计图尺寸划线，标注好相应的数字，如图 9-21 所示。

【步骤 3】使用 G 字夹将每块木头夹紧在桌子上，使用手工锯架锯掉斜线填充部分的多余木材，如图 9-22 所示。

图 9-21　劳动二步骤 2

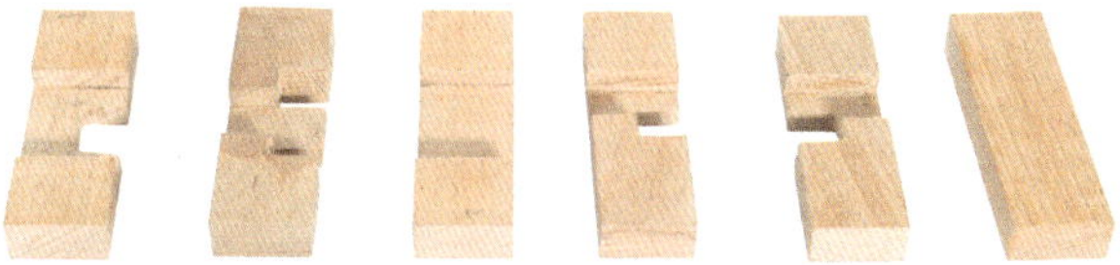

图 9-22　劳动二步骤 3

【步骤 4】每块木头锯好后，使用凿子和木锉刀修整每块木头的棱角。

【步骤 5】对每块木头进行砂纸打磨，打磨完毕后，在每个面上均匀涂抹蜂蜡，如图 9-23 所示。

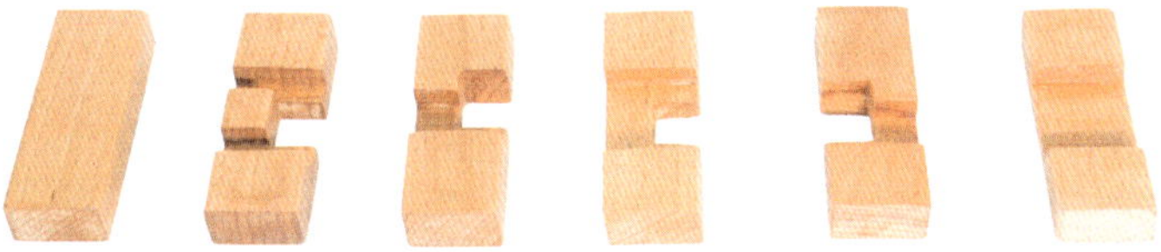

图 9-23　劳动二步骤 5

【步骤 6】每组安排一位同学将加工好的木头组装成鲁班锁。

视频 9-7　鲁班锁制作

劳动评价

1. 看一看，比一比

每位（组）同学将自己（小组）制作的木工小作品与其他同学交换参考，比较彼此制作的作品在外观和使用情况上是否存在差异，并分析原因，填写下列评价表，如表 9-1、表 9-2 所示。

表 9-1　榫卯小凳子制作评价

学生姓名：

评价类型	评价项目		
	工具使用熟练程度	技术要领掌握情况	成品效果
自评			
他评			
评价分为“优秀”“良好”或“还需要努力”			

表 9-2 鲁班锁制作评价

学生姓名：

评价类型	评价项目		
	工具使用熟练程度	技术要领掌握情况	成品效果
自评			
他评			
评价分为"优秀""良好"或"还需要努力"			

2. 评一评，议一议

根据自评和互评的结果，在空格内填上"优秀""良好"或"还需要努力"。

木工制作的完整程度 □□□□□

木工制作的精确程度 □□□□□

木工制作的认真程度 □□□□□

木工制作的创新程度 □□□□□

议一议哪些同学在劳动中的表现比较好。

文明操作小贴士

（1）所用木工工具应妥善存放在工具箱内，加工材料应放置在工作区域，不得随意摆放。

（2）木锉刀不能用来锉金属材料，也不能用作撬棒或敲击工件，否则容易损坏工作面。

（3）放置木锉刀时，不要使其露出工作台面，以防止锉刀跌落伤脚，并且不能将锉刀与其他锉刀或量具叠放。

（4）使用手工锯架锯割木材时，务必确保木材牢固固定且锯条正确安装，手指不得接触锯齿，当锯料即将断开时，不可施加过大的力量。

课后实践

（1）在课堂上，如果同学们已经能够熟练地运用木工工具制作小凳子和鲁班锁，那么课后他们可以尝试运用这些木工工具来制作一些木质工艺小摆件，如图 9-24 所示。

（2）同学们可以利用课余时间参观家具店，观察其中的桌子、凳子和柜子，感受机械制作和手工制作木作之间的不同之处。

图 9-24 木质工艺小摆件

拓展创新

提到木匠，我们知道鲁班是木匠技艺的奠基人。木匠在我国的艺术发展方面一直处于世界领先地位。然而，我们对木匠的印象往往停留在传统的手工活中，而不了解现代木艺随着工具的发展已经发生了巨大变化。传统的木匠活在现代已经逐渐减少,取而代之的是现代化的木艺。引入现代机械家具生产线实现了木工产品的机械化生产,不仅能够制作出展现技艺的高档家具,还能实现家具的大规模生产。那么,如何实现生产工艺的自动化呢?主要依靠工业机器人进行搬运,并借助先进的加工设备进行木材加工,如图9-25,图9-26所示。

图 9-25 工业机器人

图 9-26 先进的加工设备

技术信息

北京故宫由明朝皇帝朱棣建造,设计者名叫蒯祥。蒯祥根据朱棣的要求和选址的特点,提供了一份令朱棣非常满意的设计稿。凭借着这份设计稿,工匠们开始着手建造故宫。整个建设过程中,明朝共雇佣了100万名民工,历时14年最终完成了拥有9 999间半房屋的故宫。尽管木材有腐败的隐患,但故宫至今已有数百年的历史,其建筑所使用的木材却未腐烂。这是为什么呢?原因可以归结为四个方面:首先,紫禁城所选用的楠木本身不易腐烂;其次,与南方相比,北京的气候干燥寒冷,减少了白蚁等喜食木材的昆虫的存在;第三,故宫的木材经过涂漆处理,能够有效吸收空气中的水分和微生物;最后,故宫的排水系统设计良好,墙壁上的通风孔数量充足,这也保证了故宫的木材不易受潮湿空气的损害。

项目十　变速自行车链条安装与维修保养

劳动指引

具备日常生活需要的基本劳动技能，形成良好的劳动习惯，为将来的生产、生活奠定基础。选择几项工业生产项目，如木工、金工、电子等，进行简单产品模型或原型的加工，初步体验工业生产劳动过程；熟悉所选项目的工具特点、设备特点。识读简单的产品技术图样，根据图样制作产品的模型或原型，完成产品模型或原型的组装、测试、维修维护。

劳动目标

知识目标

（1）掌握变速自行车链条的安装与维修保养方法。

（2）掌握变速自行车链条拆卸工具的使用方法。

能力目标

（1）具备日常生活中自行车的基本维修能力。

（2）具备使用日常维修工具的能力。

思政目标

（1）掌握基本的劳动知识和技能，正确使用常见劳动工具，增强体力、智力和创造力，具备完成一定劳动任务所需的设计和操作能力，以及团队合作能力。

（2）能够自觉自愿、认真负责、安全规范地参与劳动，坚持不懈。培养诚实守信、吃苦耐劳的品质。珍惜劳动成果，培养良好的消费习惯，杜绝浪费行为。

工作、生活中的链传动

一、变速自行车链传动机构

变速自行车的链传动机构是一种通过链条连接齿盘和飞轮的传动系统，用于调整自行车的传动比，以实现不同的速度和阻力。链传动机构由以下 4 个主要组成部分构成。

（1）牙盘。牙盘是固定在踏板轴上的齿轮组件，常见的有单片牙盘、双片牙盘和三片牙盘。不同牙盘的齿数和大小决定了传动比，影响着自行车的速度和爬坡能力。

（2）飞轮。飞轮是后轮轴上的齿轮。它与牙盘通过链条连接，传递动力到后轮。飞轮通常具有不同数量的齿数，与牙盘相匹配，以提供不同的传动比。

（3）后拨（后变速器）。后拨是安装在后轮轴或后轮毂上的变速装置。它包含一系列齿盘和飞轮，通过改变链条在不同齿盘和飞轮之间的位置，实现不同的传动比。骑手通过手动操作变速拨片或变速杆来调整后拨的齿盘和飞轮的选择。

（4）链条。链条是连接齿盘组和飞轮的重要部分。它由许多个连续的链节组成，每个链节上有一个连接销和滚珠，使得链条能够在齿盘和飞轮的齿槽中运行。

通过操作变速拨片或变速杆，骑手可以将链条从一个牙盘和飞轮组合切换到另一个，从而改变传动比。这样可以轻松调整骑行阻力和速度，以适应不同的路况和骑行需求。

二、自行车链条长度的确定

根据牙盘数量的不同，自行车链条的组成结构分为三种，分别为单片牙盘链条组成结构、双片牙盘链条组成结构和三片牙盘链条组成结构。因此，链条长度的确定方式也各不相同。下面我们将详细介绍每种结构的链条长度确定方法。

（1）单片牙盘链条组成结构。常见于旅行车和折叠车的牙盘。如图 10-1 所示，链条不穿过后拨，经过最大牙盘和最大飞轮后，形成一个完整的圈，然后留出 4 节链条。

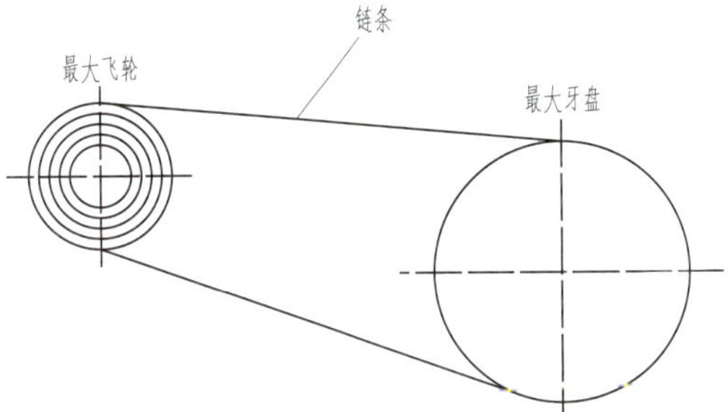

图 10-1　单片牙盘链条组成结构

（2）双片牙盘链条组成结构。常见于公路车牙盘，也有一些折叠车和山地车从 2010 年开始采用双盘设计。如图 10-2 所示，链条穿过后拨，经过最大牙盘和最小飞轮后，形成一个完整的圈。张力轮和导向轮所形成的直线于地面交叉所形成的角度应小于等于 90°。这样得到的链条长度为最佳链条长度。

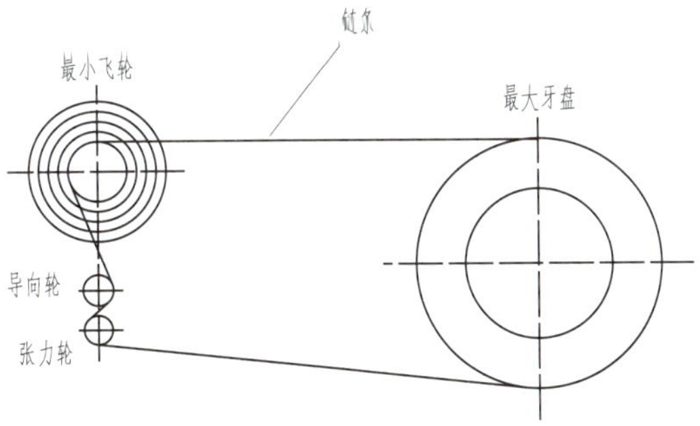

图 10-2　双片牙盘链条组成结构

（3）三片牙盘链条组成结构。常见于山地车牙盘，也有一些公路车牙盘采用三片盘的设计。如图 10-3 所示，链条不穿过后拨，经过最大牙盘和最大飞轮后，形成一个完整的圈，然后留出 2 节链条。

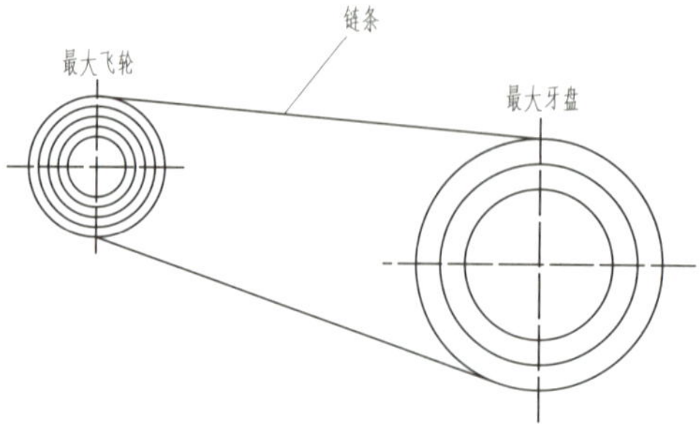

图 10-3　三片牙盘链条组成结构

三、链条的安装

在确定链条长度后，接下来是链条的安装。需要注意的是，一些链条具有正反两面，一般情况下，字面朝外即为正确的安装方式，如图 10-4 所示。自行车链条安装步骤如下。

图 10-4　部分链条正确的安装方式

（1）准备工具。安装自行车链条所需的工具包括链条连接工具（如锁链钳或销钉工具）以及可能需要的螺丝刀或扳手。

（2）确定链条长度。根据自行车的牙盘和齿轮组配置，选择适当长度的链条。确保链条长度与自行车的传动系统兼容。

（3）清洁链条。在安装新的链条之前，清洁链条和齿轮组，以去除尘土、油污和其他杂质。可以使用刷子、清洁剂和干布进行清洁。

（4）插入链条。将链条的一端通过后轮的齿轮组，并通过前变速器的牙盘。确保链条的方向正确，使其在齿轮上正确咬合。

（5）链条连接。如果使用链条连接工具，根据工具的使用说明，正确安装链条连接环或销钉。如果链条连接方式是螺母和螺纹销钉，使用相应的工具将它们紧固。

（6）检查链条张紧度。在安装完链条后，检查链条的张紧度。合适的链条张紧度是，当自行车后轮悬空时，链条能够在上下移动大约 1~2 cm。

（7）润滑链条。在安装完链条后，使用适当的自行车链条润滑剂涂抹在链条上。润滑剂可以提供良好的链条运转和防止链条的生锈。

四、链条接头铰接方式

链条接头铰接方式是指将自行车链条的两个端部连接在一起的方式。常见的链条接头铰接方式有以下 3 种。

（1）锁链接头。这是一种便捷的链条连接方式。它通常由一个特殊的连接环组成，可以快速将链条的两端插入连接环中，并使用力将连接环关闭。这种方式不需要专用工具，方便快捷。

（2）钉式连接。这是传统的链条连接方式，它使用链条上的销钉将两个链节固定在一起。安装时，销钉通过链节的孔洞，然后通过切断或锉平销钉的一端来确保连接的稳固。

（3）锁螺母连接。这种连接方式适用于某些特殊型号的链条。它使用一个螺母和一个螺纹销钉将链条的两个端部连接在一起。通过旋转螺母，可以使螺纹销钉与链节紧密连接。

无论使用哪种链条接头铰接方式，都需要确保连接牢固、稳定，以确保链条的顺畅传动和安全骑行。在进行链条连接时，应仔细阅读和遵循相关的安装指南，以确保正确的铰接方式和操作。对于链条的连接处，需要注意接头的铰接方式，确保选择正确的接头铰接方式，如图 10-5 所示。如果忽略了正确的接头铰接方式，会导致无法安装，如图 10-6 所示。

图 10-5　正确的接头铰接方式

图 10-6　错误的接头铰接方式

劳动情景

在生活中，我们经常会遇到以下劳动场景。

（1）自行车作为一种常见的交通工具，给我们的出行带来了便利。那么，在日常生活中，我们应该如何维护和保养自行车的链条呢？

（2）在骑行过程中，有时会发生链条脱落的情况。那么，当链条掉落时，我们应该采取怎样的措施呢？

想一想，看一看，说一说

1. 想一想

什么是链传动？

链传动是一种常见的传动方式，它由链条和链轮（包括小链轮和大链轮）组成。通过链轮的齿与链条的节相互啮合，实现运动和动力的传递。链传动在机械制造领域被广泛应用。

2. 看一看

日常生活中，你见过除自行车以外的链传动机构或机器么？

3. 说一说

链条的分类及链传动。

链条的分类，按用途不同可以分为传动链、输送链和起重链。在一般机械传动中，常用的是传动链；输送链和起重链主要用在运输和起重机械中。

链传动是一种常见的传动方式，它由链条和链轮（包括小链轮和大链轮）组成。通过链轮的齿与链条的节相互啮合，实现运动和动力的传递。链传动在机械制造领域被广泛应用。

劳动材料准备

（1）维修工具。截链器（打链器）、老虎钳、尖嘴钳、起子等。

（2）材料。自行车及链条。

（3）维修对象。自行车链条。

教师讲解和示范

1. 链条拆卸工具

拆卸链条需要使用专门的工具，称为截链器或打链器。如图 10-7 所示。通过使用截链器，可以将链条剪断成所需长度，便于安装或更换链条。它通常由坚固的切割刀片和手柄组成，可以轻松而准确地截断链条。使用截链器时，需要将链条放入合适的位置，然后用力操作截链器，将切割刀片压入链条中，最终实现链条的截断。截链器是自行车维修中必备的工具之一，能够方便快捷地进行链条的拆卸和更换。

图 10-7　截链器

截链器的重量通常较轻，一般在几十克至百克之间，具体取决于材质和设计。截链器通常由高强度的合金材料（如钢或铝合金）制成，以确保其坚固和耐用性。截链器适用于大多数自行车链条，包括常见的单速链条和多速链条（如 6、7、8、9、10、11、12 速等）。不同型号的截链器可能具有不同的链条适用范围，请根据所需链条规格选择适合的截链器。

2. 链条拆卸步骤

（1）将链条放入截链器的卡槽内，旋转手柄，使顶针对准链条的销轴，如图 10-8 所示。

（2）用力旋转手柄，将销轴顶出销孔，如图 10-9 所示。

图 10-8　链条放入截链器

图 10-9　旋转手柄

（3）没有销轴连接的链条会自然断开，如图 10-10 所示。

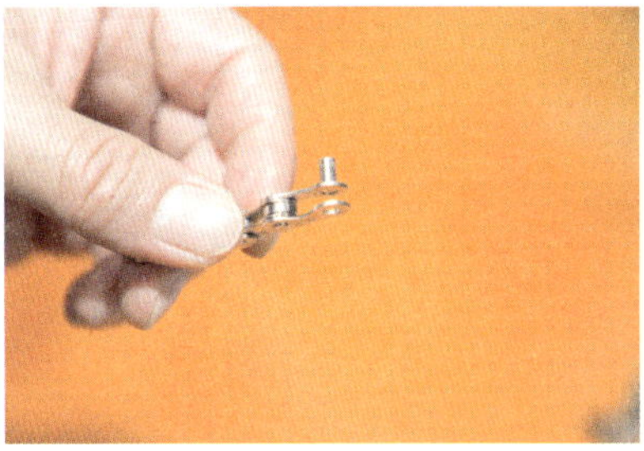

图 10-10　链条自然断开

视频 10-1　链条拆卸方法

3. 链条安装步骤

(1)将销钉插入链条的孔内,如图 10-11 所示。

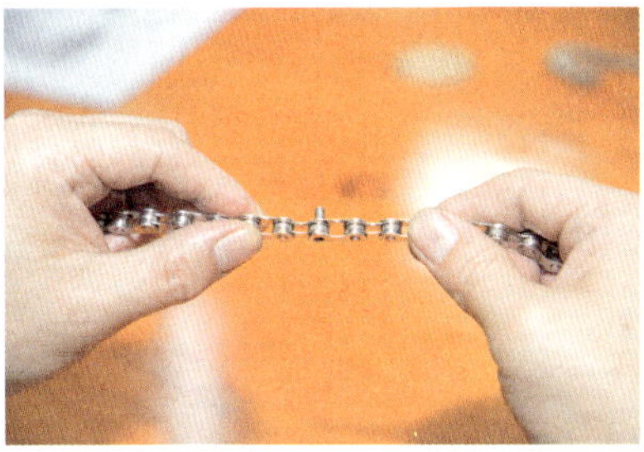

图 10-11　销钉插入链条孔内

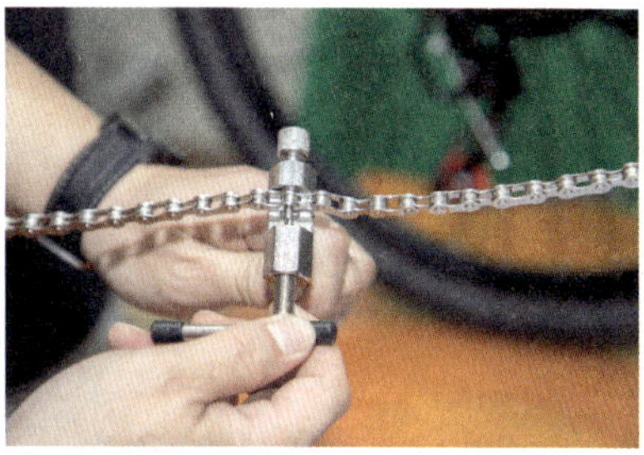

图 10-12　销钉压入链条 1

(2)使用截链器将销钉压入链条内,如图 10-12,图 10-13 所示。

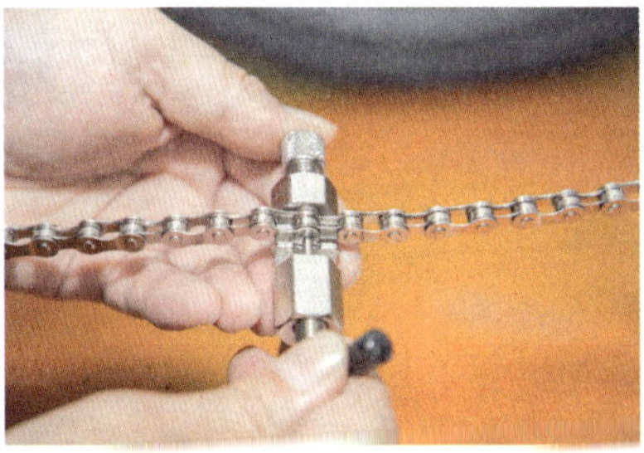

图 10-13　销钉压入链条 2

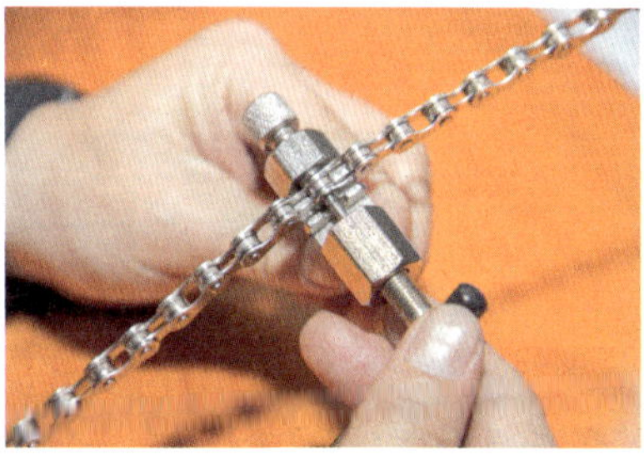

图 10-14　销钉完全压入

(3)当销钉被完全压入时,处于正确位置的销钉会给予明显的手感,表示已达到正确位置,如图 10-14 所示。

(4)安装完成后,手动转动链条,检查是否转动顺畅。若没有卡顿或不灵活,说明安装正确。图为正确的销钉位置,如图 10-15 所示。

图 10-15 安装正确的链条

视频 10-2 链条安装方法

生活小知识

有些链条采用了插接式的设计，安装后多余的销钉可以轻松拔出。然而，大部分链条并不具备这种设计，而是采用了魔术扣。如果你经常拆洗链条，也可以选择使用魔术扣，但要确保选择适合链条宽度的魔术扣。

劳动体验

劳动一 安装山地自行车链条

【步骤 1】将链条穿过前拨，并挂在最小的牙盘上，如图 10-16 所示。

【步骤 2】将链条挂在后拨的最小飞轮片上。请注意，链条必须挂在最小的牙盘片和飞轮片上，以确保链条长度合适，如图 10-17 所示.

图 10-16 劳动一步骤 1

图 10-17 劳动一步骤 2

【步骤 3】将链条穿过后拨，并挂在后拨的前导轮上，如图 10-18 所示。

图 10-18　劳动一步骤 3

图 10-19　劳动一步骤 4(1)

【步骤 4】将链条继续穿过后拨，并挂在后拨的后导轮上，如图 10-19，图 10-20 所示。

图 10-20　劳动一步骤 4(2)

图 10-21　劳动一步骤 5

【步骤 5】拉紧链条，但不要让后拨活动太多(越小越好)，确保没有坠链的情况，如图 10-21 所示。

【步骤 6】在没有坠链的前提下，从与链条接头对齐或接近的节点开始，向后数四个节点，第四个节点即为需要截断的位置，如图 10-22 所示。

【步骤 7】使用截链器夹住链条，并截断链条，如图 10-23 所示。

图 10-22　劳动一步骤 6

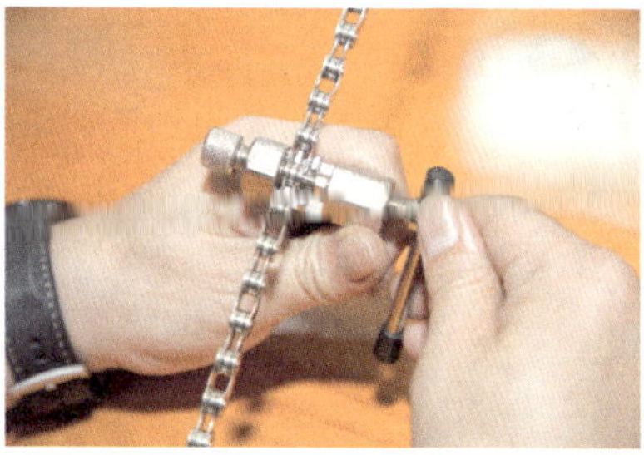

图 10-23　劳动一步骤 7

【步骤 8】将链条的两端连接在一起，如图 10-24，图 10-25 所示。

图 10-24　劳动一步骤 8(1)

图 10-25　劳动一步骤 8(2)

【步骤 9】使用截链器将链条节点处的销钉压入链条内，如图 10-26 所示。

图 10-26　劳动一步骤 9

【步骤 10】在将节点处的销钉压入链条内时，确保销钉与链条外侧平行，没有突出部分。如图 10-27，图 10-28 所示。

图 10-27　劳动一步骤 10(1)

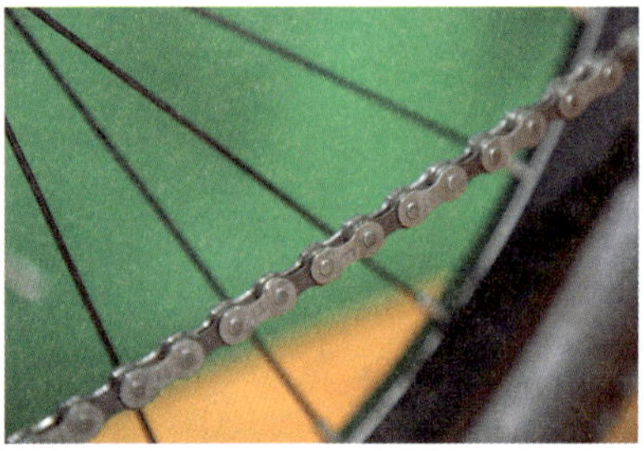

图 10-28　劳动一步骤 10(2)

劳动二　自行车链条脱落后的复原

【步骤 1】将链条从后飞轮上取下。一手握住踏板固定前飞轮，另一手扯直链条，使其与后飞轮的上半部分紧密啮合，如图 10-29 所示。

图 10-29　劳动二步骤 1

【步骤 2】手动调整链条位置，使其与前飞轮完全啮合，保持链条笔直，如图 10-30 所示。

【步骤 3】向反方向转动踏板，大约转动一周左右，链条会同时与前后飞轮完全啮合。安装完链条后，将整条链条擦干净。如图 10-31 所示。

图 10-30　劳动二步骤 2

图 10-31　劳动二步骤 3

链条掉落后的重新安装，要确保链条与前后飞轮齿片能够正确啮合。链条必须放在当前挡位的飞轮齿片上。如果前变速卡住链条，可以进行变速加减操作，使链条挂在牙盘盘片的上部。随后转动曲柄，链条将完全与盘片咬合。建议选择中间盘片，链条较松，易于操作。

劳动评价

1. 看一看，比一比

自行车链条的安装是否顺利完成？还有没有其他的技巧或方法呢？

2. 评一评，议一议

安装链条的完成程度	□□□□□
安装链条的正确程度	□□□□□
安装链条的认真程度	□□□□□
安装链条的技巧或创新程度	□□□□□

议一议，哪些同学又快又好地完成了链条安装任务，还创新了方法。安装工具的使用方法和功能不止一种，借助其他辅助工具是否能够找到更好的链条安装方法。这是一项有趣的活动，值得大家不断地探索和实践，通过实践锻炼提高劳动技能。

文明操作小贴士

（1）自行车链条安装过程中，车身要作好可靠的支撑，以免造成自行车倾覆。

（2）牙盘如果磨损严重，更换链条时要及时更换牙盘，以免更换链条时受伤。

（3）及时整理、清洁工作场地，妥善处理垃圾。

课后实践

（1）课后可去售卖自行车实体店、维修店，观察自行车链条与牙盘的多种结构和变速挡位。

（2）到维修店或网上了解几种不同截链器和维修保养工具的使用。

（3）自己有山地自行车时，做好日常保养；如果有链条松懈，可自己试着调整。

（4）如果骑行使用自行车时，出现掉链子。你是否可以修复？

拓展创新

高端发动机的正时链传动系统

正时链传动系统能够准确地将曲轴的转动传递给凸轮轴，是汽车驱动中不可或缺的一部分。用于驱动发动机凸轮轴的正时传动系统可大致分为链传动系统和皮带传动系统两种方式。目前，为了适应发动机的高性能化和提高环保性能（降低油耗）的需求，链传动已经成为主流传动方式。如图 10-33 所示，展示了一个高端发动机所采用的正时链传动系统，有助于大家更好地理解链传动的应用。

技术信息

链传动具有四个显著特点，一是没有弹性滑动和打滑，能保持准确的平均传动比；二是需要的张紧力小，作用于轴的压力也小，可减少轴承的摩擦损失；三是结构紧凑；四是能在温度较高、油污等恶劣环境条件下工作。

与齿轮传动相比，链传动的制造和安装精度要求较低；在中心距较大时，传动结构简单。然而，由于链传动的瞬时链速和瞬时传动比不是常数，传动平稳性较差，在工作中会产生一定的冲击和噪声。

链传动具有准确的平均传动比和高传动效率，适应轴间距离范围广，并可在温度较高、湿度较大的环境中使用。然而，链传动一般只能用于平行轴间的传动，且其瞬时传动比波动，传动噪声较大。

由于链节的刚性，存在多边形效应（即运动不均匀性），这种运动特性会导致瞬时传动比的变化，引起附加动载荷和振动，在选择链传动参数时需要加以考虑。

链传动广泛应用于交通运输、农业、轻工、矿山、石油化工和机床工业等领域。

第四部分　能工巧匠

项目十一　公路自行车的组装与调试

劳动指引

古人云：千里之行，始于足下。人们单靠脚步行走的距离毕竟有限，借助机械才可以更快、更远、更轻松地前行，这成为人们不断追求的梦想。1886 年，英国发明家约翰·斯塔利发明了一种前叉控制方向、通过踩踏转动两个轮子的简易车辆，被称为“现代自行车之父”，英文名“bicycle”，意为两个轮子。自行车是人们旅行、休闲娱乐和竞技体育的重要工具，也代表了时尚生活、绿色出行和环保运动，骑行已经成为现代生活中必备的技能。经过两百多年的发展，凭借人力驱动的自行车仍然风靡全球，为人们带来了"骑乐无穷"的独特享受。

学会组装和调试自行车是一项在日常生活中非常有价值的劳动技能。通过自己组装自行车，我们可以节约车辆购置和组装的成本，选择并安装具有特殊功能的个性化零部件，使我们的"座驾"展现出与众不同的风格和品味。同时，通过科学合理地调试自行车的性能，让我们的爱车与我们的身体协调配合。在骑行时，我们自由呼吸清新的空气，锻炼身体，陶冶情操，随身携带简单便捷的工具，可以快速有效地修理和排除故障，不会影响旅行的愉快心情，同时更加充满成就感，自信地踏上自由骑行的旅程。

任务一　组装公路自行车

劳动目标

知识目标

（1）掌握公路自行车各部分的名称和结构，了解自行车传动机构的机械原理。

（2）学会公路自行车的组装和调试，掌握正确的组装方法和合理的步骤。

能力目标

（1）根据自行车机械结构的特点，正确选择合适的工具，合理使用这些工具组装自行车。

（2）通过小组成员之间的相互配合，锻炼组装自行车的能力。

思政目标

（1）使用合适的工具组装常见的机械设备，是生活必备的技能之一。培养积极动手的好习惯，尝试完成更多具有挑战性的任务，只有积跬步方能至千里。

（2）汽车、摩托车等机动车交通工具会导致环境污染，而电动车电池的回收也是一个环保难题。选择自行车骑行是一种绿色低碳的出行方式，为创造绿水青山的环保型社会环境做出贡献。

工作、生活中的自行车应用

在日常生活中，许多同学都拥有一辆自行车，自行车无疑是价格平易近人且简单便捷的交通工具。平时我们骑自行车去学校上课，周末骑自行车去朋友家串门，假期骑自行车去乡间运动和休闲……在实体店购买自行车时，店员会熟练地使用工具帮助我们组装好，看起来并不困难，这是工人师傅将经验和技术能力相结合的结果。而在网上购买自行车时，价格比实体店便宜，样式和功能也更加多样化。自行车通常不是整体包装，而是分为几个大部件和一些零部件，以缩小运输包装的体积。用户在收到货物后需要仔细阅读并理解安装说明书，拆开包装，使用不同的工具按照正确的步骤组装自行车。通过学习本课程内容并实践锻炼，掌握选择和使用自行车组装工具的方法，我们可以从简单到复杂、从易到难，大胆地动手尝试，成功地组装出属于自己的自行车，享受满满的成就感，如图 11-1，图 11-2 所示。

图 11-1　琳琅满目的自行车商店

图 11-2　等待出售的多辆自行车

劳动情景

在工作、生活中会看到这样的情景。

（1）家里网购了一辆公路自行车，当收到货物后打开包装，发现里面是各种零部件和大小配件。家长拿出工具，耐心地将这些部件组装在一起，虽然手上弄脏了，但家长依然微笑着欣赏自己的劳动成果。如图 11-3 所示，为摆放整齐的自行车。

（2）有些同学喜欢对自己的自行车进行装饰和改造，他们增加了一些辅助配件，比如水壶架、手电、铃铛、工具包和装饰贴等。这些改动让他们的自行车焕然一新，与众不同。当他们骑行时，经常会有人回头看他们的自行车，这让他们对自己的改装成果感到非常自豪，同时也享受着骑行带来的乐趣，如图 11-4 所示。

图 11-3　摆放整齐的自行车

图 11-4　装饰一新的自行车

想一想，看一看，说一说

1. 想一想

（1）什么是自行车？

自行车是一种依靠人力骑行的交通工具，通常由两个轮子组成，并配备了可调节方向的握把。为了使骑行更加轻松，自行车还配备了变速链轮等机构。

（2）自行车主要由哪些部件组成？

自行车主要由六大部件组成，以实现骑行功能。这些部件包括车架、转向握把、车轮、脚踏板、变速传动机构和其他附件。

2. 看一看

观察整部自行车，跟挂图上结构进行对比，了解自行车的各部分名称和形状特点，如图 11-5 和表 11-1 所示。

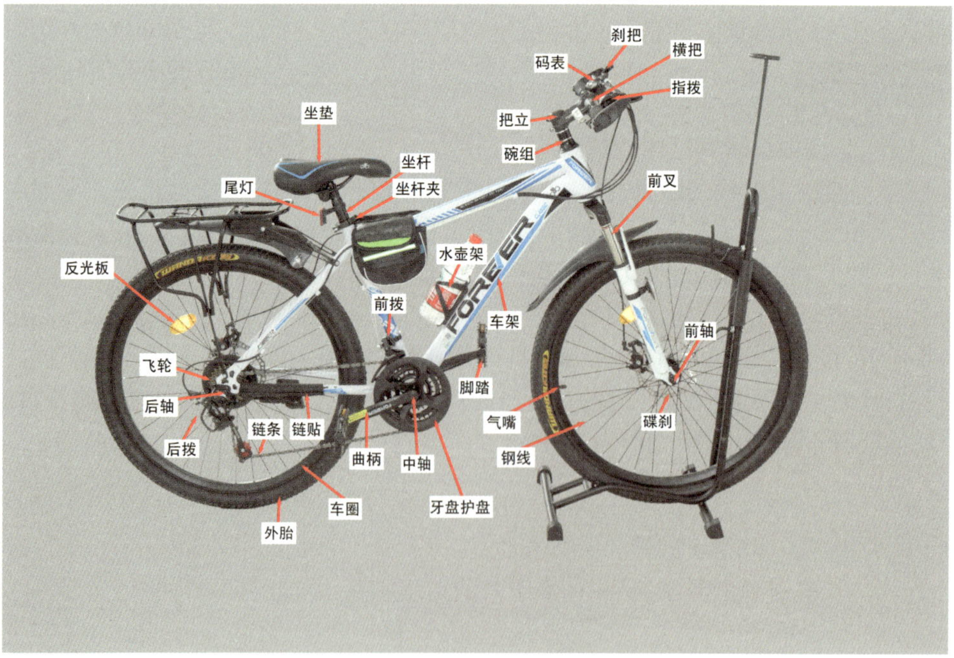

图 11-5　自行车各部分的名称

表 11-1　公路自行车各部位名称列表

1 横把	2 指拨	3 刹把	4 前叉
5 前轴	6 碟刹	7 码表	8 把立
9 碗组	10 水壶架	11 车架	12 钢线
13 车圈	14 外胎	15 坐杆	16 坐杆夹
17 前拨	18 中轴	19 曲柄	20 脚踏
21 牙盘护盘	22 坐垫	23 尾灯	24 反光板
25 飞轮	26 后轴	27 后拨	28 气嘴

3. 说一说

我们身边经常看到许多同学骑着不同种类的自行车,如公路自行车、越野自行车、城市休闲自行车、折叠自行车和“死飞”等。它们在结构、变速和骑行装置方面有哪些不同呢?在野外颠簸的地面上,哪种自行车能够有效减震?在运动赛道上骑行,哪种自行车能提高速度?为什么运动员在比赛中的骑行姿势与我们平时骑车时大不相同?

劳动材料准备

(1)安装工具。一套梅花扳手、一套开口扳手、一套内六角扳手、一套一字和十字螺丝刀、一把 12 吋活络扳手、一套组合工具和其他辅助工具。

(2)安装材料。一套自行车部件,包括车架、车把、车轮、脚踏板、车座和其他附件。

(3)组装对象。公路自行车。

教师讲解和示范

1. 组装自行车所需的工具种类和规格

(1)固定开口扳手的规格和选用方法

固定开口扳手,也称为“呆扳手”,是一种在自行车组装和调试中常用的工具。它主要分为梅花扳手和开口扳手两大类,以及其他特定规格和形状。呆扳手主要用于锁紧外六角螺栓和螺母。在选用时,需根据螺栓六角头的宽度,选择与之匹配的扳手规格。常用的一套扳手系列规格为 6~18 mm 不等,如图 11-6,图 11-7 所示。

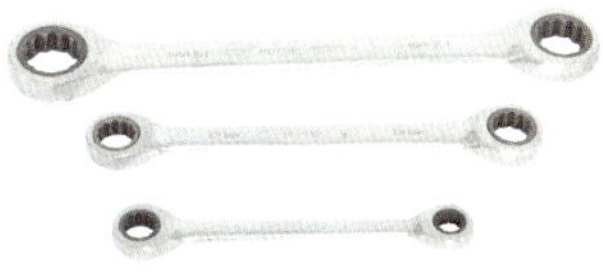
图 11-6　梅花扳手

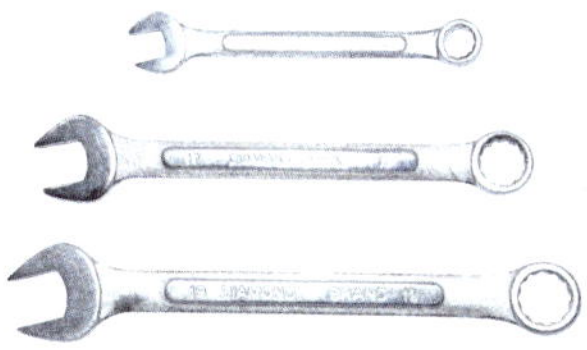
图 11-7　开口扳手

(2)活络扳手因其可调节的开口宽度而著称,具有很强的通用性,适用于各种大小的外六角螺栓和螺母。这类扳手的规格通常按其手柄长度来标注,如 12 吋、16 吋(1 吋=25.4 mm)等,标明对应的最大开口宽度,如图 11-8,图 11-9 所示。

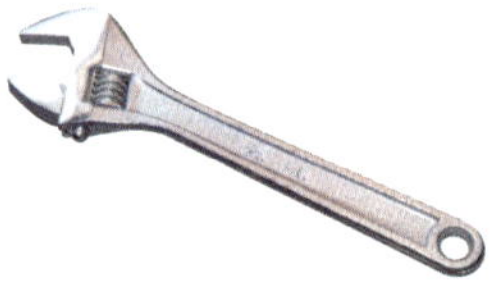

图 11-8　单把活络扳手

图 11-9　多规格活络扳手

（3）内六角扳手的规格和选用方法

内六角扳手专门设计用于锁紧带有内六角形状的螺钉头。选用时，需要依据螺钉头的内六角尺寸来挑选相应的规格。常见的内六角扳手规格有 5~16 mm 的不同规格。这种扳手的设计通常是直角弯形，两端规格相同，但某些型号的一端会制成六角球形，如图 11-10，图 11-11 所示。

图 11-10　单把内六角扳手

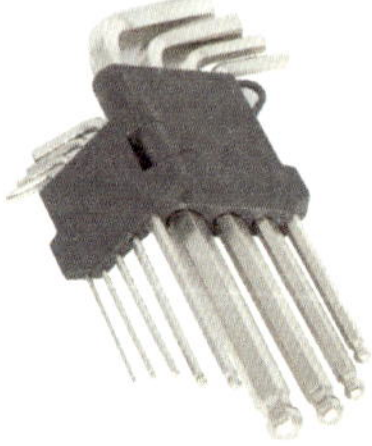

图 11-11　成套内六角扳手

2. 安装工具的使用方法

（1）呆扳手。根据螺栓和螺母的六角头尺寸进行正确选择。梅花扳手占用空间较小，锁紧时多点受力，锁定灵活可靠，不容易打滑和损伤螺栓头的外形。因此，优先选择梅花扳手。开口扳手外形稍大，牢固耐用，使用更加简洁轻便。如图 11-12 所示。

图 11-12　呆扳手

视频 11-1　呆扳手使用操作示范

（2）活络扳手。通过旋转调节旋钮来调整扳手的开口，以适应六角头的形状尺寸。使用时，固定钳口为锁紧端，活动钳口为止定端，握住手柄后部进行锁紧，利用手柄长度作为动力臂。通常情况下，不需要附加加长套筒，如图 11-13 所示。

（3）内六角扳手。内六角扳手专用于拆装和锁紧内六角螺钉。长端用于快速旋进和旋出，动力臂较短；短端用于锁紧，动力臂较长，如图 11-14 所示。

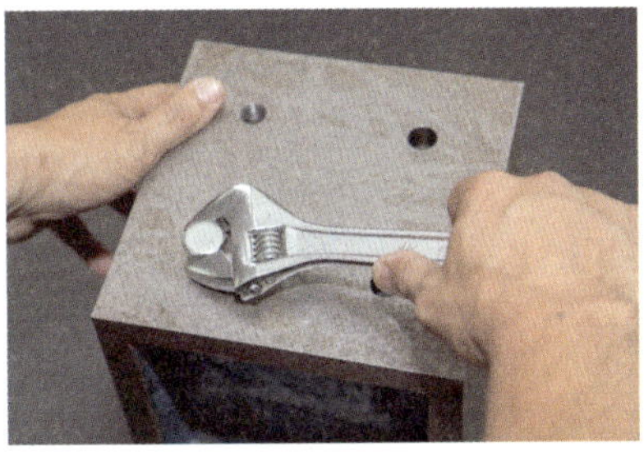

图 11-13　活络扳手

视频 11-2　活络扳手使用操作示范

图 11-14　内六角扳手

视频 11-3　内六角扳手使用操作示范

生活小知识

和常备药箱一样，家庭也需要准备一个常备工具箱。有条件的家庭甚至可以准备一个专用工具桌，打造一个家庭维修空间。在这里，准备一些常用的机械安装工具，如扳手、螺丝刀、锤子、钳子、锉刀等，并将它们进行分类摆放，以备不时之需。这些工具可以帮助我们处理各种机械结构的组装和拆卸任务，例如桌椅、鞋柜、电风扇、音箱、装饰画、水龙头等。凭借这些工具的辅助，我们可以大显身手，将零散的部件组装成完整的结构。在确保安全的前提下，还可以准备一些适用于家庭电路电压的电动工具，如手电钻、角磨机、电烙铁等，以提升我们的技术水平和扩展能力范围。像装配和维修这样的动手技能，和其他生活技能一样，通过实践锻炼后能够得心应手。尽管动手需要一定的时间成本，但这样的投入是以获得精神和物质的价值回报。看看亲手组装出来的各种用品，享受维修和装配工作的成就感，能够给我们带来莫大的劳动乐趣。各种家庭工具如图 11-15，图 11-16 所示。

图 11-15　家庭工具

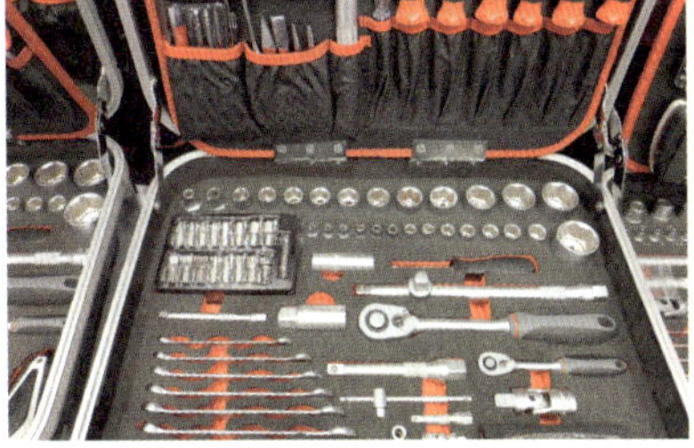

图 11-16　各种常用工具展示

劳动体验

劳动一　车把与车架的组装

【步骤 1】每 4 位同学组成一个学习小组，每个小组分配一套组装工具。

【步骤 2】拆箱检查。将一辆自行车包装箱分配给每个小组，全组同学一起参与自行车的拆箱工作。拆箱后，检查自行车的各个部件，与装箱单进行核对，确保无误。将主体结构的车架组件放置在正向位置，取出车把等部件，根据自行车完成图，观察并确定车把的安装方向，找到适配的安装位置，如图 11-17 所示。

【步骤 3】安装车把立管。选择合适的内六角扳手，逐渐用适当的力量锁紧立管上的螺杆，同时提起车架，直到车把立管没有晃动的感觉，逐步施加适当的力矩进行锁紧，如图 11-18 所示。

【步骤 4】安装车把和车架。选择合适规格的内六角扳手，拆开原车架上的四个内六角螺钉。握住车把，调整好方向，依次安装四个螺钉，并按照对角方向进行锁紧，如图 11-19 所示。

【步骤 5】整理工具。整理使用过的工具，擦拭干净灰尘、油污等杂物，按照原来的位置重新放回工具盒中，如图 11-20 所示。将工作过程的结果记录在表 11-2 中。

图 11-17　步骤 2 拆箱检查部件

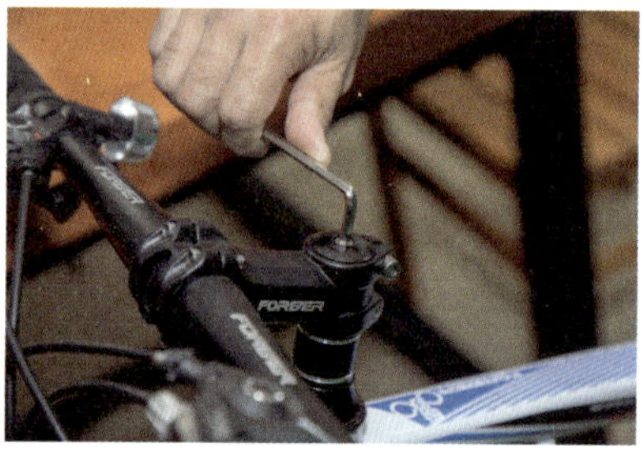

图 11-18　步骤 3 车把立管安装

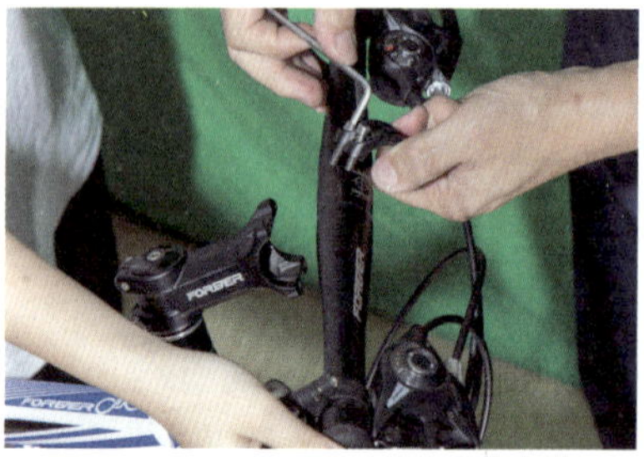

图 11-19　步骤 4 车把和车架安装

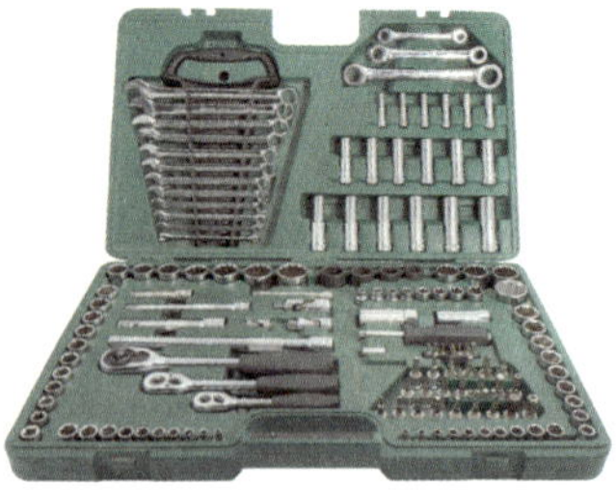

图 11-20　步骤 5 收拾工具归位

表 11-2　车把与车架组装工作记录单

操作步骤	学生姓名	车架	车把	选择工具	拆卸和组装
1					
2					
3					
4					
5					
小组完成情况					

劳动二　前轮组件与车架的组装

【步骤 1】将已安装好车把的车架倒置，放置在平稳的地面上，并在地面上铺上纸皮，以增加稳定性。

【步骤 2】拆开前轮组件。取出前轮组件后，拆开包装。根据图纸，找到正确的安装方向。选择两把合适规格的开口扳手，旋松两边前叉螺母，卸下前叉叉嘴保护杆。保护杆是辅助零件，收好备用，如图 11-21 所示。

【步骤 3】安装前轮组件。将前轮组件沿前轴插入前叉叉嘴，确保小勾放入前叉孔中的垫片上，保持左右两侧螺母位置平衡。使用两把开口扳手同时施加力量，对称地锁紧前叉两端的螺母，如图 11-22 所示。

图 11-21　步骤 2 拆开前轮组件

图 11-22　步骤 3 安装前轮组件

【步骤 4】检查前轮旋转状态。将车架正置，抬起前车轮悬空并进行旋转。外观检查以确保安装完成，正确安装的前车轮应该能够顺畅旋转。如果发现异常故障，需要分析原因，可以重新拆卸前轮组件，按照操作步骤重新安装，如图 11-23 所示。

【步骤 5】工具和辅具归位。整理和检查使用过的工具，擦拭干净灰尘、油污等杂物。将工具按照原来的位置放回原工具套件或工具箱中。拆卸的辅助材料和零件放入杂物箱中，如图 11-24 所示。将工作过程的结果记录在表 11-3 中。

图 11-23　步骤 4 检查前轮旋转状态

图 11-24　步骤 5 工具和辅具归位

表 11-3　前轮组件与车架的组装工作记录单

操作步骤	学生姓名	车架	前轮组件	选择工具	拆卸和组装
1					
2					
3					
4					
5					
小组完成情况					

劳动三　脚踏板与车架的组装

【步骤 1】车架放置。将已安装好车把和前轮的车架正置，并放置在安装架上固定，确保稳定性，如图 11-25 所示。

【步骤 2】区分左右脚踏板。取出脚踏板组件并拆除包装。根据正常骑行方向，区分左右脚踏板。脚踏板通常标注有英文的简写 L 或 R，分别表示左（Left）和右（Right）。相应的踏板轴具有左旋螺纹和右旋螺纹，找到正确的安装方向和位置，如图 11-26 所示。

【步骤 3】安装左右脚踏板。分别安装左旋螺纹和右旋螺纹的踏板轴。按照旋转方向手工旋入踏板，右旋螺纹顺时针旋转方向旋入，左旋螺纹逆时针旋转方向旋入。按照正确的方向旋转，踏板应该顺畅地旋进。然后选择合适规格的开口扳手，分别对左右踏板螺纹进行锁紧，如图 11-27 所示。

【步骤 4】旋转脚踏板带动后轮转动。将车架正置，抬起后轮，并手工分别转动左右脚踏板，观察后轮是否顺畅转动。如果感觉转动轻便顺畅，则安装完成，如图 11-28 所示。工作过程的结果记录在表 11-4 中。

图 11-25 步骤 1 车架放置在安装架上

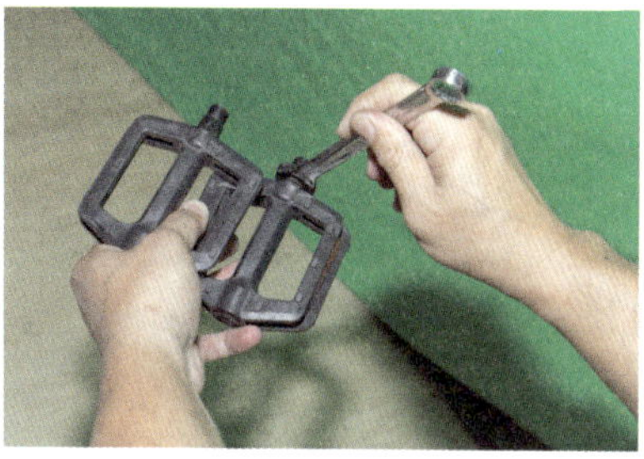

图 11-26 步骤 2 区分左右脚踏板

图 11-27 步骤 3 安装左右脚踏板

图 11-28 步骤 4 旋转脚踏板带动后轮转动

表 11-4 脚踏板与车架的组装工作记录单

操作步骤	学生姓名	车架	脚踏板	选择工具	拆卸和组装
1					
2					
3					
4					
小组完成情况					

劳动四 挡泥板与车架的组装

【步骤 1】车架正置。将车架正置安放平稳，并固定在安装架上，确保稳定性，如图 11-29 所示。

【步骤 2】安装前挡泥板。取出挡泥板组件，区分前后。根据自行车完整图，找到正确的安装方向和位置。选择合适的十字螺丝刀和开口扳手，正确安装螺钉和其他配件，然后锁紧前挡泥板的固定螺钉和螺母，如图 11-30 所示。

图 11-29　步骤 1 车架正置于安装架上

图 11-30　步骤 2 安装前挡泥板

【步骤 3】安装后挡泥板。选择合适的十字螺丝刀和开口扳手，将挡泥板安装在车架的固定座上，然后安装并锁紧后挡泥板的固定螺钉和螺母，如图 11-31 所示。

【步骤 4】检查前后挡泥板安装效果。车架正置，抬起后轮并转动脚踏板，观察后轮与挡泥板的位置，确保没有刮擦或干涉。接着抬起前轮，手动转动车轮，观察前轮与挡泥板的位置，同样要确保没有刮擦或干涉。挡泥板的位置通常可以进行少量调整，如图 11-32 所示。检查确认安装完成后，将工作过程的结果记录在表 11-5 中。

图 11-31　步骤 3 安装后挡泥板

图 11-32　步骤 4 检查前后挡泥板安装效果

表 11-5　挡泥板与车架的组装工作记录单

操作步骤	学生姓名	车架	挡泥板	选择工具	拆卸和组装
1					
2					
3					
4					
小组完成情况					

劳动五　自行车附件的安装

【步骤 1】安装自行车载架。将车架正置，正确选择安装螺钉和其他配件。选取合适的十字螺丝刀和开口扳手。在载架下方使用两个螺钉将其与车架锁紧。在上方使用两个附件连接杆连接车架和载架，使用螺栓和螺母进行锁紧。自行车载架用于承载人员或货物，如图 11-33 所示。

【步骤 2】安装自行车鞍座。通常在出厂前，鞍座和鞍管已经完成组装。将连接鞍座的鞍管插入车架立管。插入时，必须使鞍管插入的深度无法看到鞍管上标注的安全刻度线。眼睛对照鞍座方向和车辆骨架方向，确保一致。调节快拆螺母的位置，然后固定锁紧鞍管螺母，如图 11-34 所示。

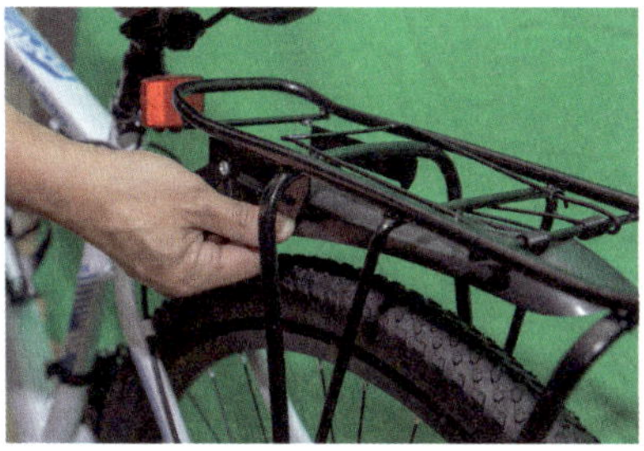

图 11-33　步骤 1 安装载架

图 11-34　步骤 2 安装鞍座

【步骤 3】安装自行车铃铛。使用螺丝刀松开螺钉，将橡胶铃铛座套在车把圆管上。调整位置和方向，通常放在右手握把附近，以方便右手操控铃铛位置。确保使用铃铛时不会影响刹车的使用。调整好位置后，锁紧螺钉，如图 11-35 所示。

【步骤 4】安装自行车水壶架。使用螺丝刀松开螺钉，将水壶架安装在车架斜杠的适当位置上，并进行锁紧。放置一瓶矿泉水，检查是否牢固，位置是否协调，如图 11-36 所示。

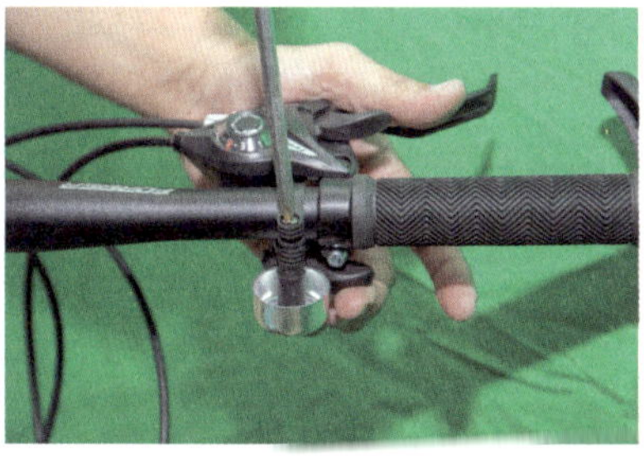

图 11-35　步骤 3 安装铃铛

图 11-36　步骤 4 安装水壶架

【步骤 5】安装自行车手电架和手电。使用螺丝刀松开螺钉，将橡胶手电座套在车把圆管上。调整位置和方向，正确位置应该在左手握把附近，以便左手可以同时操控刹车闸把和手电的位置。锁紧螺钉后，插上手电。调节手电灯光方向，灯光照向车辆正前下方，如图 11-37 所示。

【步骤 6】全车附件检查。在完成自行车各附件的安装后，进行全车附件检查，确保附件位置合适，不会妨碍车辆行驶和操作等功能。同时，操作时应方便易行。骑车者可以试坐在鞍座上，使用一遍附件的功能，如图 11-38 所示。将工作过程的结果记录在表 11-6 中。

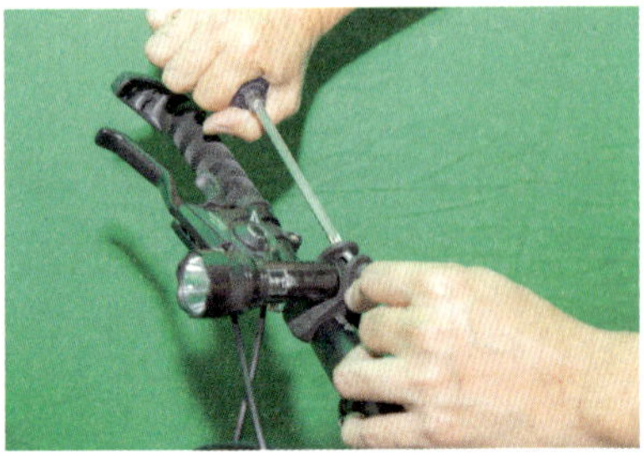

图 11-37　步骤 5 安装手电架和手电

图 11-38　步骤 6 全车附件检查

表 11-6　自行车附件组装工作记录单

操作步骤	学生姓名	车架	四项附件	选择工具	拆卸和组装
1					
2					
3					
4					
5					
6					
小组完成情况					

劳动评价

1. 看一看，比一比

各组相互之间交换对比，检查其他组同学组装好的自行车，总结安装的优点和不足之处，与自己组装的成品进行对比，分享经验，相互学习提高。

2. 评一评，议一议

根据自评和互评的结果，在空格内填上“优秀”“良好”或“还需要努力”。

劳动实践的完整程度 □□□□□

劳动实践的精确程度 □□□□□

劳动测量的认真程度 □□□□□

劳动测量的创新程度 □□□□□

议一议，哪些同学在自行车组装任务中又快又好地完成了工作，还无师自通地创新了工作方法。自行车上的许多机构组装方法不止一种，改进组装方法就像骑车本身一样有趣，值得探索实践。在面前呈现的自行车外部机械结构一目了然，继续认真钻研，探究更复杂的自行车内部结构，成为熟练的自行车安装巧匠。

文明操作小贴士

（1）装配自行车时，车架应扶好，或稳定放置在专用的挂架上，以防倒下来砸伤人员。

（2）小组成员应分工协作，共同配合完成任务，相互间要主动交流沟通，取长补短。

（3）使用工具时要规范操作，考虑安全范围，绝对禁止挥舞工具以免伤及自己或他人。

（4）使用完毕的工具应及时擦干净，放回工具箱，并恢复原有的放置状态。

（5）锁紧螺钉时要掌握适当的力度，力矩过小容易松脱，力矩过大容易损坏螺纹或造成滑牙。

（5）对于不熟悉的机械机构，在操作之前通过工具书学习相关知识，搞清楚机械原理。

课后实践

（1）业余时间去周边自行车商店参观，观察多个品牌、种类的自行车产品，向店员咨询了解自行车的品牌知识。

（2）业余时间学会骑行自行车，找个骑车熟练的同学或朋友指点，学习其他人的骑行技巧。

（3）在公路上，看一看有没有形状新奇的自行车，上网找一找类似自行车的知识介绍。

拓展创新

自行车的品牌和种类众多，它们的结构大体相似，但也存在明显的外形和功能区别。随着自行车设计制造技术的不断提高，其技术含量和精细化程度也日益增加。那么，如何根据需求选择一辆适合的自行车呢？在选择自行车时，我们应遵循以下原则：首先确定使用目的，参考个人喜好和骑行技术，从中区别选择轻快的公路车、坚固的越野车、便利的城市车、灵活的折叠车或时尚的“死飞”等款式。

公路竞速自行车为追求更快的骑行速度，采用窄轮胎和光滑胎面，以减少轮胎与地面的摩擦力，但这也导致刹车性能有所降低。越野自行车则适应崎岖的路面，采用具有良好减震效果的前后叉，使用宽轮胎和深纹路胎面，以提供更强的抓地力，当然这会增加与地面的摩擦力，造成骑行阻力较大。此外，根据个人的身高和体型，选择合适的车轮直径规格也很重要。以身高 1.7 m 为例，通常选择直径为 66 cm 的车轮规格。

选取一辆适合自己的自行车是实现骑行梦想的关键起步。因此，在购买自行车之前，我们应该仔细考虑自己的需求和个人特点，以确保选择到最适合的车型。

技术信息

制造自行车车架等承重部件时，通常使用高强度材料如铬钼钢。为了减轻重量，也采用铝合金、镁合金、钛、碳纤维等轻便又坚固的材料。特别是碳纤维（CFRP）车架，比重为钢材的四分之一，强度超过钢材，耐腐蚀性出类拔萃，冲击吸收性好，可以制成不需要避震机构的自行车。碳纤维广泛应用于竞技类高档自行车上。对于优秀的运动员来说，每减少 100 g 的自行车重量，就可以在 10 km 的距离上领先 20 m。在竞技场上，运动员分秒必争，1 cm 的距离都会决定胜负。1999 年，兰斯·阿姆斯特朗骑着第一辆碳纤维制成的自行车赢得了环法自行车赛，充分证明了碳纤维的特性能够帮助选手获得更好的成绩。因此，新技术和新材料在竞技自行车上的应用往往走在时代前沿，力争突破极限，创造更快的世界纪录。

图 11-39　公路自行车赛

图 11-40　新材料碳纤维自行车

任务二　公路自行车各项性能的调试

劳动目标

知识目标

（1）了解自行车轮胎对充气胎压的要求，识别各种气门嘴的结构。

（2）掌握公路自行车碟刹刹车机构的原理和结构特点。

（3）掌握公路自行车多挡位变速机构的原理和结构特点。

能力目标

（1）具备使用电动气泵和手工打气筒给轮胎充气的能力。

（2）具备使用合适工具对自行车刹车机构进行调整的能力。

（3）具备使用合适工具对自行车变速机构进行调整的能力。

（4）学会自行车必备的骑行技巧，熟练掌握自行车变速、变挡等操作技术。

思政目标

（1）每个人在社会中都像机器的零件一样发挥着独特的作用，每个工作岗位都很重要，没有贵贱之分。做好本职工作是对集体最大的贡献，就像每一颗螺丝钉一样发挥不可或缺的作用。

（2）生活中难免会遇到各种不如意，起起落落的精神状态需要像调整自行车链条一样有张有弛。时刻为自己加油打气，调整身心状态，以饱满的热情迎接挑战，培养热爱生活的健康情怀。

工作、生活中的自行车调试方法及应用

调试、维修和养护自行车几乎和骑行本身一样充满乐趣和挑战性。骑行一段时间后，你可能会发现轮胎气压不足，骑起来费力，这时就需要给轮胎充气。如果刹车失灵，及时调整刹车的松紧能更好地保证安全。链条和链轮也需要保养和调整，调整链条的松紧度并给予适量的润滑油，这样变速变挡的感觉会更加顺滑。在长途骑行中，适当调整座位高度或角

度，改变骑行姿势，会让骑行更加轻松舒适，如图 11-41 所示。这些都是常见的自行车调整方法。

在外出骑行途中，自行车可能会遇到掉链、滑齿、变速困难、刹车失灵等突发故障。面对这些情况，选择束手待援，浪费时间又影响心情，也可以发挥主观能动性，自己动手克服困难。通过学习本课内容并加以实践，提升调试、维修自行车的技术实践能力，勇于解决问题，让骑行生活更加轻松自如。如图 11-42 所示为自行车掉链后的恢复。

图 11-41　调整自行车座位高度

图 11-42　自行车掉链后的恢复

劳动情景

在工作和生活中，常常会遇到以下情景。

（1）在自行车商店里，店员会调整自行车刹车的松紧度，根据用户身高调整座位高度，并咨询用户日常骑行的习惯和要求，相应地调整自行车的各项技术参数。如图 11-43 所示的自行车店可以为客人提供自行车的调整服务。

（2）在骑车上学的路上，有时会看到同学的自行车链条脱落了，他只能推着车子继续前行。一些热心的同学会拿出随车携带的简易工具，简单地调整和修理链轮和链条，排除故障并恢复车子的正常运行，然后大家一起高兴地继续骑行，如图 11-44 所示。

图 11-43　有特色的自行车店

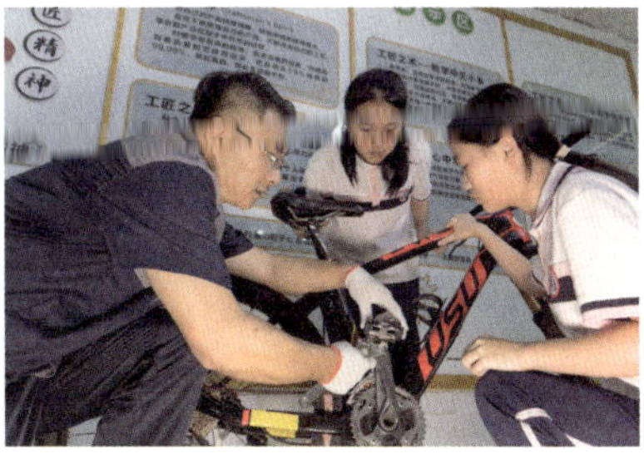

图 11-44　互相帮助修理自行车

想一想，看一看，说一说

1. 想一想

（1）自行车轮胎的气压逐渐减小，是轮胎被扎破了吗？

对于充气式自行车轮胎，如果轮胎被扎破，气压会迅速下降，必须进行补胎；正常使用的轮胎气体也会缓慢泄漏，造成气压减小，应时常检查胎压，必要时进行充气。

（2）自行车需要调试的部位都有哪些？

自行车通常有五个需要调试的机构和部件，包括前后轮胎的气压、刹车机构的松紧程度、变速机构的挡位和链条的松紧度、车座的高度和角度，以及其他附件。

2. 看一看

仔细观察整个自行车的链轮、链条和变速机构，了解各个部分的名称和变速方法，理解多级变速机构中前后链轮齿比的搭配原理。数一数前后链盘上有多少不同齿数的链轮，将这些数值相乘，就得到总的变速级数，如图 11-45，图 11-46 所示。

图 11-45　调节变速机构

图 11-46　调整链条松紧

3. 说一说

根据大家的骑行经验，上坡时感觉踩踏板很重很吃力，而在平路和下坡时骑行快速又轻松。对于装备多挡变速系统的自行车，我们应该如何选择合适的变速挡位，以有效地将踩踏力转化为前进力呢？在停车前，把挡位放在什么位置相对合理呢？有经验和技巧的同学们可以主动分享自己的感受和做法。

劳动材料准备

（1）调试工具。扭力扳手、自行车组合工具、间隙尺、电动气泵、手动打气筒，各一套。

（2）调试对象。公路自行车。

教师讲解和示范

1. 自行车调试工具的规格和使用方法

（1）扭力扳手。

扭力扳手可事先设定扭矩，在螺钉、螺栓和螺母的锁紧中发挥重要作用。在需要达到特定预紧力范围的螺纹锁紧任务中，扭力扳手能够有效防止松动，并避免过度锁紧导致螺纹损坏。相比普通扳手，扭力扳手的内部机械结构更加复杂，略显沉重，不便携带。因此，在日常使用中，可以通过与普通扳手进行锁紧力度的比较，感受锁紧力的差异，并通过多次实践来掌握合适的锁紧力度。在许多情况下，可以使用普通扳手代替扭力扳手进行锁紧，从而达到近似的效果，如图 11-47 所示。

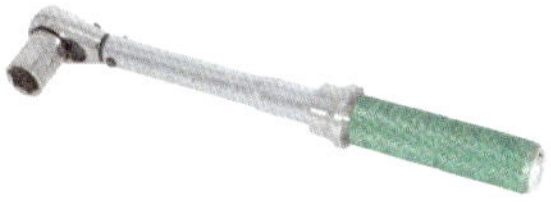

图 11-47　扭力扳手

视频 11-4　扭力扳手使用操作示范

（2）组合工具。

自行车的机械结构在设计过程中就考虑到骑行使用的方便性，不同厂家的产品规格也力求相对统一。为了方便携带，常用的自行车专用组合工具将常用工具集合在一起，如集合套筒扳手、内六角扳手、螺丝刀等 16 种功能的自行车组合工具。其他行业也有类似的做法，例如修表行业、修手机行业、修理家用电器行业等，都会使用适合特定工作的组合工具。如图 11-48 所示。

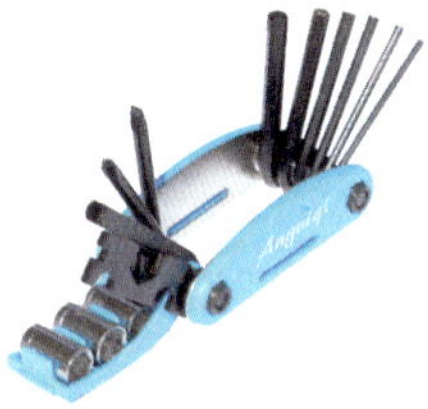

图 11-48　自行车组合工具

视频 11-5　组合工具使用操作示范

2. 间隙量具——塞尺的使用方法

（1）塞尺是由多种厚度的钢片组成的量具，用于测量卡尺等其他量具难以测量的缝隙宽度等尺寸范围，提供给使用者参考。常用的塞尺由 17 片钢片组成，厚度为 0.02 ~1 mm，可以组合出多种厚度尺寸，如图 11-49 所示。

（2）测量方法。自行车碟刹和刹车片的间隙是一种难以使用其他量具准确测量的尺寸。使用塞尺进行测量的方法为：首先估算间隙宽度尺寸，选择一片合适厚度的塞尺，如果可以插入，再尝试增加其他厚度的塞尺，直到选取的两个相邻尺寸的塞尺，其中一个可以插入，而另一个无法插入，此时间隙宽度尺寸即介于这两个尺寸之间。

图 11-49　塞尺

视频 11-6　塞尺使用操作示范

3. 打气筒的使用方法

日常使用的打气筒有电动气泵和手动打气筒两种类型可供选择。选择合适的气嘴接口，将打气筒与轮胎气嘴连接后进行充气。电动气泵可以根据轮胎气压技术参数设定额定压力，在充气达到额定压力时自动停止，避免充气过量或轮胎爆破。充气完成后，用大拇指按压轮胎侧面，感受轮胎的压力，通过多次实践，可以相对准确地掌握充气限度。在没有电动气泵的情况下，可以使用手动打气筒充气，达到相对准确的额定气压即可，如图 11-50，图 11-51 所示。

图 11-50　电动气泵

视频 11-7　电动气泵使用操作示范

图 11-51　手动打气筒

视频 11-8　手动打气筒使用操作示范

生活小知识

机器在运转过程中必须倚赖润滑来保持良好运行。相对运动的机器部件需要润滑剂参与，以有效地减少摩擦和磨损。润滑剂能使机器的运动部位得到润滑、冷却、清洗，这样做可以显著延长机器的使用寿命。比如，自行车车轮的转动轴和脚踏板的转动轴，在其内部结构中都添加了润滑脂。家里的门锁使用一段时间后，可以在锁孔中加一点铅笔芯的粉末，其主要成分是石墨，这样可以使钥匙能够更加容易地插进锁孔。在工业生产中，各种机器都需要高速运转，而这种运转离不开轴承和轴瓦等关键机械部件的支持。为了确保机器的正常运行，需要定期添加适合的润滑剂。润滑剂的种类很多，包括各种液体润滑油、半固体润滑脂和固体润滑剂。液体润滑油包括动物油（牛油等）、植物油（蓖麻油等）、矿物油（机械油等）以及其他化工合成的润滑油。半固体润滑脂，通常称为黄油。固体润滑剂包括石墨粉、石蜡、二硫化钼等。在人体的膝盖等关节内腔中，也有人体自身产生的润滑剂。随着年龄的增长，关节有运动损伤，或者人体自身产生的关节液减少，可以添加医用玻璃酸钠作为膝盖关节的润滑剂，帮助人们重新获得运动能力，永葆青春。由此可见，润滑剂的应用是多么广泛，其作用又多么神奇！

劳动体验

劳动一　自行车前后轮胎的充气

【步骤 1】每 4 位同学组成一个学习小组，每组分配一辆之前课程中组装好的自行车。确保车辆放置正立，脚架支好，保持平稳。

【步骤 2】正确选择气门嘴，仔细观察轮胎气门嘴的形状和规格，选取合适的打气接口。气门嘴有美式、法式和英式的区别，而公路自行车大多使用美式气门嘴，如图 11-52 所示。

【步骤 3】使用电动气泵给轮胎打气，对自行车的前后轮胎进行充气。轮胎必须始终保持适当的气压才能正常骑行。观察外胎边缘的标注，了解参考充气压力的上限值。例如，轮胎外侧通常标注额定气压为 3.5 kPa，后轮按照上限充气，前轮则稍低一些即可。使用电动气泵，设定正确的额定气压值，适量充气，当气压达到设定值时，电动气泵会自动停止充气，从而避免过度充气导致爆胎，如图 11-53，图 11-54 所示。

图 11-52　步骤 2 正确选择气门嘴

图 11-53　步骤 3 使用电动气泵给轮胎打气

【步骤 4】测试轮胎气压。充气完成后，用大拇指按压轮胎，对比轮胎的硬度和人拇指的压力感受，获得正确的胎压感受记忆。然后放气，使用手动打气筒进行充气，找到轮胎适宜的气压感受，最后使用胎压表检查确保无误，多次实践以获得更好的体验，如图 11-55 所示。

图 11-54　步骤 3 使用打气筒给轮胎打气

图 11-55　步骤 4 测试轮胎气压

【步骤 5】充气后，将肥皂水涂抹在气嘴口上进行检查，确认气嘴口是否有漏气现象。如果漏气，会看到气嘴口冒出气泡。可以通过旋紧或调整气门嘴来解决漏气问题，最后旋上气嘴盖帽,完成充气过程。将工作过程的结果记录在表 11-7 中。

表 11-7　自行车轮胎充气工作记录单

操作步骤	学生姓名	轮胎观察	判断结构	选择工具	充气练习
1					
2					
3					
4					
5					
小组完成情况					

劳动二　自行车刹车系统的调节

【步骤 1】将组装好的车辆放置在垂直位置,确保脚架稳固且平稳,仔细观察自行车前后轮的碟刹刹车机构,特别留意刹车片和碟刹盘的相对位置。

【步骤 2】观察刹车线的走向,通常左手闸把控制后轮刹车,右手闸把控制前轮刹车。要使刹车线布置整齐,前后刹车线应尽量避免相互交叉干扰,将刹车线贴合车架进行绑扎。如图 11-56 所示。

【步骤 3】调整前轮刹车线,松开前轮刹车锁紧螺钉,调整刹车线的长度,确保刹车起点位于左侧闸把收紧的前 1/3 位置,刹紧位置在闸把收紧的 2/3 位置,然后锁紧螺钉。将多余的刹车线用钢丝钳剪掉,并将内线尾端牢固地夹上闸线安全帽,如图 11-57 所示。

图 11-56　步骤 2 观察刹车线走向

图 11-57　步骤 3 调节前轮刹车线

【步骤 4】调整后轮刹车线,松开后轮刹车锁紧螺钉,调整刹车线的长度,确保刹车起点位于右侧闸把收紧的前 1/3 位置,刹紧位置在闸把收紧的 2/3 位置,然后锁紧螺钉。同样地,剪掉多余的刹车线,并将内线尾端牢固地夹上闸线安全帽,如图 11-58 所示。

【步骤 5】检验前后轮刹车效果。调整完成后,分别将前轮和后轮悬空,用脚踏板带动后轮旋转,手动转动前轮,反复握紧和放松左右闸把,体验前后刹车的效果。然后在推车前进中多次测试前后轮刹车动作,感受刹车效果。根据刹车的松紧程度和个人操作习惯,重复前面的步骤进行反复调整，直到感觉闸把刹车时迅捷有力，松开时反应灵敏，如图 11-59 所示。将工作过程的结果记录在表 11-8 中。

图 11-58 步骤 4 调节后轮刹车线

图 11-59 步骤 5 检验前后轮刹车效果

表 11-8 刹车系统调节工作记录单

操作步骤	学生姓名	刹车机构	判断结构	选择工具	调节刹车
1					
2					
3					
4					
5					
小组完成情况					

劳动三 自行车变速系统的调试

【步骤 1】将组装好的车辆垂直放置，确保脚架稳固且平稳。检查变速线的走向，轻拉变速钢索内线，确保内线与外套管完全接触且没有松弛。将后轮悬空或使用挂架，保持后轮转动状态以进行变挡操作。

【步骤 2】故障判断一。在变挡时，链条无法下移到链轮（或飞轮）的最小齿片，或者从最小齿片掉链时，应调节前拨（或后拨）标记为“L”的调节螺丝。通过旋入或旋出调节螺丝来进行双向调节，如图 11-60 所示。

【步骤 3】故障判断二。在变挡时，链条无法上爬到链轮（或飞轮）的最大齿片，或者从最大齿片掉链时，应调节前拨（或后拨）标记为“H”的调节螺丝。通过旋入或旋出调节螺丝来进行双向调节，如图 11-61 所示。

图 11-60　步骤 2 排除故障一之链条下爬

图 11-61　步骤 3 排除故障二之链条上爬

【步骤 4】故障判断三。在变挡时或链条传动过程中，链条跳齿。当调节前拨（或后拨）时出现链条跳齿时，可以通过调节前拨（或后拨）控制杆上的微调螺丝来进行双向调节，如图 11-62 所示。

【步骤 5】调节导板链轮间隙。使用塞尺来测量导板链轮的间隙，调节前拨链器外导板与链轮最大齿片的距离约为 1~3 mm，并且与齿片平行，如图 11-63 所示。

图 11-62　步骤 4 排除故障三链条跳齿

图 11-63　步骤 5 使用塞尺调节导板链轮间隙

【步骤 6】润滑和检测。定期给链条和链轮加适量的机油进行润滑，以使变挡和变速传动更加顺畅和轻松。完成调节后，使后轮悬空并自由转动，进行从低速挡到高速挡和从高速挡到低速挡的各级变挡操作，确保变挡顺畅。如果出现故障，重复步骤 2~4 进行调节，如图 11-64，图 11-65 所示。将工作过程的结果记录在表 11-9 中。

图 11-64　步骤 6 链条和链轮加注润滑油

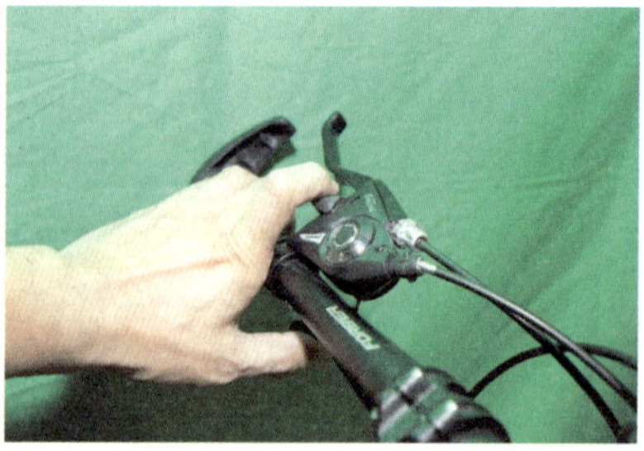

图 11-65　步骤 6 升档、降档检测

表 11-9　变速系统的调试工作记录单

操作步骤	学生姓名	变速系统	判断故障	选择工具	调节情况
1					
2					
3					
4					
5					
6					
小组完成情况					

劳动四　公路自行车骑行体验

【步骤 1】将组装和调试好的车辆垂直放置，打开脚架，在校园骑行场地上前后推行一段距离，进行前后轮的试刹车。确保整车没有卡滞、异响等异常现象，并检查各附件的安装是否松动。

【步骤 2】进行骑行和刹车动作训练前，请戴好骑行头盔和其他护具。在空旷的校园道路上进行试骑行，以安全的速度起步并骑行至约 10 km/h 的速度。然后进行前后轮从缓刹车到急刹车的操作，先使用左闸把刹住后轮，再使用右闸把刹住前轮。确保车辆能够平稳减速并停止，同时感觉刹车装置没有异常情况，如图 11-66 所示。

【步骤 3】进行骑行和拐弯过障碍物的动作训练。在骑行过程中进行拐弯、掉头等操作，分别左拐、右拐，连续拐弯以及车辆掉头等动作。保持平衡并利用身体重心的变换顺利通过弯道。在拐弯时逐渐增加车速以增加训练难度，并熟练预判并绕过障碍物，如图 11-67 所示。

图 11-66　步骤 2 骑行与刹车动作

图 11-67　步骤 3 骑行与拐弯过障碍物动作

【步骤 4】进行骑行和升降挡的动作训练。在低档骑行至约 5 km/h 的速度时，进行升换挡操作，从低速挡逐级换到高速挡，确保平稳无跳挡，直到骑行速度达到 15~20 km/h 后，换到最高档。然后逐渐降速，从高速挡依次换回低速挡。要求在骑行过程中链轮保持转动状态下迅速而流畅地变换挡位，确保平稳无卡滞，如图 11-68 所示。

【步骤5】进行自由骑行训练。在骑行过程中多次进行从低速到高速、高速到低速的变速,并熟悉各挡位的配合变换。经历平路、颠簸路面、窄路、爬坡、下坡以及多级弯等各种路况。逐渐增加车速,从最低速到极限速度,并积极尝试变换挡位齿比。熟悉变速、换挡、拐弯、冲刺和刹车等各种操作,并主动调整骑行姿势,享受人车一体的骑行乐趣,如图11-69所示,将工作过程的结果记录在表11-10中。

图11-68　步骤4骑行与升降挡动作

图11-69　步骤5自由骑行

表11-10　自行车骑行实践记录单

操作步骤	学生姓名	全车检查	推车进退	平稳骑行	变速骑行
1					
2					
3					
4					
5					
小组完成情况					

劳动评价

1. 看一看,比一比

进行自行车调试后,各组之间进行交换对比,比较骑行的不同感受,讨论各部位调试效果的差异,相互交流经验,共同进步。

2. 评一评,议一议

根据自评和互评的结果,在相应的空格内填写“优秀”“良好”或“还需要努力”。

劳动实践的完整程度 □□□□□

劳动实践的精确程度 □□□□□

劳动实践的认真程度 □□□□□

劳动实践的创新程度 □□□□□

议一议哪些同学在调试自行车的劳动中表现出色且具有创新精神。除了完成前面的任务和步骤外,自行车还有许多部件可以调整,建议学习更多的专业知识并积极实践,例如学习如何修补轮胎、调整辐条、调整飞轮、调整链盘轴承等更复杂的操作项目。

文明操作小贴士

（1）在骑行时，请选择专用自行车道或公路的右侧行驶，使用铃铛提醒行人避让。遵守非机动车的交通规则和骑行交通礼仪，同时掌握基本的手势含义，用简洁的语言传达信息和进行相互沟通。

（2）骑行服装没有严格的要求，但要确保衣物贴身，以防被卷入车轮或链轮。选择运动服装时要考虑透气、排汗和快干等功能。

（3）在骑行前，养成检查车辆基本状态的习惯，包括刹车、铃铛和胎压等方面。

（4）长途骑行时，随车携带简易维修工具，以应对车辆故障并进行即时处理。

（5）骑行时要将安全放在第一位，注意路面砂石可能导致打滑，涉水时要小心摔倒。随时留意路况，避免过度消耗体力，合理控制骑行强度。

（6）竞速自行车骑行对安全性要求更高，不论是短途还是长途骑行，都需要做好充分的准备。建议配备防护装备和辅助用品，如专业头盔、护膝、手套、背包和水壶等。

课后实践

（1）如果家里有长期不用的自行车，拿出来擦拭干净，检查是否有松动的地方，紧固各个螺丝。同时给轮胎充气，为链条和刹车等部位加油润滑。调整刹车的松紧度，并尝试重新骑行以确认效果。

（2）尝试美化改装自己的自行车，可以从外观入手，使用贴图装饰车架，安装辐条反光板，增加手电筒、铃铛等小配件。另外，可以更换不同类型的运动型车座，并逐渐增加其他专业骑行设备，使爱车焕然一新。

（3）观察路上训练的自行车运动员高速骑行的优雅姿态，或者上网搜索类似的自行车比赛视频，与熟练的骑行者或朋友互相切磋，掌握更高层次的骑行技巧。

拓展创新

自行车技术迄今已发展了两百多年，经历了前人多次实验和改进。它应用了各个科技时代的无数发明和创造成果，融合了各个时期成熟且优秀的设计理念。随着科技的进步，自行车不断融入新技术、新材料和新创意，激发着人们的激情和活力。如今，创新的设计层出不穷，例如无需充气的实心轮胎、具备自行车卫星定位锁的防丢功能、前后轮尺寸不同的自行车、水陆两用自行车、带有自动导航功能的自行车、绿色环保太阳能自行车、多人共骑的娱乐自行车、独轮或多轮自行车等等。展开想象力和创造力的翅膀，我们用无限创意设计出更新颖、独一无二且节能高效的自行车。

技术信息

中国现代旅行家潘德明（1908-1976 年）是中外体育史上徒步骑车环游世界的第一人。他于 1930 年夏天从上海出发，历时 8 年徒步或骑自行车先后抵达东南亚、印度、埃及、希腊、意大利、法国、英国、德国、美国、古巴、澳大利亚等 40 多个国家和地区。在他的旅程中，他会见了各国首脑名人，克服了各种难以想象的困难和危险。潘德明的壮举扩大了中国在海外的影响力，打破了国际社会对中国人的贫弱和无能的刻板印象，为中华民族争光争气，创造了人力旅行的世界奇迹。

中国自行车旅游者协会将“潘德明骑游奖”设立为最高奖项。此外，世界上其他民间和官方的自行车骑行管理机构，如国际自行车联盟（UCI）和美国自行车协会（USA Cycling）等，也得到了国际奥林匹克委员会的承认。这些以自行车骑行为主题的机构每年组织多项世界级的自行车竞赛和公益活动，激励着有志于骑行生活的竞技运动员和无数爱好者，追求更高、更快、更强的奥运精神，怀揣着“世界那么大，我想去看看”的信念，努力追求自由骑行的人生梦想。如图 11-70，图 11-71 所示。

图 11-70　休闲旅行骑行

图 11-71　挑战竞技骑行

项目十二　无人机的组装与调试

劳动指引

近年来，无人机逐渐成为人工智能的代表产品之一。随着无人机技术的不断发展，无人机设备功能越来越多，购买无人机的价格也越来越低。现在，只需要花费几百元就可以购买完整的配件，自己动手 DIY 一架无人机。DIY 无人机既节省成本，又可以发挥个人创意，锻炼动手能力。本项目以多旋翼无人机为例，重点介绍多旋翼无人机的组装过程，为无人机爱好者提供参考。一起来 DIY 吧，一起成为动手小达人！

劳动目标

知识目标

（1）掌握多旋翼无人机的配件和功能。

（2）掌握多旋翼无人机的组装步骤和方法。

（3）掌握多旋翼无人机的调试步骤和方法。

能力目标

（1）能够按照组装步骤的要求正确组装多旋翼无人机。

（2）能够按照调试要求进行多旋翼无人机的调试，并正确进行装桨试飞。

（3）能够正确使用常见的组装工具完成多旋翼无人机的组装。

思政目标

（1）培养学生团结协作，培养良好的人际沟通能力。

（2）按照实验室 6S 管理要求培养细心、耐心、精益求精的工匠精神。

工作、生活中的无人机及工具

一、常见的无人机

1. 无人机的定义和种类

在日常生活中，我们可以看到各种各样的无人机，它们有多种样式。你知道生活中常见的无人机都叫什么名字吗？

无人驾驶航空器简称为无人机，是一种由遥控站管理、不搭载操作人员的动力空中飞行器，利用空气动力提供所需的升力，能够自动飞行或远程引导，能够携带有效负载，既可一次性使用，也可进行回收。

无人机的飞行器平台是指无人机作为飞行器采用的主体平台技术，常见的飞行器平台包括固定翼平台和旋翼平台，其他的飞行器平台还有扑翼平台、变模态平台等，如图 12-1 所示为固定翼无人机，如图 12-2 所示为旋翼无人机。

图 12-1 固定翼无人机

图 12-2 旋翼无人机

2. 多旋翼无人机的组成

采用旋翼平台的无人机主要包括无人直升机、多旋翼无人机以及自转旋翼无人机。多旋翼无人机由机架、动力系统、飞控系统、遥控装置和任务载荷组成。如图 12-3 所示，展示了多旋翼无人机组成的结构框架。

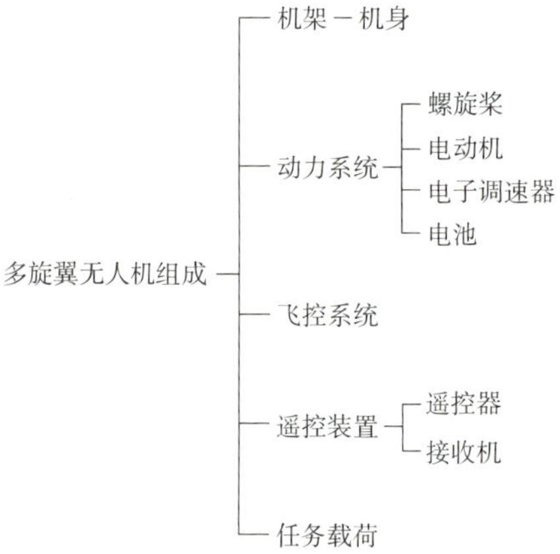

图 12-3 多旋翼无人机组成的框架图

（1）机架。

机架指的是多旋翼无人机的机身，它是其他组件安装的基础，承载其他配件的作用。机架的轴数和旋翼数是相等的。本次使用的是 4 轴机架，如图 12-4 所示，即四旋翼无人机。

（2）动力系统。

动力系统为无人机提供飞行动力。目前常见的动力系统有电动系统和油动系统。本次组装的多旋翼无人机采用的是电动系统，商用和民用领域主要使用电动系统。动力系统通常包括螺旋桨、电动机、电调和电池等组件，如图 12-5 所示。

图 12-4　机架

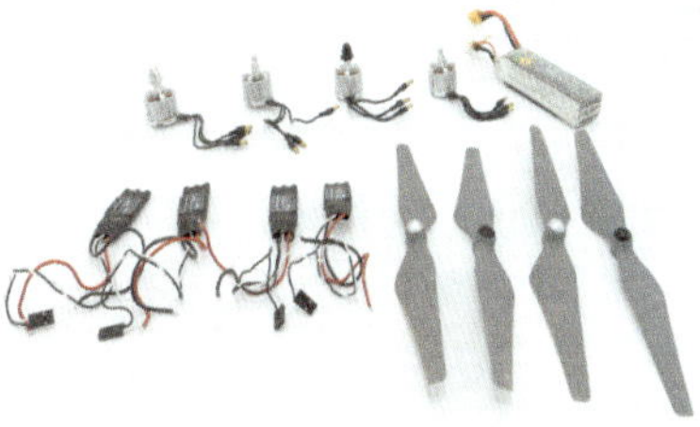

图 12-5　动力系统

①螺旋桨。

螺旋桨通过桨叶自身的旋转，带动螺旋桨产生拉力，从而提供飞行动力。螺旋桨的材料通常是碳纤维、塑料或轻木等。碳纤维的刚性较好，振动和噪声较小。

螺旋桨分为正桨和反桨。正桨是俯视逆时针旋转的螺旋桨，简写为“CCW”；反桨是俯视顺时针旋转的螺旋桨，简写为“CW”。多旋翼无人机的螺旋桨旋转方向是“对角相同，相邻相反”，如图 12-6 所示。

②电动机。

电动机由主体部分和驱动器组成，是一种典型的机电一体化产品。电动机将电能转换为机械能，提供动力。电动机分为正转电机和反转电机，如图 12-7 所示。

图 12-6　正反螺旋桨

图 12-7　正反电机

③电子调速器。

电子调速器简称为电调，将飞控的信号转换为电流信号，用于调节控制电动机的转速，如图 12-8 所示。

④电池。

电池作为能源储备装置，将化学能转化为电能，为整个多旋翼无人机系统提供电力。常用的电池类型有锂离子电池和锂聚合物电池，如图 12-9 所示。

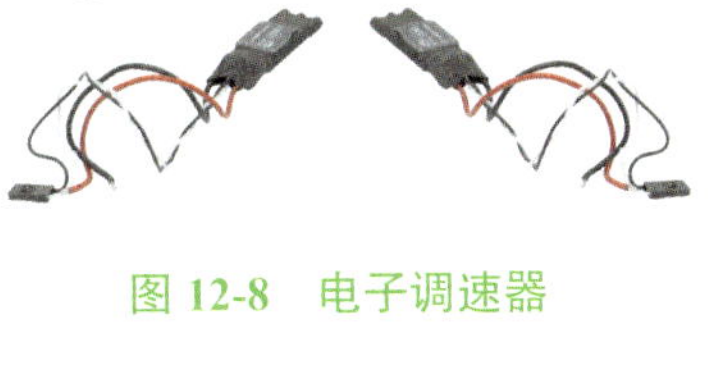

图 12-8　电子调速器

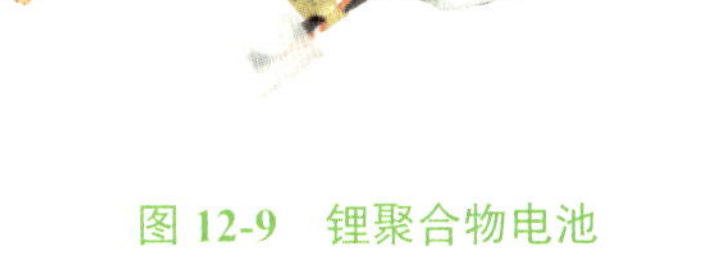

图 12-9　锂聚合物电池

（3）飞控系统。

飞控系统是无人机的控制系统，简称为飞控系统或飞控。它是无人机完成起飞、空中飞行、执行任务和返场回收等整个飞行过程的核心系统。飞控系统在无人机中扮演着与驾驶员在有人机中相似的角色，如图 12-10 所示。

图 12-10　飞控系统

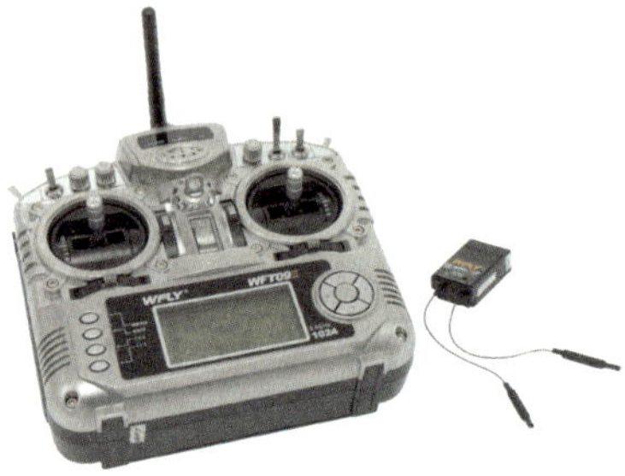

图 12-11　遥控器

（4）遥控装置。

遥控装置是地面上用于对无人机发出指令和接收无人机传回信息的设备。它可以是一个遥控器、接收机、手机、电脑等。在本项目中，我们使用的是常见的遥控器，如图 12-11 所示。

（5）任务载荷。

任务载荷是指那些装备到无人机上为完成任务的设备，包括执行电子战、侦察和武器运输等任务所需的设备，如：信号发射机、传感器等，但不包括飞行控制设备、数据链路和燃油等。

二、无人机的装配工具

无人机的装配和调试过程涉及机械组装、电气组装和相关的调试工作，需要使用各种工具。常用的工具包括螺丝刀具组、XT60 插头、香蕉插头、杜邦线、尼龙扎带和电烙铁。

1. 螺丝刀具组

螺丝刀，又称为起子，用于拧紧螺钉。根据头部形状的不同，螺丝刀可以分为一字形、十字形、米字形、星形、方头、六角形和 Y 形头部等。其中，一字形螺丝刀、十字螺丝刀和内六角螺丝刀是人们生活中最常用的工具，如图 12-12 所示。

2.XT60 插头

XT60 插头内部含有 3.5 mm 的香蕉头，用于防止正负极接反，通常用作电源接头。XT60 插头是成对使用的，其中一个凸出的是公头，另一个凹进去的是母头，如图 12-13 所示。

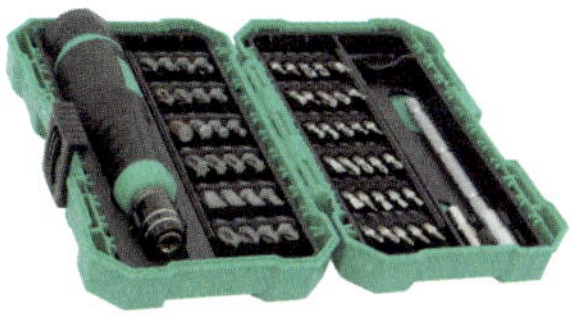

图 12-12　螺丝刀具组

图 12-13　XT60 插头

3. 香蕉插头

香蕉插头，也称为香蕉头，是一种快速插拔的电源接头。香蕉插头成对使用，其中一个凸出的是公头，另一个凹进去的是母头。它的主要参数包括直径大小和允许电流大小，根据直径的不同有多种型号可选，如图 12-14 所示。

4. 杜邦线

杜邦线有各种型号，可以单独一根一根使用，也可以组合在一起。在无人机中常用的是由 3 根线组合而成的 3P 杜邦线，用于连接飞控和电调，以及接收机等，如图 12-15 所示。

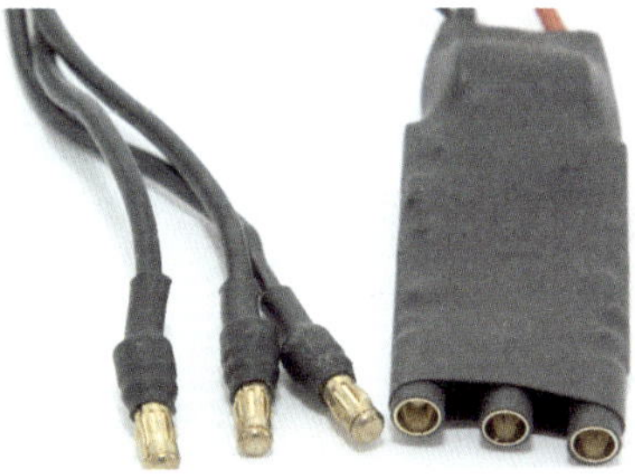

图 12-14　香蕉插头

图 12-15　杜邦线

5. 尼龙扎带

尼龙扎带具有良好的耐酸、腐蚀和绝缘性能，不易老化且承受力强。它适用于无人机装配和调试过程中的导线捆扎和固定，以及零配件的固定等操作。尼龙扎带的操作温度范围通常为-20 ℃ ~80 ℃（普通尼龙 66），如图 12-16 所示。

图 12-16　尼龙扎带

6. 电烙铁

请参考项目六家电小能手的工具介绍。

劳动情景

在日常生活中,我们常常能够观察到以下场景。

(1)DIY 小能手自己组装和改造无人机。

(2)当无人机发生简单损坏时,使用者可自己进行维修。

想一想,看一看,说一说

1. 想一想

(1)无人机的安装步骤是什么?

(2)在进行无人机安装时需要注意哪些事项?

2. 看一看

通过登录 DJI 大疆创新(https://www.dji.com/cn)官方网站,可以看到大疆航拍无人机产品系列之多,配置之多,有 DJI Mavic 系列,DJI Ai 系列,DJI Mini 系列,DJI FPV 系列,DJI Avata 系列,RC 系列等。

3. 说一说

让我们来了解一下常见的多旋翼无人机由哪些部分组成,以及各个零部件的功能。

劳动材料准备

(1)工具。电烙铁、螺钉旋具、剪刀、万用表。

(2)材料。F450 多旋翼无人机套件(清单如表 12-1 所示)、焊锡丝、3M 胶。

表 12-1 F450 多旋翼无人机套件清单

名称	数量	名称	数量
机架	1	螺旋桨	4
电动机	4	飞控	1
电调	4	遥控器	1
电池	1	接收机	1
图传	1	云台	1
GPS	1	相机	1

教师讲解和示范

多旋翼无人机结构简单,其组装过程包括机架组装、动力系统组装、飞控系统组装、遥控装置组装 4 个步骤。如需要无人机执行任务,可以在无人机上组装任务荷载,任务荷载的种类众多且作用各不相同,本项目不做具体介绍。具体步骤如图 12-17 所示。

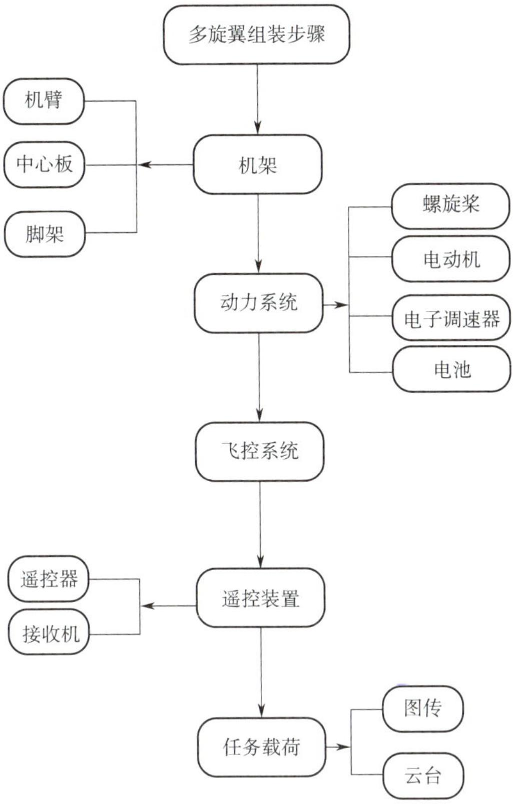

图 12-17　组装步骤框架

1. 机架组装

机架通常由机臂、中心板和脚架等组成，如图 12-18 所示。以下以 F450 多旋翼无人机为例，介绍其安装步骤。机架的安装顺序为：下中心板焊接、机臂安装、脚架安装、上中心板安装。

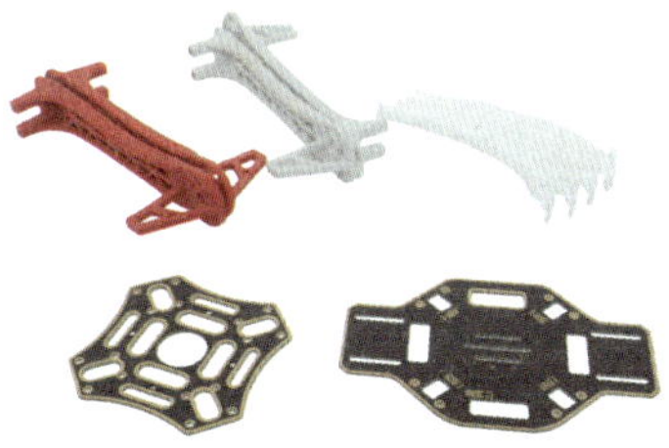

图 12-18　机架零件

视频 12-1　机架组装

（1）下中心板焊接。先确定电调、电源模块的安装位置，焊接电源的正极和负极线，红色引线接正极，黑色引线接负极。然后分别焊接 4 个电调的两根电源线，红色引线接正极，黑色引线接负极，如图 12-19 所示。焊接方法参见项目六家电小能手之五步焊接法。

（2）使用万用表电阻挡进行电气检查，确认连通性。

（3）按照顺序将 4 个机臂安装在下中心板上，同色机臂放在同一侧，如图 12-20 所示。

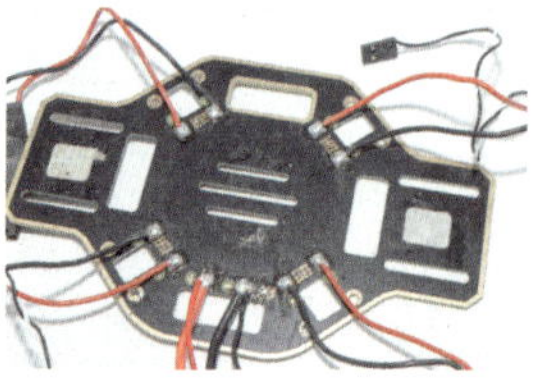

图 12-19　下中心板焊接

图 12-20　机架

视频 12-2　焊接五步法

（4）安装云台脚架。

（5）上中心板安装。

2. 动力系统组装

动力系统的组装包括电动机连接电动机和电调的安装。

（1）电动机安装。使用螺丝刀，确保电动机底座与机臂连接牢固，保持重心平衡。电动机的安装方向如图 12-21 所示。无人机机头方向的左上和右下为顺时针（CW）电机，右上和左下为逆时针（CCW）电机。

（2）将电调的 3 根输出线与电动机的 3 根输入线连接。

（3）使用尼龙线捆扎电调和电调线，固定好并剪去多余部分，以防在飞行过程中螺旋桨脱落，如图 12-22 所示。

图 12-21　电动机安装

图 12-22　尼龙线捆扎

视频 12-3　动力系统组装

3. 飞控系统组装

NAZA 飞控系统的零部件包括杜邦线、NAZA-MLITE、GPS、GPS 支架、电源模块、LED 模块和安卓线，如图 12-23 所示。NAZA-MLITE 的接口安装需要注意卡槽的突出方向，接口如图 12-24 所示。

图 12-23　飞控系统零部件

图 12-24　NAZA-MLITE 接口

视频 12-4　飞控系统组装

（1）使用剪刀分别剪下适合电源模块、NAZA-MLITE、LED 模块大小的 3M 胶，并将其贴在背面。

（2）根据 NAZA-MLITE 接口定义，连接电源模块、NAZA-MLITE 和 LED 模块，并进行安装。安装 NAZA-MLITE 时，注意机头朝向与 NAZA-MLITE 方向一致，并确保 NAZA-MLITE 的重心与飞机的重心一致。同时，整理好多余的导线，如图 12-25 所示。

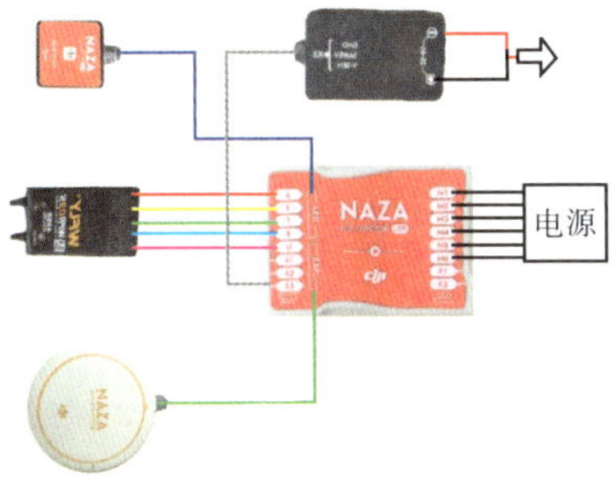

图 12-25　电源模块、LED 模块连接

（3）根据连接线图，使用杜邦线将 NAZA-MLITE 与 GPS、电调连接起来。布线时要合理安排，避免互相干扰，如图 12-26 所示。

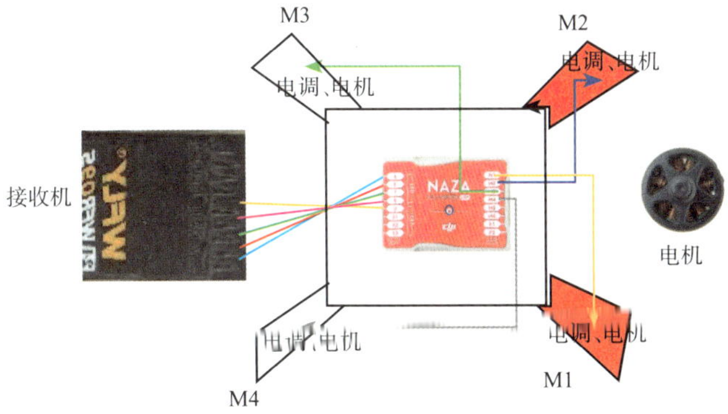

图 12-26　接收机、电调连接线

（4）安装上中心板，使用星号螺丝刀，在安装完成后统一锁紧螺丝。

（5）安装 GPS。使用 3M 胶粘贴在 GPS 底座上，并将其贴在上中心板上。将支架插入 GPS，插在底座上，确保 GPS 的箭头朝向与机头和 NAZA-MLITE 一致，如图 12-27 所示。

图 12-27　GPS 朝向

4. 遥控装置组装

（1）使用剪刀剪下适合接收机模块大小的 3M 胶，并将其贴在背面。

（2）如图 12-28 所示，使用杜邦线将接收机与 NAZA-MLITE 连接，并将接收机粘贴在下中心板上。

（3）将电池插头完全插入遥控器插槽，直至最底部。在需要断开连接时，不要拉扯电线，而应握住塑料连接头将其拔下。

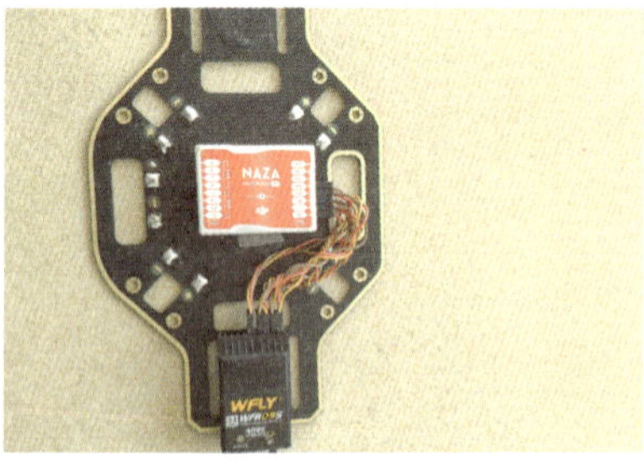

图 12-28　接收机与 NAZA-MLITE 连接

视频 12-5　遥控装置组装

5. 整机调试

无人机的调试主要涉及调试步骤和方法，包括无桨调试和有桨调试。以下内容介绍无桨调试。

（1）了解天地飞遥控器的界面，如图 12-29，图 12-30 所示。

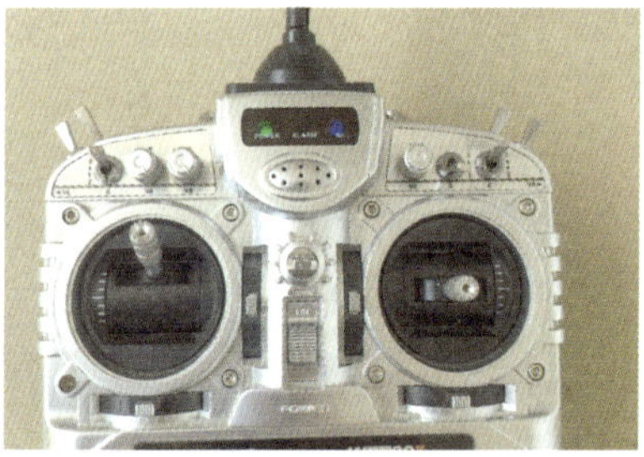

图 12-29　天地飞遥控器界面

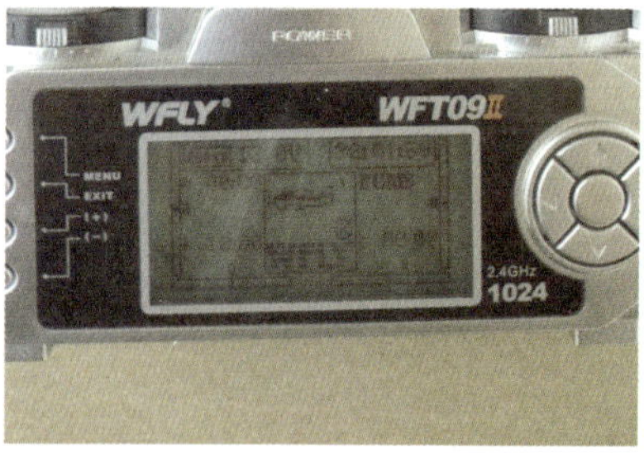

图 12-30　遥控器界面菜单

（2）对码设置步骤。

①将电池正负极与接收机的正负极连接，红线对红线，黑线对黑线。

②使用塑料棒按下 SET 键，此时接收机指示灯会闪烁，进入对码状态。

③通过功能编辑键区的 MENU-高级设置-对码，进入对码模式，并等待接收机指示灯熄灭，完成对码过程。

视频 12-6　对码调试

视频 12-7　基础调参

(3)基础调参。

①打开 NAZA-MLITE 软件,进入飞控系统参数调节界面-基础-安装。

②使用尺子以飞控为原点,测量原点到机架边缘的距离,然后填写 X/Y/Z 的数据,如图 12-31 所示。

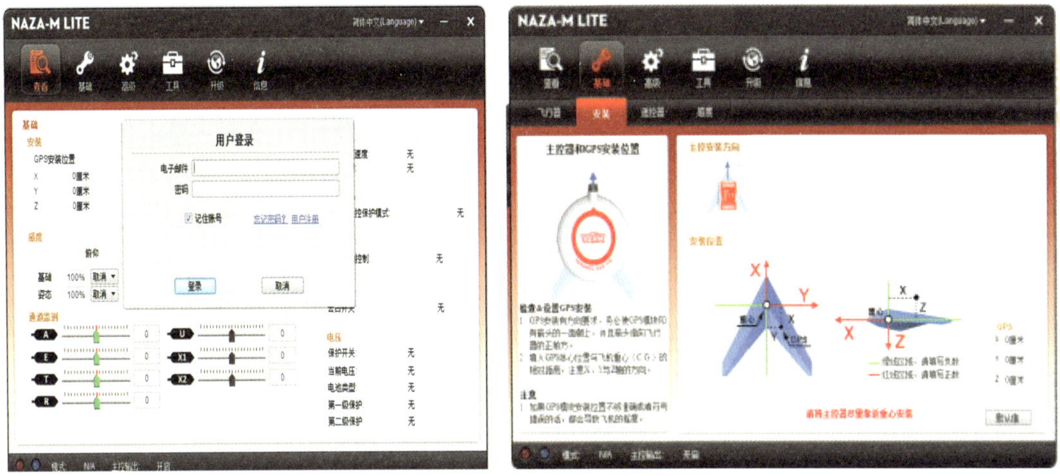

图 12-31　NAZA-MLITE 调参界面

6. 装桨试飞

(1)区分正反桨和正反转电机。黑色螺帽代表反桨,白色螺帽代表正桨;黑色电机头代表正转电机,白色电机头代表反转电机,如图 12-32 所示。连接方式为:反桨与正转电机相连,正桨与反转电机相连。

(2)顺时针方向固定螺旋桨的螺帽,确保安装牢固。安装完成后,用手试着旋转一下,确认牢固性。

(3)选择一个安全空旷的室外区域,准备启动无人机进行试飞。

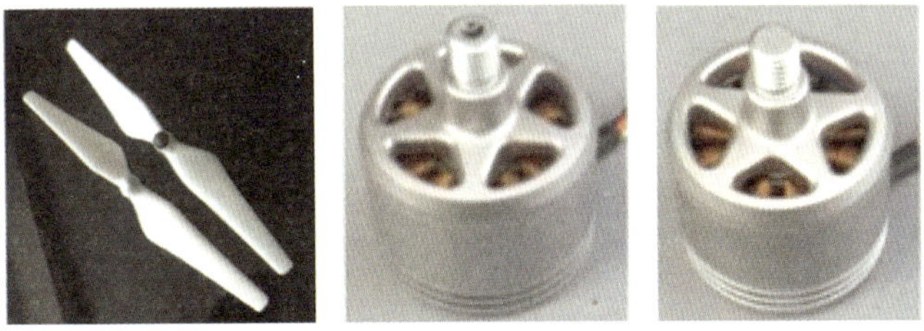

图 12-32　螺旋桨与电机

视频 12-8　装桨试飞

生活小知识

基于空气动力学知识,调整桨叶的形状为前宽后窄,旨在产生高速旋转的桨叶向上的升力,以推动无人机上升。

劳动体验

劳动一　机架与动力系统组装

【步骤 1】每 2 名同学组成一个学习小组，每组分配一套多旋翼无人机套装和一套螺旋桨工具。

【步骤 2】小组的同学们取出下中心板、电调和电源引线，使用万用表测量电调之间的正极和负极是否相通，然后使用电烙铁焊接电源和电调的正极和负极引线，如图 12-33 所示。

【步骤 3】完成焊接后，再次使用万用表测量正极和负极之间的连通情况，并记录在表 12-1 中。

【步骤 4】安装四个机臂，使用六角螺丝刀安装红色机臂，其中红色机臂为机头方向，白色机臂为机尾方向，如图 12-34 所示。

【步骤 5】安装四个云台脚手架。

【步骤 6】根据电机的逆时针（CCW）和顺时针（CW）方向，安装四个电机，并将电线穿过机臂与电调连接。使用尼龙绳固定电调在机臂上，并整齐地缠绕多余的导线。

【步骤 7】完成组装后，由教师进行考评。学生们整理桌面等 6S 工作。

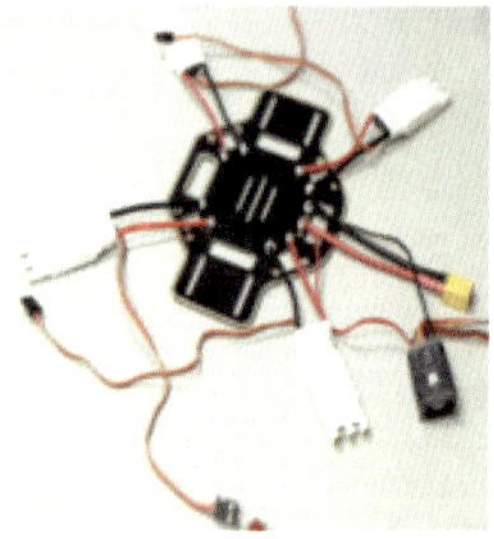

图 12-33　正负极电调安装

图 12-34　四个机臂的安装

表 12-1　多旋翼下中心板焊接工艺评价表

多旋翼下中心板焊接工艺评价表										
评价项目	焊点光泽度		饱满性		电气特性		板面干净、整洁		剥头尺寸合适	
	教师评价	小组互评	教师评价	小组互评	教师评价	小组互评	教师评价	小组互评	教师评价	小组互评
A 组										
B 组										
C 组										
D 组										

劳动二 飞控系统组装

【步骤1】每2名同学组成一个学习小组,准备好杜邦线、NAZA-MLITE飞控、GPS模块、GPS支架、电源模块、LED模块、安卓线、一套螺旋工具、剪刀和3M胶。

【步骤2】使用剪刀,根据大小适配分别剪下电源模块、NAZA-MLITE飞控和LED模块所需的3M胶,并将其粘贴在它们的背面。

【步骤3】按照NAZA-MLITE飞控的接口定义,连接电源模块、NAZA-MLITE飞控和LED模块,并进行安装。

【步骤4】确保无人机机头朝向与NAZA-MLITE飞控方向一致,并确保NAZA-MLITE飞控的重心与飞机的重心一致,同时整理好多余的导线。

【步骤5】根据教师的演示和接线图,使用杜邦线分别连接NAZA-MLITE飞控与GPS模块以及电调。

【步骤6】使用六角螺丝刀安装中心板,并使用3M胶将其粘贴在GPS底座上,然后将其安装在中心板上。确保支架和GPS的箭头朝向与机头和NAZA-MLITE飞控的朝向一致。

【步骤7】完成组装后,由教师进行考评,学生整理桌面等6S工作。

劳动三 遥控器安装与整机调试

【步骤1】每2名同学组成一个学习小组,准备好杜邦线、接收机、一套螺旋工具、剪刀和3M胶。

【步骤2】使用剪刀剪下合适大小的3M胶,并将其贴在接收机的背面。

【步骤3】使用杜邦线连接接收机与NAZA-MLITE飞控,并将接收机粘贴在下中心板上。

【步骤4】将电池插头完全插入遥控器插槽,插到最底部。

【步骤5】连接电池正负极与接收机的正负极,红线对红线,黑线对黑线。

【步骤6】使用塑料棒按下SET键,此时接收机指示灯会闪烁,进入对码状态。

【步骤7】通过功能编辑键区的MENU-高级设置-对码,进入对码模式,等待接收机指示灯熄灭,完成对码过程。

【步骤8】打开NAZA-MLITE软件,进入飞控系统参数调节界面-基础-安装。

【步骤9】使用尺子以飞控为原点,测量原点到机架边缘的距离,并填写X/Y/Z的数据。

【步骤10】完成组装后,由教师进行考评,学生整理桌面等6S工作。

劳动四　装桨试飞

【步骤 1】每 2 名同学组成一个学习小组，准备好正反桨各两个。

【步骤 2】将黑色反桨连接到黑色电机上，将白色正桨连接到白色电机上。

【步骤 3】顺时针方向固定螺旋桨的螺帽，并确保在完成后用开瓶大小的力度旋转一下，以确保螺旋桨安装牢固。

【步骤 4】选择一个安全开阔的室外区域，启动无人机进行试飞。

【步骤 5】完成组装后，由教师进行考评，学生整理桌面等 6S 工作。

劳动评价

1. 看一看，比一比

请同学们按照表 12-2 的评分标准进行自评和互评。

表 12-2　无人机组装评价表

评价项目	评价内容	分值	自我评价	小组评价	教师评价
整机组装	机架组装	15			
	动力系统组装	15			
	飞控系统组装	15			
	遥控装置组装	15			
整机调试	对码调试	10			
	基础调参	10			
安全文明生产	实训场地遵守安全规程	5			
	遵守操作规程或实训室实习规程	5			
职业素养	工具、仪表的正确使用、摆放与工位整理	5			
	出勤、纪律、团队协作	5			
总评		100			
个人学习总结					
教师总评					

2. 评一评，议一议

议一议哪些同学在劳动中的表现比较好，分享经验体会。

文明操作小贴士

（1）检查机架零件是否存在缺失、破损或变形的情况。

(2)确保螺钉数量足够。

(3)在焊接过程中,避免虚焊,以防止焊锡飞溅。

(4)拧紧螺丝钉时,按照对角线原则进行,先轻松拧上所有螺钉,再逐一加紧。

(5)在焊接过程中,注意电气安全措施。

课后实践

(1)利用课余时间查找固定翼无人机的组装和调试步骤及说明,比较其与多旋翼无人机的装配和调试过程是否存在差异。

(2)观看军事演习或大阅兵的视频,了解不同类型的军事飞机。

(3)在互联网上了解当前我国多旋翼无人机的主要应用领域和机型。

拓展创新

变电巡检

目前,无人机集控飞行系统已构建了无人智能化电力巡检体系,实现了全自主巡检的功能。该系统支持无人机多机协同作业,一键自主巡检、自主拍摄、精准起降,并且能够实现无人机的自动充换电功能。同时,该系统还具备巡检现场的远程实时监控能力,能够完成对变电站电气设备设施的自主巡检。系统还支持巡检数据的快速分类与缺陷分析,并能够自动生成巡检报告,实现了高度无人化集群化智能化巡检模式。

技术信息

无人机系统主要由飞机机体、飞控系统、数据链系统、发射回收系统和电源系统组成。飞控系统也被称为飞行管理与控制系统,它是无人机系统的核心部分,对无人机的稳定性、数据传输的可靠性、精确度和实时性等方面具有重要影响,对飞行性能起着决定性的作用。数据链系统确保遥控指令的准确传输,并实现无人机接收和发送信息的实时性和可靠性,以确保信息反馈及时有效,顺利且准确地完成任务。发射回收系统确保无人机能够顺利升空,达到安全的高度和速度,并在任务完成后安全地返回地面。